DIE REGION NÜRNBERG

MONOGRAPHIEN DEUTSCHER WIRTSCHAFTSGEBIETE

DIE REGION NÜRNBERG

HERAUSGEGEBEN IN ZUSAMMENARBEIT MIT DER
INDUSTRIE- UND HANDELSKAMMER NÜRNBERG
UND HOFMANN DRUCK NÜRNBERG
GESAMTREDAKTION:
INDUSTRIE- UND HANDELSKAMMER NÜRNBERG
DRITTE, VÖLLIG NEUE AUSGABE 1996

VERLAG KOMMUNIKATION UND WIRTSCHAFT GMBH · OLDENBURG (OLDB)

*Die Deutsche Bibliothek –
CIP-Einheitsaufnahme
Die Region Nürnberg / hrsg. in
Zusammenarbeit mit der Industrie-
und Handelskammer Nürnberg und
Hofmann Druck Nürnberg.
Gesamtred.: IHK Nürnberg –
3., völlig neue Ausg. – Oldenburg
(Oldb): Verl. Kommunikation und
Wirtschaft, 1996 (Monographien
deutscher Wirtschaftsgebiete)
ISBN 3-88363-138-8
NE: IHK Nürnberg*

*Das Buch erscheint in der Edition
»Städte – Kreise – Regionen«*

Printed in Germany 1996

 *Das Buch
enthält neben den im Inhaltsverzeich-
nis genannten illustrierten Beiträgen
Bilder und Bildunterschriften der
Firmen, Verwaltungen und Verbände, die mit ihrer finanziellen Beteiligung das Erscheinen des Bandes
ermöglicht haben. Sie sind im An-
hang aufgeführt. Für die Richtigkeit
der auf diesen Seiten gemachten
Angaben übernehmen Verlag und
Redaktion keine Haftung.*

*Gesamtherstellung:
Hofmann Druck Nürnberg*

Bildnachweis: Seite 222

ISBN 3-88363-138-8

INHALT/CONTENTS

WISSENSCHAFT UND BILDUNG/
SCIENCE AND EDUCATION

WIRTSCHAFTSSTRUKTUR/ECONOMIC STRUCTURE

REGISTER

Weihnachtliche Stimmung verbreitet der „Christkindlesmarkt".

Nürnberg's Christkindlesmarkt spreads the Christmas spirit.

VORWORT

Wir schreiben das Jahr 2005. Ein neues Buch über den Wirtschaftsraum Nürnberg ist – nach den Publikationen aus den Jahren 1987 und 1996 – im Entstehen. Äußerlich unterscheidet sich dieses neue Werk nicht allein durch seine Dreisprachigkeit, sondern speziell dadurch, daß neben Deutsch und Englisch als weitere Fremdsprache Chinesisch hinzukommt. Denn China hat sich inzwischen nicht nur zum größten Markt der Welt entwickelt, sondern ist für die mittelfränkische Wirtschaft neben Europa und den USA auch zum wichtigsten Einzelmarkt geworden. Statt damals mit rund 200 Firmenkontakten ist die mittelfränkische Wirtschaft heute mit einigen hundert Produktionsbetrieben und Jointventures im Reich der Mitte vertreten. Die Zahl der Ex- und Importverbindungen ist Legion. Diese Explosion des chinesisch-mittelfränkischen Handelsaustausches gelang in erster Linie deshalb, weil die mittelfränkische Wirtschaft mit neuen Ideen in der Welt auftrumpft. Weil in dieser Region hochinnovative Produkte hergestellt werden. Dies ist keine haltlose Utopie, sondern eine denkbare Vision. Im „Entwicklungsleitbild der Wirtschaftsregion Nürnberg", das soeben gemeinsam von den Städten Nürnberg, Fürth, Erlangen und der Industrie- und Handelskammer Nürnberg erarbeitet wurde, richten wir uns gedanklich bereits darauf ein, daß aus der Region zahlreiche zukunftsweisende, hochtechnologische Entwicklungen kommen.
In Mittelfranken gibt es bereits heute ein ausgewogenes Verhältnis der Beschäftigung zwischen produzierendem Gewerbe und dem

It is the year 2005. Following monographs on the Nürnberg economic region in 1987 and 1996, a new edition has now been prepared. It differs outwardly not only because it is in three languages, but because in addition to German and English the third language is Chinese, this for the reason that China has not only become the world's largest market, but because alongside Europe and the U.S.A. it is Middle Franconia's biggest single market. Instead of about 200 inter-company contacts formerly, Middle Franconia now has a few hundred production works and joint ventures in the Middle Kingdom, while the number of export and import links is legion. This explosion in Chinese/Middle Franconian trade exchange is mainly because the latter's economy has come up strong in the world with new ideas and because it produces highly innovative products.
This is no pipe-dream, but is an entirely conceivable vision. In the Development Guide for the Nürnberg Economic Region just prepared by the cities of Nürnberg, Fürth, Erlangen and the Nürnberg Chamber of Industry and Commerce we have made mental preparation for a situation in which many future-focused high-tech developments will be coming from the region.
In Middle Franconia today there is already a healthy balance of some 47 to 50 percent between the manufacturing and service economies. Compared with the average for Germany as a whole and with other highly developed countries such as the U.S.A. and Japan, there is still a substantial growth potential in the direction of

FOREWORD

Dienstleistungssektor von 47 zu rund 50 Prozent. Im Vergleich zum deutschen Durchschnitt und zu anderen hochentwickelten Staaten wie die USA und Japan sind noch beträchtliche Wachstumspotentiale in Richtung tertiärem Sektor vorhanden. Hinzu kommt, daß die Wirtschaftsregion Nürnberg über einen zukunftsträchtigen Branchenmix innerhalb der Industrie verfügt. Allein die mittelfränkische Elektronik/Elektrotechnik erwirtschaftet ein Drittel der bayerischen Umsätze. In den Bereichen Mikroelektronik, Informationsverarbeitungstechnik, Software, Kommunikationstechnik, Unterhaltungselektronik, Fertigungs-Automatisierungstechnik, Meß-, Steuer- und Regelungstechnik sowie in der Medizintechnik ist in den nächsten Jahren mit beachtlichen Wachstumsraten zu rechnen.
Dieses Buch soll dazu beitragen, das Verständnis für die Region Nürnberg und ganz Mittelfranken zu schärfen und Perspektiven zu verdeutlichen. Ich danke allen Autoren für ihre spontane Bereitschaft, an diesem Grundbuch der mittelfränkischen Region mitzuarbeiten. Ich danke aber auch den beiden Verlagen, dem Albert Hofmann Verlag, Nürnberg, und dem Verlag Kommunikation und Wirtschaft, Oldenburg, für Initiative und Engagement. Das Buch „Die Region Nürnberg" ist ein Gemeinschaftswerk im besten Sinne.

the tertiary sector. In addition, the Nürnberg region already has a promising branch mix within industry for the future. The electrical and electronic sector in Middle Franconia alone accounts for a third of Bavaria's turnover. And the next several years will see substantial growth rates in microelectronics, information processing technology, software, communication technology, consumer electronics, automated production technology, instrumentation and control engineering and in medical technology.
The purpose of this monograph is to highlight the capabilities of the Nürnberg region and of all Middle Franconia. I thank all contributors for their readiness to work on the production of this book. I also thank the two publishers, Albert Hofmann Verlag, Nürnberg, and Verlag Kommunikation und Wirtschaft, Oldenburg for their initiatives and wholehearted engagement. This book entitled "The Nürnberg Region" is a cooperative effort in the best sense of the term.

Professor Hubert Weiler
Präsident der Industrie- und Handelskammer Nürnberg
President of Nürnberg Chamber of Industry and Commerce

KARL INHOFER

ERFOLGREICHE STANDORTPOLITIK

Mittelfranken liegt zentral in Bayern. Es grenzt an alle anderen bayerischen Regierungsbezirke mit Ausnahme von Niederbayern an. Mit einer Fläche von 7 246 Quadratkilometern ist Mittelfranken Bayerns zweitkleinster Regierungsbezirk. Er weist aber mit über 1,6 Millionen Einwohnern die höchste Bevölkerungsdichte unter allen Regierungsbezirken Bayerns auf. Hier muß man jedoch differenzieren: Während der Osten – die Industrieregion Mittelfranken – mit 427 Einwohnern pro Quadratkilometer nur knapp hinter der Region München rangiert, stellt die Region Westmittelfranken mit 92 Einwohnern pro Quadratkilometer die am dünnsten besiedelte Region Bayerns dar.
Die Ursachen für diese höchst unterschiedlichen Strukturen liegen im 19. Jahrhundert. Während Westmittelfranken als Folge der napoleonischen Grenzziehung räumlich und wirtschaftlich eingeengt und verkehrspolitisch vernachlässigt wurde, fand die ehemals freie Reichsstadt Nürnberg geschickt den Übergang vom alten Handels- zum wichtigen Industrieplatz. So wurde nicht nur Nürnberg, sondern die gesamte Region rasch ein Wirtschafts- und Siedlungsschwerpunkt. Diese Entwicklung hielt bis zum Zweiten Weltkrieg an, wurde danach aber durch die Teilung Europas in zwei Blöcke jäh unterbrochen. Ganz Nordbayern geriet in eine Randlage zu den übrigen Wirtschaftszentren Europas. Die mittelfränkische Industrieregion verlor ihre traditionellen Absatzmärkte und Rohstoffquellen im Osten, mit dem vor dem Krieg etwa 60 Prozent des Handels abgewickelt wurden.
Trotz dieser ungünstigen Ausgangslage für Mittelfranken ist es in den letzten Jahrzehnten gelungen, den Regierungsbezirk insgesamt zu einem europaweit attraktiven Wirtschaftsstandort zu entwickeln. So liegt heute der Industriebesatz Westmittelfrankens nur knapp unter dem bayerischen Durchschnitt, und die Industrieregion kann eine hervorragende wirtschaftsnahe Infrastruktur aufweisen wie nur wenige Verdichtungsräume und Wirtschaftsschwerpunkte in Deutschland.
Eine erfolgreiche Standortpolitik setzt einen langen Atem voraus. Diesen haben die politischen und wirtschaftlichen Kräfte in Mittelfranken bewiesen, indem über Jahrzehnte hinweg mit fränkischer Beharrlichkeit Maßnahmen zur Verbesserung der Wirtschaftsstruktur, der Verkehrsinfrastruktur, des Forschungs- und Technologienetzes sowie des Wohn- und Freizeitwertes konzipiert und umgesetzt wurden.
Eines der Hauptprobleme der Region Nürnberg war (und ist zum Teil noch heute) das große Gewicht alter Industrien, die im vorigen Jahrhundert entstanden und an Bedeutung auf den

Middle Franconia has a central location in Bavaria, being contiguous with all the other administrative districts of the state with the exception of Lower Bavaria. With an area of 7,246 square kilometres, it is Bavaria's second smallest administrative district, but with more than 1.6 million people it is the most densely populated. But one must differentiate here: Whereas the eastern and industrial part with 427 inhabitants per square kilometre is close behind the Munich region, the western part with 92 per square kilometre is Bavaria's most thinly populated region.
The causes of this wide divergence lie in the 19th century. Whereas the west was confined spatially and economically and neglected traffic-wise as a result of the Napoleonic borders, the former free imperial city of Nürnberg skillfully made the changeover from old trading location to industrial centre. So it was that the whole Nürnberg region rapidly became an important nucleus of business and settlement, and this continued until the outbreak of the Second World War, after which Europe found itself divided into two blocks, and the whole of northern Bavaria had to contend with a position on the margins. Middle Franconia's industry lost its traditional markets and sources of raw materials in the East, where before the war it transacted about 60 percent of its trade.
In spite of this disadvantage, Middle Franconia has become an attractive economic location in recent decades, and industrial capacity in Middle Franconia's west is only slightly below the figure for Bavaria as a whole. The industrial region has an excellent business-orientated infrastructure such as is available in but few conurbations and economic centres in Germany.
Staying power is needed for a successful regional economic policy, and the political and economic leadership in Middle Franconia has shown that it has this. Over the decades work has been done on improving the economic structure, the transport infrastructure, the research and technology facilities and on enhancing the residential and recreational factors.
One of the Nürnberg region's main problems was (and still is in part today) the preponderance of old industries which came into being in the last century and have since lost weight on the world markets. An early effort was accordingly made to shift from the secondary sector of the economy to the tertiary, which in 1974 accounted for only 38 percent of the labour force, whereas in 1993 the figure had risen to 54 percent. Leading providers of services, including Germany's largest market research institute and the leading supplier of electronic services for the tax consulting profession plus Europe's largest mail order house are today based in

SUCCESSFUL REGIONAL ECONOMIC POLICY

Blick in die Laboratorien des Siemens-Forschungszentrums in Erlangen: Entwicklung von Hochtemperatur-Supraleitern.

A scene in the laboratories at the Siemens research centre in Erlangen: development of high-temperature super-conductors.

„Weltmärkten" verloren haben. Deshalb setzten die verantwortlichen Kräfte schon frühzeitig auf die für eine moderne Volkswirtschaft charakteristische Verlagerung vom Sekundärsektor zum Tertiärsektor, der 1974 nur 38 Prozent, aber 1993 schon 54 Prozent der Beschäftigten ausmachte. Namhafte Dienstleister, darunter das größte Marktforschungsinstitut Deutschlands, der führende Anbieter von elektronischen Dienstleistungen für steuerberatende Berufe und das größte Versandhaus Europas, haben heute ihren Sitz in der Region Nürnberg.
In den letzten Jahren ist es jedoch nicht mehr gelungen, den Verlust an (alt)industriellen Arbeitsplätzen durch Beschäftigungszuwachs im Dienstleistungsbereich voll auszugleichen. Deshalb wurde in jüngster Zeit eine „konzertierte Aktion" zur Profilierung der Region auf zukunftsträchtigen Technologiefeldern gestartet, die das vorhandene Technologiepotential weiter ausbauen, bündeln und vermarkten will und dadurch wirksame Impulse für die Region auslösen wird. Die Bayerische Staatsregierung hat hierfür finanzielle Hilfen in Aussicht gestellt. Das Konzept umfaßt insbesondere vier Kompetenzinitiativen, nämlich Kommunikationswirtschaft (Nürnberger Initiative für die Kommunikationswirtschaft – NIK), Verkehrstechnik („Neuer Adler"), Energie und Umwelt, Gesundheit und Medizintechnik.
Trotz der Rückgänge im industriellen Sektor stellt die Region Nürnberg auch heute noch mit einer Exportquote von durchschnittlich 33 Prozent einen Welthandelsplatz von Rang dar. Das kontinuierlich ausgebaute Internationale Messezentrum Nürnberg hat mit zu diesem Erfolg beigetragen. Es stellt einen leistungs- und funktionsfähigen Messeplatz dar und beherbergt nicht nur regelmäßig die Internationale Spielwarenmesse, sondern auch andere bedeutende Fachmessen.
Ein weiterer Schwerpunkt unserer Standortpolitik der vergangenen Jahrzehnte war der kontinuierliche Ausbau der Verkehrsinfrastruktur. Bereits 1979 wurde die Ost-West-Autobahn Nürnberg–Heilbronn (A 6) durchgehend fertiggestellt, 1987 die Autobahn Würzburg–Ulm (A 7) und damit die kürzeste Nord-Süd-Verbindung zwischen Skandinavien und Südeuropa. Insbesondere der westmittelfränkische Raum erfuhr durch die Autobahnen und das Autobahnkreuz bei Feuchtwangen eine erhebliche Steigerung seiner Attraktivität. Nürnberg ist heute ein wichtiger Knotenpunkt im deutschen IC- und ICE-Netz. Der Aus- und Neubau der Strecken Nürnberg–Ingolstadt–München und Nürnberg–Erfurt–Berlin vorbereitet. Zur Verbesserung des öffentlichen Personennahverkehrs wurde 1987 der Verkehrsverbund Großraum Nürnberg (VGN) gegründet. Er weist das zweitgrößte Verbundgebiet in der Bundesrepublik auf; U-Bahn- und S-Bahn-Strecken wurden und werden gebaut. – Auch die Anbindung der Region Nürnberg an das internationale Flugnetz wurde durch den Ausbau des

the Nürnberg region. But in recent years it has not proved possible to fully make good the loss of old industrial jobs with added employment in the service sector. So recently a so-called concerted action was started with the aim of enhancing the region's image in future-promising technologies by way of further expanding, bundling and marketing the existing technological potential, and so giving effective impetus for the region. The Bavarian state government has held out the prospect of financial assistance to this end. The concept covers in particular four initiatives, namely communications (NIK – Nürnberg initiative for communications), transport ("A new Adler"), energy and environment, health and medical technology.
In spite of a decline in the industrial sector, the Nürnberg region still occupies an important position in world trade with an export earnings performance averaging 33 percent, and this is due in no small measure to the continuing expansion of the city's International Fair Centre. This is the regular venue of the International Toy Fair and other important specialized fairs and exhibitions.
A further main feature of our regional economic policy in recent decades has been the continuing development of the transport infrastructure. The east-west Nürnberg–Heilbronn motorway (A 6) was completed in 1979 and the Würzburg–Ulm (A 7) motorway in 1987, thus providing the shortest north-south link between Scandinavia and Southern Europe. These motorways and the interchange at Feuchtwangen did much to increase the attractiveness of the western part of Middle Franconia. In respect of railway services, Nürnberg is today an important junction in the German IC and ICE networks. Preparations have been made for the upgrading and reconstruction of the Nürnberg–Ingolstadt–Munich and the Nürnberg–Erfurt–Berlin lines. With the aim of improving local public transport services, the Greater Nürnberg Transport Authority (VGN) was set up in 1987, and it today has the second-largest unified transport system in the Federal Republic. Various U-Bahn (underground) and S-Bahn (rapid transit) lines have been built and others are in progress. The enlargement of Nürnberg Airport and the steady expansion of the flight schedule have played their part in improving the Nürnberg region's links in the international air network, with today 22 major destinations being served nonstop daily in all parts of Europe. With respect to inland waterway transport, the completion of the Main-Danube Canal in 1992 has decidedly upgraded Nürnberg's Staatshafen, which had been opened to traffic in 1972 and has now become a high-tech logistics centre.
Special attention was devoted to research and technology in the past several decades. The expansion of the University of Erlangen-Nürnberg and of Nürnberg Technical College has much improved the region's standing in this field. With the founding of the Tech-

Das Ansbacher Schloß ist zugleich Sitz der Bezirksregierung von Mittelfranken.

Ansbach Palace is also the seat of the regional government of Middle Franconia.

Flughafens Nürnberg und die ständige Erweiterung des Flugplanes gesichert und verbessert. Heute werden täglich 22 Wirtschaftsräume in allen Teilen Europas nonstop angeflogen. – Schließlich wurde mit der Fertigstellung des Main-Donau-Kanals im Jahre 1992 der 1972 eröffnete Staatshafen Nürnberg entscheidend aufgewertet. Er hat sich zu einem hochtechnologischen Logistikzentrum entwickelt.

Dem Bereich Forschung und Technologie wurde in den vergangenen Jahrzehnten ein besonderes Augenmerk gewidmet. Der permanente Ausbau der Universität Erlangen-Nürnberg und der Fachhochschule Nürnberg hat unseren Standort maßgeblich aufgewertet. Durch die Gründung der Technischen Fakultät, des Fraunhofer-Instituts für Integrierte Schaltungen (IIS), des Zentrums für Angewandte Mikroelektronik der Bayerischen Fachhochschulen (ZAM) und des Innovations- und Gründerzentrums Nürnberg-Fürth-Erlangen (IGZ), um nur einige Beispiele zu nennen, wurden die Forschungs- und Entwicklungsmöglichkeiten erheblich verbessert.

Die Region Nürnberg hat sich heute zu einem bedeutenden Kompetenzzentrum für Mikroelektronik, Lasertechnologie, Künstliche Intelligenz, Automatisierungstechnik und Telekommunikation entwickelt. Der größte Teil der JESSI-Forschungsprojekte ist auf Mittelfranken konzentriert. Die geplante Fachhochschule Ansbach wird künftig das Technologiepotential Westmittelfrankens stärken und zusammen mit dem Westbayerischen Technologie-Transfer-Institut (WETTI) ein wichtiger Entwicklungsträger sein.

Der Erfolg der Standortpolitik in Mittelfranken basiert nicht zuletzt auf der ständigen Verbesserung des Wohn- und Freizeitwertes unseres Raumes. Die bedeutendste Maßnahme in diesem Bereich war die Schaffung des Neuen Fränkischen Seenlandes im Zusammenhang mit dem größten wasserwirtschaftlichen Überleitungsbauwerk Deutschlands.

Wie eingangs dargelegt, ist Mittelfranken durch unterschiedliche Strukturen gekennzeichnet: Dem hochindustrialisierten Ballungsraum Nürnberg-Fürth-Erlangen-Schwabach im Osten steht der mehr ländlich geprägte westmittelfränkische Raum gegenüber. Auch sonst finden sich Gegensätze: Ein ausgeprägtes Traditionsbewußtsein paart sich mit fortschrittlichem, innovativem Gedankengut; neben mittelalterlich anmutender Idylle werden die Produkte für das 21. Jahrhundert konzipiert. Die Region Nürnberg ist Sitz namhafter Weltfirmen und trotzdem überwiegend mittelständisch strukturiert. Möglicherweise liegt der Erfolg der Standortpolitik unseres Wirtschaftsraumes darin, diese Gegensätze auszuhalten und geschickt miteinander zu verknüpfen und in Einklang zu bringen. Wir Mittelfranken sind eben „fortschrittlich aus Tradition“. ■

nical Faculty, the Fraunhofer Institute for Integrated Circuits (IIS), the Centre for Applied Microelectronics of the Bavarian Technical Colleges (ZAM) and the Nürnberg-Fürth-Erlangen Innovation and Founders' Centre (IGZ) – to mention only some of several – the prospects for R&D work have been greatly enhanced.

The Nürnberg region has become a centre of competence in microelectronics, laser technology, artificial intelligence, automation and telecommunications, and the largest part of the JESSI research programme is concentrated on Middle Franconia. The planned technical college at Ansbach will strengthen the technology potential in the western region of Middle Franconia and will be an important vehicle of development together with the West Bavarian Technology Transfer Institute, known for short in German as WETTI.

The success of Middle Franconia's regional policies derives not least from the constant improvement of the residential and recreational environment. The most important measure in this respect was the creation of the New Franconian Lakeland in connection with Germany's largest water-basin diversion project.

As indicated earlier, Middle Franconia has a varied structure. In the east there is the highly industrialized region comprising Nürnberg, Fürth, Erlangen and Schwabach, while the western part is more rural. Otherwise also there are contrasts: a marked tradition consciousness is paired with progressive and innovative ideas, alongside mediaeval-like idylls the products for the 21st century are being thought out. The Nürnberg region is home to well-known firms of international standing, yet its structure is mostly that imparted by small and medium-size companies. It may be that the success of our regional policies lies in maintaining these contrasts and linking them. We of Middle Franconia are after all "progressive by tradition". ■

Die Fränkische Seenplatte bietet Ruhe und Erholung.

Franconia's lakeland offers much in the way of rest and recreation.

DR. DIETER RIESTERER

ZUKUNFTSPERSPEKTIVEN DER WIRTSCHAFTSREGION MITTELFRANKEN

Mit einer zentralen geographischen Lage in Deutschland und Europa, 1,6 Millionen Einwohnern, einer ausgewogenen Wirtschaftsstruktur mit hoher Exportorientierung sowie einer hervorragenden Hochschul- und Forschungslandschaft, einem hohen Kultur- und Freizeitangebot sowie mit einem von Städten und Kammern gemeinsam getragenen Leitbild ist die Region Mittelfranken eine der 10 großen Wirtschaftsregionen in Deutschland.

DYNAMISCHER WANDEL

Die geographische Lage hat der Region vor Jahrhunderten zu blühendem Handel und wirtschaftlicher Bedeutung in Europa verholfen. Im Wandel vom Mittelalter zur Neuzeit belegte Nürnberg einen führenden Rang unter Europas Eliteregionen. Durch die schöpferische Kraft bedeutender Kaufleute, Wissenschaftler und Künstler war Nürnberg zu dieser Zeit „Silicon Valley" in Deutschland und Europa. Wissenschaftliche Tabellen, berechnet und gedruckt in Nürnberg, ermöglichten die astronomische Nautik und geleiteten Seefahrer wie Christoph Columbus auf ihren Reisen. Die Entwicklung des ersten Globus sowie die Gründung der ersten Universität in der Region zeigen das damalige Profil Mittelfrankens als führendes Zentrum für Kartographie und Kosmographie in der alten Welt.

ZENTRAL IN EUROPA

Gleichwohl bedeutsam ist die heutige Lage Nürnbergs als Knotenpunkt im europäischen Autobahn- und Schienennetz. Nürnberg und Mittelfranken sind nicht nur an die großen Nord-Süd-Routen wie Hamburg–Rom oder Ost-West-Routen wie Prag–Paris angebunden. Ein Binnenhafen am Rhein-Main-Donau-Kanal schafft direkte Handelsverbindungen vom Schwarzen Meer bis zur Nordsee, ein innenstadtnaher, internationaler Flughafen verbindet Nürnberg mit den Metropolen Deutschlands und Europas.
Die Wirtschaft in Nürnberg und Mittelfranken ist stark mittelständisch orientiert. Produktion und Dienstleistung halten sich

Centrally located in Germany and Europe, with 1.6 million inhabitants, a well-balanced economic structure strong in exports, a successful system of higher learning and research and with good cultural and recreational opportunities, Middle Franconia is one of the ten large economic regions in Germany.

DYNAMIC CHANGE

Centuries ago the geographic location brought the region outstanding importance in European trade, and during the change from the Middle Ages to the modern era Nürnberg occupied a leading position among the elite regions of Europe. With the creative energies of its merchants, scientists and artists, Nürnberg at this time was what one might then have called a "silicon valley" in Europe. Scientific tables, worked out and printed in Nürnberg, made possible astronomic navigation and accompanied seafarers such as Christopher Columbus on their travels. The development of the first terrestrial globe and the setting up of the first university in the region contributed to a reputation as a leading centre of cartography and cosmography in the Old World.

CENTRAL IN EUROPE

Just as important is Nürnberg's position today as intersection in Europe's motorway and rail networks, lying as it does on the important north-south routes such as Hamburg–Rome or the east-west routes such as Prague–Paris. And Nürnberg's inland port on the Rhine-Main-Danube canal facilitates trade all the way between the North Sea and the Black Sea, while an international airport not far from Nürnberg's city centre links the region with all of Europe's main destinations.
Middle Franconia's economy is largely in the hands of small and medium-sized firms, what is known in Germany as the Mittelstand. Manufacturing and the service sector about balance each other at present, but with services gradually predominating. Middle Franconia's economy is made up of many excellent small firms, dyna-

FUTURE PROSPECTS FOR MIDDLE FRANCONIA'S ECONOMY

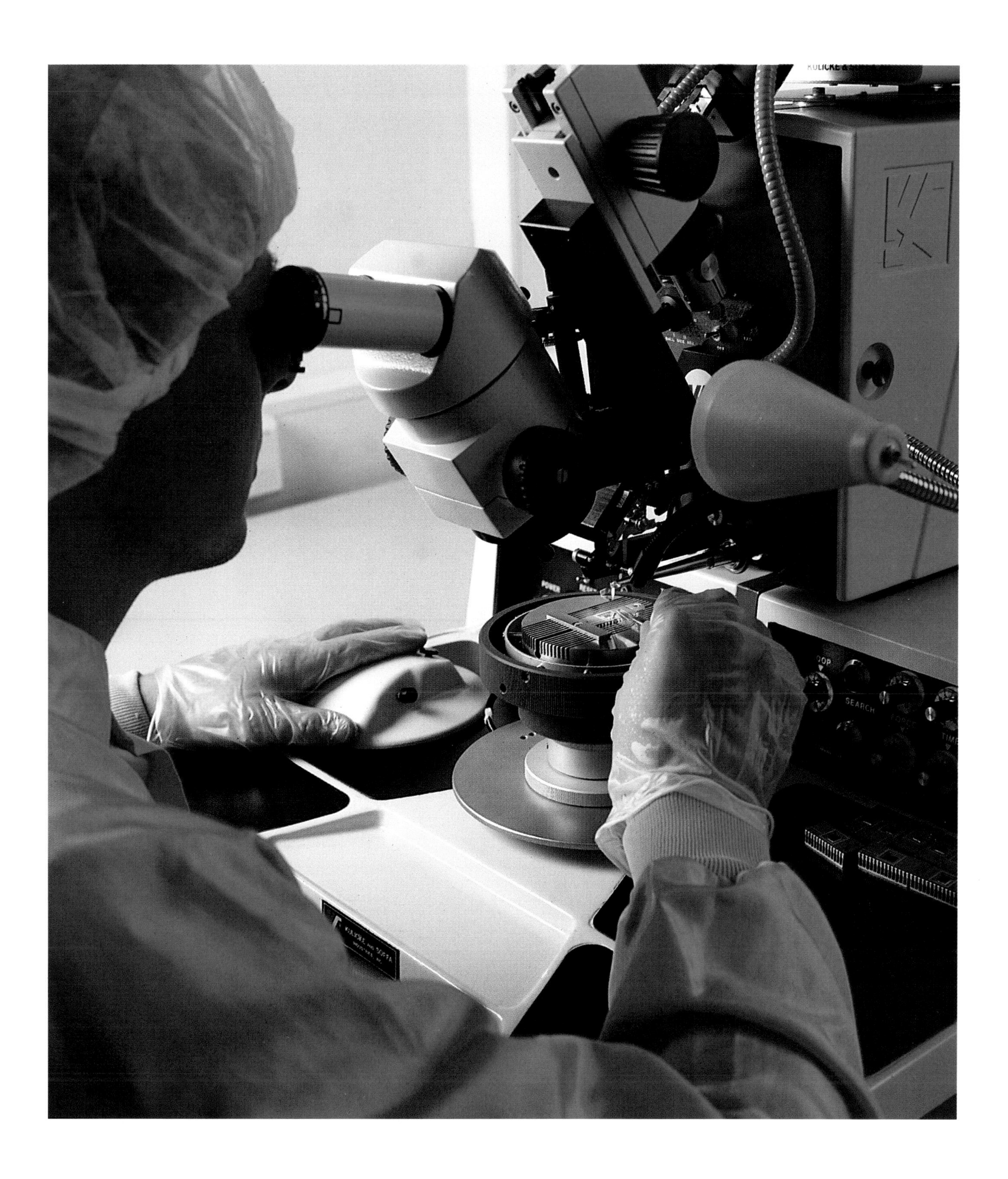

Entwicklung von Mikrochips bei der Fraunhofer-Gesellschaft, Institut für Integrierte Schaltungen, Erlangen

Development of microchips at the Fraunhofer Society's institute for integrated circuits in Erlangen

gegenwärtig noch die Waage, mit einer steigenden Tendenz zur Dienstleistung. Viele hervorragende Kleinfirmen, dynamische mittelständische Betriebe und internationale Großkonzerne prägen das Wirtschaftsleben in Mittelfranken. Ein guter Mix aus Branchen und ein hohes Qualifikationsniveau der Beschäftigten sorgen ergänzend für Eigendynamik und Synergien in der Region.
Die Wirtschaft Mittelfrankens ist stark exportorientiert. Über 2700 Betriebe pflegen Außenhandelsbeziehungen in alle Welt, Mittelfranken ist Handelsdrehscheibe in Europa, Tor zum Osten und Sprungbrett in die Vereinigten Staaten. Spitzenreiter im mittelfränkischen Export ist der Maschinenbau mit Exportquoten bis zu 40 Prozent.

INNOVATIONEN AUS MITTELFRANKEN

Findige Köpfe, Forschungseinrichtungen und Unternehmen sorgen heute nicht nur in der Region für Aufsehen. Auch auf internationalen Podien genießen sie hohe Anerkennung. Chipgesteuerte Kleinautomobile mit Pflanzenölmotor bis hin zum „Digital Audio Broadcasting“, dem neuen Hörgenuß über Rundfunk, sind neue, technische Errungenschaften, die der Region insbesondere den Weg in die Informationsgesellschaft ebnen werden. Freie Erfinder, pfiffige Ingenieurbüros, universitäre und praktische Forschung und Entwicklung tragen hierzu kontinuierlich bei. Erfindungen und neue Produkte finden sich auch in den für die Region wichtigen Branchen „Umwelt und Energie“. So beliefert die Region die Welt mit umweltschonenden Wärmekraftwerken, Fuzzy-Logik-getriebenen Waschmaschinen oder aber Solarzellen mit hoher Leistung – Innovationen, die Mittelfranken mit den Potentialen unserer Weltwirtschaft verzahnen und helfen, Arbeitsplätze zu schaffen.

TECHNOLOGISCHES INNOVATIONSPOTENTIAL

Durch massive Anstrengungen von Wirtschaft, Politik und Wissenschaft können die Hochschulen der Region Nürnberg mit einem Studienangebot aufwarten, das sich einerseits am Bedarf der Wirtschaft anlehnt, andererseits aber auch die dringend notwendigen, langfristigen Perspektiven technologischer Entwicklungen aufzeigt. Rund 38 000 Studenten studieren insgesamt an der Universität Erlangen-Nürnberg und der Fachhochschule Nürnberg, da-

mic medium-sized companies and several large international concerns. A good branch mix and a generally highly skilled workforce ensure the region much internal dynamism and synergy.
Middle Franconia's economy is very much export-oriented, with more than 2,700 of its firms having foreign trade links around the world. It is a trade hub in Europe, a gateway to the East and a springboard to the U.S.A. Machine construction is the region's leading export sector with rates of up to 40 percent.

INNOVATIVE STRENGTHS

The region's clever minds, research facilities and engineers have won acclaim on an international level. Innovations such as small chip-controlled cars with engines running on vegetable oils and extending to digital audio broadcasting are achievements that will generally smooth the way in the information age. New products are also appearing in the environment and energy sectors, including environment-friendly heat-and-power stations, fuzzy-logic-driven washing machines and high-capacity solar cells.
Great efforts in the political field, industry and science have enabled the region's institutions of higher learning to provide study courses that both meet the needs of industry and satisfy the long-term perspectives in technological developments. The Erlangen-Nürnberg University and the Nürnberg College of Technology together have about 38,000 students enrolled, with 10,000 of these in the technical sector. And a respectable potential in young talent will be available to trade and commerce with a readiness to critically question existing practices and bring newest university findings into the businesses.
Of special importance are these institutions' demonstration and user centres. They are particularly useful for small and medium-sized companies that do not have an own R&D department, yet need facilities for testing, trying out and implementing new technologies. Demonstration centres serve also as forerunner for follow-up engineering services that are offered by high-tech service firms in the region.

KEY AND SYSTEM TECHNOLOGIES

With its scientific facilities in the fields of information and communication technology, microelectronics and microsystems techno-

Bayerisches Laserzentrum Erlangen: Entwicklung moderner Laser-Materialbearbeitungsverfahren.

Bavaria's laser centre in Erlangen: development of modern material working methods by laser.

bei 10 000 Studenten in technischen Bereichen. Ein ansehnliches Potential junger Know-how-Träger wird der Wirtschaft zur Verfügung gestellt; Ideenträger, die Bestehendes kritisch hinterfragen und neuestes Hochschulwissen in die Unternehmen bringen; wichtige Impulse für betriebliche Innovationen.
Von besonderer Bedeutung sind die an den regionalen Hochschulen eingerichteten Demonstrations- und Anwenderzentren, die insbesondere kleine und mittlere Unternehmen ohne eigene F&E-Abteilung bei Test, Anwendung und Implementierung von neuen Technologien unterstützen. Demozentren wirken dabei als Wegbereiter nachgeschalteter Ingenieurdienstleistungen, die von High-Tech-Dienstleistungsunternehmen der Region angeboten werden.

SCHLÜSSEL- UND SYSTEMTECHNOLOGIEN

Herausragendes Potential für heutige und zukünftige Bedürfnisse erbringt die Region mit ihren wissenschaftlichen Einrichtungen auf den Gebieten der Informations- und Kommunikationstechnik, der Mikroelektronik und Mikrosystemtechnik, der Künstlichen Intelligenz sowie der Fertigungsautomatisierung und Industrierobotik. Forschungszentren für die Anwendung der Lasertechnologie im Maschinenbau, Werk- und Kunststofftechnik, Energie- und Umwelttechnik runden das Spektrum ab.

TECHNOLOGIE- UND KNOW-HOW-TRANSFER

Technologie- und Know-how-Transfer zwischen Wirtschaft und Wissenschaft, Anbieter und Nachfrager ist ein komplexer, facettenreicher Vorgang. Am leichtesten gestaltet sich der Transfer zwischen Partnern ungefähr gleicher Ausprägung; also dann, wenn ein Forscher mit Managerqualitäten einem Manager mit Forscherqualitäten gegenübersteht und die „Chemie" zwischen beiden Personen stimmt.
Zur Lösung des Problems hat die Technologieregion Nürnberg ein Technologie-Transfer-Management-System entwickelt mit „AnwenderClubs" für neue Technologien. AnwenderClubs sind neutrale Foren für Erfahrungsaustausch und Kontaktpflege, aus denen heraus InnovationsTeams zum Management betrieblicher Innovationen gebildet werden. Ein in der Region operierendes Technologie-Transfer-Team leistet hier Hilfestellung. Das System der AnwenderClubs arbeitet mit diesen Partnern effizient zusam-

logy, artificial intelligence, production automation and industrial robots, the region has excellent potential for present and future needs. There are likewise research centres for the application of laser techniques in machine construction, materials and plastics technology, power engineering and environment technology.

TECHNOLOGY AND KNOW-HOW TRANSFER

Technology and know-how transfer between science and industry, between provider and taker, is a complex procedure. Such transfer is easiest between people of roughly similar leaning; for example, when a researcher with manager qualities has to do with a manager with researcher qualities, and the "chemistry" between the two is right. To facilitate things, a technology transfer management system has been set up that provides so-called user clubs for new technologies. These are neutral forums for exchanging experience and maintaining contract, out of which innovation teams for the management of works innovations are or can be formed. A technology transfer team operating in the region can be of assistance here. The system of user clubs works efficiently with these partners. It was built up by the Chamber of Industry and Commerce in Nürnberg within the framework of the Technology Initiative for Middle Franconia.

A VISION: THE NÜRNBERG INNOVATION REGION

With its technological and economic facilities at the universities and colleges, the Nürnberg region has the best prospects of strengthening its competitive position by way of close interlinking of economics and science in the field of future basic innovations and mega branches such as information technology, biotechnology, environment technology, pharmaceuticals and health.
In this it is important to combine the region's core sectors with the complementary fields of globally active firms. Branches of such firms in strategic forward-looking technologies would provide new regional stimuli and so help in creating more jobs. A further possibility would be to put the ideas of our clever minds on tape locally and so produce prototypes.
These are examples of how Nürnberg and its surroundings can become an innovation region with its own dynamism. A prime aim must be to so optimate the region's innovative potential that an ap-

men und wurde von der Industrie- und Handelskammer Nürnberg im Rahmen der Technologie-Initiative Mittelfranken (TIM) aufgebaut.

VISION: INNOVATIONSREGION NÜRNBERG

Die Region Nürnberg hat mit ihren technologischen und wirtschaftlichen Einrichtungen an den Hochschulen beste Voraussetzungen, ihre Wettbewerbsfähigkeit durch eine enge Verzahnung von Wirtschaft und Wissenschaft im Bereich zukünftiger Basisinnovationen und Mega-Branchen wie Informationstechnik, Bio- und Umwelttechnologien sowie Pharma und Gesundheit zu stärken.
Wichtig dabei ist, verstärkt Kerngeschäftsfelder der Region mit komplementären Geschäftsfeldern weltweit agierender Unternehmen zu kombinieren. Niederlassungen solcher Unternehmen in strategischen Zukunftstechnologien würden neue regionale Impulse setzen und weitere Arbeitsplätze schaffen. Eine weitere Möglichkeit wäre, die Ideen unserer findigen Köpfe vor Ort auf die Bänder zu bringen und prototypisch zu produzieren.
Das sind Beispiele, die die TechnologieRegion Nürnberg zu einer eigendynamischen InnovationsRegion hin entwickeln. Das regionale Innovationspotential so zu optimieren, daß ein innovatives Klima in der Region erzeugt wird, muß vorrangiges Ziel sein. Dahinter verbergen sich dann dringend benötigte Arbeitsplätze, Wohlstand und Kaufkraft. Kaufkraft insbesondere auch für die Nicht-High-Tech-Unternehmen, die die Bedeutung von Innovationen und neuen Technologien erst im Zeitverzug bemerken.

---

propriate climate is produced. Behind this there lurk urgently needed jobs and, by extension, prosperity and purchasing power. Purchasing power also and especially for the non-high-tech firms that have been rather late in noting the importance of innovation and new technologies.

Überholung des Turbinenläufers bei der Großkraftwerk Franken AG

Overhauling a turbine rotor at the power station of Grosskraftwerk Franken AG

LUDWIG SCHOLZ

KOMMUNIKATIONSWIRTSCHAFT

Die Kommunikationswirtschaft ist neben der Verkehrswirtschaft, der Umwelttechnik und dem Handel eine der Kernkompetenzen des Wirtschaftsraumes Nürnberg, die sowohl für die Modernisierung der Wirtschaft wie für die Positionierung im internationalen Standortwettbewerb eine Schlüsselrolle einnehmen.

Die Kommunikationswirtschaft, die insbesondere die Medien-, Informations- und Telekommunikationsbranche umfaßt, ist ein Wirtschaftsbereich mit einer hohen Dynamik und hohen Wachstumserwartungen. Die dynamische Entwicklung resultiert aus der nach wie vor anhaltenden Leistungssteigerung und Miniaturisierung der Technik bei gleichzeitigem Preisrückgang, der Deregulierung der Telekommunikationsmärkte, der Bildung weltweiter strategischer Allianzen und der zunehmenden Verschärfung der Internationalisierung des Wettbewerbs.

Die Medienwirtschaft besitzt im Wirtschaftsraum Nürnberg traditionell große Bedeutung. Mehr als 2 000 Medienbetriebe beschäftigen derzeit 40 000 Mitarbeiter und setzen 7,5 Mrd. DM pro Jahr um. Zwei Drittel dieser Medienfirmen sind in der Stadt Nürnberg selbst ansässig. Insbesondere die Druckindustrie hat großes Gewicht innerhalb der Medienwirtschaft.

Im Bereich der Informations- und Kommunikationstechnik weist die Region ebenfalls bedeutende Traditionen sowie ein beachtliches Entwicklungs- und Fertigungspotential auf. Neben einigen Großunternehmen der Elektroindustrie sind viele mittelständische Zulieferer und Diensteanbieter auf diesem Sektor tätig. Darüber hinaus wird an der Universität Erlangen-Nürnberg, insbesondere in der Forschungseinrichtung FORWISS sowie im IIS (Fraunhofer-Institut für Integrierte Schaltungen), angewandte Forschung in diesem Bereich betrieben.

Die Bedeutung der Kommunikationswirtschaft schlägt sich auch in den rund 80 000 Beschäftigten im Wirtschaftsraum Nürnberg nieder. Und daß die Region dabei ist, den strukturellen Wandel in die richtige Richtung zu vollziehen, läßt sich durch die Zahl der Unternehmensneugründungen illustrieren: alleine in den letzten zwei Jahren wurden in der Region über 900 Unternehmen im Bereich Kommunikationswirtschaft gegründet, das entspricht etwa jeder achten Neugründung.

Die vorhandenen Potentiale müssen weiter ausgebaut, gebündelt und vernetzt werden, um einen Anteil der großen Marktpotentiale in diesem Sektor für den Wirtschaftsraum zu sichern.

Das Referat für Stadtentwicklung, Wohnen und Wirtschaft der Stadt Nürnberg hat deshalb im Mai 1994 die „Nürnberger Initia-

Alongside transport, environment technology and trade, the communications industry is one of the Nürnberg region's core sectors, responsible for modernizing the economy and playing a key role in positioning it advantageously in the international competition among manufacturing locations.

The communications industry, and especially the media, information and telecommunication sectors, is dynamic and promises strong growth. The dynamism results from continuing capacity increase and miniaturization, with a simultaneous drop in prices, market deregulation, the creation of worldwide strategic alliances and sharper international competition.

The media sector has always been strong in the Nürnberg region, with at present more than 2,000 firms with a workforce of about 40,000 and achieving a turnover of 7.5 billion DM annually. Two-thirds of them are in Nürnberg itself.

The region is also traditionally strong in information and communications, with a substantial development and production potential. In addition to several large firms in the electrical industry there are many medium-sized supplier firms and service providers. Mention should be made here of the applied research activities at the FORWISS facility and at the IIS set-up, this being the Fraunhofer Institute for Integrated Circuits. Both of these are located at the Erlangen-Nürnberg University.

The importance of the communications industry is also evidenced by the 80,000 workforce in the Nürnberg region. That it is also moving in the right direction in respect of structural change is shown by the number of young start-up companies; in the last two years alone there were more than 900 start-ups in the communications industry, which means about every eighth new company in the region.

The existing potential must be further extended, bundled and networked so as to secure an appropriate share of the large potential market for the region.

For this reason, Nürnberg's Department for Urban Development, Housing and Economy called into being the "Nürnberg Initiative for the Communication Industry (NIK)" in May 1994, this also being supported today by leading firms in the region as well as representatives of the government, science and the trade unions.

The role of the NIK is to propose, encourage and support innovation projects in the region, in the public relations work and the organization of events for the development of new projects and the exchange of experience. The NIK successfully carried through

THE COMMUNICATIONS INDUSTRY

Nürnberg ist ein Kompetenzzentrum für moderne Kommunikationstechnik.

Nürnberg is a centre of competence in modern communications technology.

tive für die Kommunikationswirtschaft (NIK)" ins Leben gerufen, die heute von bedeutenden Unternehmen der Region sowie Vertretern aus Politik, Wissenschaft und Gewerkschaft getragen wird.
Der Beitrag NIK besteht vor allem in der Anregung und Unterstützung von innovativen Projekten und Vorhaben in der Region, in der Öffentlichkeitsarbeit und in der Organisation und Durchführung von Veranstaltungen zum Erfahrungsaustausch und zur Entwicklung neuer Projekte. Die NIK hat mit großem Erfolg in 1995 und 1996 das „Nürnberger Symposium für die Kommunikationswirtschaft" durchgeführt.
In der Region Nürnberg gibt es eine Vielzahl von Aktivitäten im Bereich der Kommunikationswirtschaft. Viele Betriebe arbeiten intensiv an der Erschließung neuer Märkte und Geschäftsfelder.
Von den in der Region angegangenen Projekten, von denen positive Impulse zu erwarten sind, seien drei beispielhaft genannt:
- Multimedia-Pilotprojekt Bayern – Erprobung von Marktpotential, Akzeptanz und technischen Realisierungsmöglichkeiten des interaktiven digitalen Fernsehens.
- Stadtnetz Nürnberg – Planung, Projektierung, Installation und Erprobung moderner, zukunftsweisender Kommunikationstechnologien (ATM/SDH) und darauf aufbauender Anwendungen (zum Beispiel Multimedia) im Rahmen von unternehmensweiten Netzwerken unter weitestgehender Ausnutzung von Leitungswegen der Städtischen Werke Nürnberg und der Stadt Nürnberg.
- Bürgerinformationsdienst Nürnberg (BIN) – Angebot städtischer Informationen und Dienstleistungen über interaktive, multimediale Systeme.

Die Wettbewerbsfähigkeit der gesamten Region und die Arbeitsplatzsicherung für die nächsten Jahre werden wesentlich davon abhängen, inwieweit es gelingt, die moderne Zukunftsbranche Kommunikationswirtschaft noch fester in der Wirtschaftsstruktur Nürnberg zu verankern. ■

the "Nürnberg Symposium for the Communications Industry" in 1995 and in 1996. Many activities are proceeding in this field in the Nürnberg region.
Of the projects initiated with a prospect of success, three examples are given here:
- Multimedia Pilot Project Bavaria: Testing of the market potential, acceptance and technical possibilities of interactive digital television.
- Nürnberg Urban Network: Planning, design, installation and testing of modern future-oriented communication technologies (ATM/SDH) and applications based thereon (e.g. multimedia) within the framework of company-wide networks and furthest possible use
- Nürnberg Citizens' Information Service (BIN): Information and services offered on interactive multimedia systems.

The region's competitiveness and job security in the next several years will largely depend on how well communications can be integrated into the economic structure of the Nürnberg region. ■

■ *Der Fernsehturm in Nürnberg wurde zu einem Wahrzeichen der Region.*

■ *Nürnberg's television tower has become a regional landmark.*

DIETER PIECHULLEK

LEBEN UND ARBEITEN IN MITTELFRANKEN

Im Herbst, wenn die Nebel steigen, das Laub an den Bäumen sich bunt färbt und Felder und Wiesen ein aquarellhaftes Aussehen annehmen, zeigt sich die fränkische Landschaft von ihrer besten Seite. Man weiß plötzlich, dies ist altes Kulturland, Stammland der deutschen Kaiser und Könige. Mit Reichsstädten gespickt, durchwachsen von weltlichen und geistlichen Herrschaften, glich die fränkische Landkarte einst dem berühmten Mosaik. Die politische Zersplitterung wies darauf hin, daß hier jahrhundertelang keine Zentralmacht entstand, daß selbst die mächtige Reichsstadt Nürnberg sowie die Markgrafen von Ansbach und Bayreuth lediglich eine beschränkte territoriale Kraft darstellten.

Zwar nannte Nürnberg ein respektables Landgebiet sein eigen, präsentierte sich jedoch in erster Linie als nach innen konzentrierte Wirtschafts- und Handelsstadt. Denn der Nürnberger Reichtum wurzelte im Fleiß seiner Bürger und dem Ideen- und Erfindungsreichtum der Kaufleute. Ein „kleiner Rat" alter und einflußreicher Patriziergeschlechter lenkte politisch die Geschicke des Stadtstaates fast bis zum Übergang an das Königreich Bayern im Jahre 1806. Nürnberg wetteiferte mit Handelsstädten wie Venedig, Prag oder Krakau und unterhielt im Mittelalter Verbindungen mit allen wichtigen Wirtschaftszentren der Welt. Das heutige Mittelfranken ist zwar eine Kunstschöpfung des 19. Jahrhunderts, die jedoch in ihrer langen Geschichte Patina angesetzt hat. Seit Nürnberg im Jahre 1806 dem Königreich Bayern einverleibt wurde, gibt es aber den anscheinend unausrottbaren Antagonismus zwischen Franken und Oberbayern. Das schadet jedoch anscheinend nicht. Zwar lassen sich kaum unterschiedlichere Volksstämme als Baiern und Franken denken, doch lebt man im bayerischen Haus durchaus kommod miteinander. Einmischung von außen schätzt man nicht, ja, man leistet sich sogar eine eigene politische Partei, die es zwar nur in Bayern gibt, die aber dort seit „undenklichen" Zeiten regiert.

Wenn die Nebel steigen und das Laub sich bunt färbt, dann zeigt sich die fränkische Landschaft gleichsam vergeistigt. Dazu paßt der sprichwörtliche fränkische Fleiß und herbe Charme, der die Menschen dieser Landschaft auszeichnet. Mittelfranken ist nicht nur geographisch das Zentrum Frankens. Historisch war Nürnberg eine Stadt der Kunst und Technik, des Handels und der Industrie. Heute gibt es gleichsam ein großes Atemholen, bevor der nächste Aufschwung beginnt. Denn wir Franken, besonders wir Mittelfranken, sind dabei, uns wirtschaftlich umzuorientieren. Zwar hängen

During autumn, when the mists rise and the leaves become a riot of colour and the fields and meadows take on the aspect of an aquarelle, the Franconian countryside looks its best. One somehow knows that this is the site of an ancient civilization, ancestral land of German kaisers and kings. Full of free imperial towns, permeated with secular and ecclesiastical powers, the map of Franconia was once like the famous mosaic. The political fragmentation showed that for centuries there had been no central power, that even the powerful imperial city of Nürnberg and the margraves of Ansbach and Bayreuth had only limited territorial influence.

Nürnberg could call a respectable territory its own, but was primarily an inwardly concentrated mercantile and trading centre. For Nürnberg's wealth was concentrated in the industriousness of its citizens and in the resourcefulness and inventiveness of its merchants. A "select council" drawn from old and influential patrician families guided the fortunes of the city-state almost up to the year 1806 when it was transferred to Bavaria. Nürnberg vied with trading towns such as Venice, Prague and Cracow and in the Middle Ages maintained links with all the world's leading centres of commerce. Middle Franconia today is a creation of the 19th century that had gathered patina in its long history, and since Nürnberg's incorporation into Bavaria in 1806 there seems to exist a lasting antagonism between Franconia and Upper Bavaria, but it apparently has done no damage. There would seem to be hardly more different tribes that the Bavarians and the Franks, but they appear to live peaceably together in their Bavarian house. They don't appreciate interference from outside and they even have their own political party; this exists only in Bavaria, where it has governed since time out of mind and claims a following throughout the country.

When the mists rise and the leaves become a riot of colour, then the Franconian landscape becomes as it were spiritualized. This matches the proverbial Franconian industriousness and austere charm that characterize people there. Nürnberg was historically a city of the arts and technology, trade and industry, and today it would seem to be drawing a deep breath before the next upswing begins, because we Franks, especially in Middle Franconia, are in the process of reorienting economically. We still have an emotional attachment to the great old industrial names such as Siemens, AEG and MAN, but also to the new such as Schickedanz and Grundig – both in Fürth – all of whom well document the region's

LIVING AND WORKING IN MIDDLE FRANCONIA

wir emotional noch immer an den großen, alten Wirtschaftsnamen wie Siemens, AEG oder MAN und an den neuen wie Schickedanz und Grundig – übrigens beide Fürther, wodurch die wirtschaftliche Kreativität dieser Stadt bestens unter Beweis gestellt wäre. Doch nimmt in Mittelfranken der industrielle Anteil am Bruttosozialprodukt kontinuierlich ab. Zwar liegen wir noch unter dem bayerischen und bundesdeutschen Durchschnitt, doch ist diese Tatsache für uns auch ein Zeichen der Hoffnung. Wenngleich wir wissen, daß die Industrie auch in Zukunft eine wirtschaftliche Basis bleibt.

„Leben und Arbeiten in Mittelfranken" ist dieser Artikel überschrieben. Während die Franken arbeiten, kommen die Touristen hierher, um zu leben. Sie wissen, weshalb: eine Landschaft wie auf Dürers Aquarellen, Kunst und Kultur in Überfülle. Als Innenhof Europas, in dem sich alle Winde fangen, hat der fränkische Schriftsteller Hans Max von Aufseß, dessen Vorfahr Hans von Aufseß das Germanische Nationalmuseum in Nürnberg begründet hat, diese Landschaft bezeichnet. Die Berliner Dichter Ludwig Tieck und Heinrich Wackenroder entdeckten für die deutsche literarische Romantik das mittelalterliche Nürnberg und die Fränkische Schweiz.

Die wirtschaftliche Entwicklung bereitet heute jedoch auch der Region Nürnberg Sorgen. Denn die strukturellen Veränderungen, die ihre Wurzeln oft noch im 19. Jahrhundert haben, erweisen sich als andauernder, als selbst die Fachleute zunächst angenommen hatten. Zwar ist die Bereinigung altindustrieller Strukturen besonders in den Zentren Nürnberg und Fürth noch nicht abgeschlossen, doch verdecken die oft schlagzeilenträchtigen Entwicklungen an der Oberfläche nicht selten wichtige Vorgänge in der Tiefe. So gingen zwar in Mittelfranken in den letzten 20 Jahren in der Industrie knapp 65 000 Arbeitsplätze verloren. Man übersieht jedoch häufig, daß dieser Verlust durch einen Zuwachs von rund 135 000 Stellen bei den Dienstleistungen mehr als ausgeglichen wurde.

Wie die meisten Regionen, so arbeitet auch der Wirtschaftsraum Nürnberg an einem gemeinsamen Marketing, um sein „Image" zu verbessern. Die Initiative dafür ging u. a. von der Industrie- und Handelskammer Nürnberg aus, aber auch Kommunen und Landkreise, Bezirksregierung, Unternehmen und Verbände haben aktiv ihr Interesse an dieser Initiative bekundet. Pluspunkte für unsere Region lassen sich leicht finden, angefangen von der Feststellung,

economic creativity. But in Middle Franconia industry's share of the gross domestic product is falling continuously. We are still below the average for Bavaria and the country as a whole, which is a hopeful sign, and we know that industry in the future will continue to have an economical basis.

"Living and working in Middle Franconia" is the title of this article. While the Franks are at work the tourists come here to live, and they know why: a landscape as in Dürer's watercolours, art and culture in abundance. The Franconian author Hans Max von Aufsess, whose ancestor Hans von Aufsess founded the Germanic National Museum in Nürnberg, described the countryside as Europe's inner court where every wind catches. And the Berlin poets Ludwig Tieck and Heinrich Wackenroder discovered for German literary Romanticism the mediaeval Nürnberg and the so-called Franconian Switzerland.

But economic developments today are a source of concern in the Nürnberg region, for the structural changes – the roots of which are often in the 19th century – are more persistent and enduring than even the experts first assumed. The renewal of old industrial structures, especially in Nürnberg and Fürth, is not yet completed, yet dramatic developments on the surface often conceal important processes deep down. So it was that in Middle Franconia in the last twenty years almost 65,000 industrial jobs were lost, but it is often overlooked that this loss was more than made good by a gain of about 135,000 jobs in the service sector.

Like most regions, the Nürnberg economic area pursues a joint marketing strategy to enhance its image. The initiative came mainly from the Nürnberg Chamber of Industry and Commerce, but interest was also shown by municipalities and rural districts, the regional government and various trade associations. Plus points for the region are readily found, starting from the fact that it is a high-tech location that for many years was obliged to hide its light under a bushel in the shadow of the nearby Iron Curtain.

In addition to being a Siemens location, Erlangen has its university, called into being by the margraves, who were opponents of the imperial town of Nürnberg. But the university belongs to the whole region and is used by all. With a technical faculty and an impressive social science faculty in Nürnberg – where for example Ludwig Erhard studied – it has long served as a catalyst for industry together with the Georg-Simon-Ohm Technical College. The linkage between research and industry, what is known as techno-

Für das Evangelische Siedlungswerk in Bayern, Gemeinnützige Bau- und Siedlungsgesellschaft mbH, bleibt der Mensch das Maß aller Dinge. Die Aufnahme entstand in einer ökologisch orientierten Baumaßnahme in Fürth-Poppenreuth.

People are the measure of all things at the Evangelical Mutual Housing Organization in Bavaria, the Gemeinnützige Bau- und Siedlungsgesellschaft mbH. The picture was taken at an ecologically oriented housing scheme in Fürth-Poppenreuth.

daß unser Wirtschaftsraum ein Hochtechnologiestandort ist, der sein Licht aber jahrzehntelang, vor allem im Schatten des Eisernen Vorhangs, unter den Scheffel stellen mußte.
Die Stadt Erlangen nennt, neben Siemens, eine traditionsreiche Universität ihr eigen, die die Widersacher der Reichsstadt Nürnberg, die Markgrafen, einst ins Leben gerufen hatten. Und doch gehört diese Hochschule der gesamten Region und wird von allen genutzt. Die Universität mit der Technischen Fakultät und der beeindruckenden Wirtschafts- und Sozialwissenschaftlichen Fakultät in Nürnberg, in der zum Beispiel u. a. auch ein Ludwig Erhard studierte, sowie die einen berühmten Namen tragende Georg-Simon-Ohm-Fachhochschule dienen längst als Katalysatoren der Wirtschaft. Die Verzahnung zwischen wissenschaftlicher Forschung und Wirtschaft, der sogenannte Technologietransfer, könnte zwar immer noch besser sein, trägt in der Region jedoch bereits vielfältig Früchte. Die Wissenschaft sitzt längst nicht mehr im berühmten Elfenbeinturm, und auch die „Schwellenangst" der mittelständischen Wirtschaft, die diese angeblich vor den ehrfurchtgebietenden Toren der Hochschulen empfindet, hat sich stark vermindert.
Fürth und Schwabach sind nicht nur traditionsreiche Wirtschaftszentren, sondern Kommunen von unverwechselbar eigenem Profil. Und gar Ansbach, Weißenburg und Rothenburg, Dinkelsbühl und Bad Windsheim u. a.: Sie erst vervollständigen das fränkische Mosaik und Städtebild, zeigen aber auch, daß es bis zu einem gemeinsamen regionalen Marketing noch ein weiter Weg ist.
Wenn wir jedoch über die liebenswerten fränkischen Kirchtürme von Fall zu Fall hinwegsehen und Mittelfranken national und international eine gute Zukunft sichern wollen, dann benötigen wir eine gemeinsame Institution, ein gemeinsames Dach. Denn unsere fränkischen und speziell mittelfränkischen Vorzüge nutzen uns wenig, wenn wir sie nicht bekannt machen.
Die fränkischen Kirchtürme müssen bleiben, sie sind berühmt. Wir haben aber auch mehr zu bieten. Nicht nur das große kulturelle Erbe der Vergangenheit, das sich zum Beispiel in einer Institution wie dem Germanischen Nationalmuseum, dem größten deutschen Kulturmuseum, spiegelt, das im 19. Jahrhundert vom fränkischen Ritter Hans von Aufseß gegründet wurde. Auch die kulturelle Gegenwart ist ansehnlich, von den Kreuzgangfestspielen in Feuchtwangen, den Erlanger Literaturtagen und dem Windsbacher Knabenchor bis zum Nürnberger Jazz-Festival. Natürlich, um sich ins rechte Licht zu rücken, ist keine Stadt verlegen. Wer zählt die Theater, nennt die Künstler. Geist ist ein Produkt der

logy transfer, could be still better, but it is already bearing fruit. Science no longer resides in its ivory tower and also the fear among small and medium-sized firms of taking up contact with the places of higher learning has eased greatly.
Fürth and Schwabach are not only traditional trade centres but also communities with their own distinctive profiles. And then there are among others Ansbach, Weissenburg and Rothenburg, Dinkelsbühl and Bad Windsheim. They complete the Franconian mosaic but also show that it is still a long way to a common regional image.
But when from case to case we look beyond the friendly church spires and seek to ensure a good future nationally and internationally for Middle Franconia, we need a common institution, a common roof. For our Franconian and especially our Middle Franconian merits avail us little if we don't make them known.
The Franconian church spires must stay, for they are famous. But we have more to offer; not only the great cultural heritage such as is reflected in the Germanic National Museum, the country's largest cultural museum, founded in the 19th century by the Frankish knight Hans von Aufsess. Also the cultural present is substantial, from the cloister festivals in Feuchtwangen, the literary days in Erlangen and the Windsbach boys' choir to the Nürnberg jazz festival. Naturally, no town is at a loss when it comes to presenting itself in a favourable light. He who pays the theatre calls the artists. Spirit is a product of creativity, which has always flowed freely in Franconia, hence the small-dimensional, the mosaic-like.
As business locations, as places for living and working, for leisure and recreation, cities and regions are competing ever more with each other. So-called hard locational factors such as conditions for business and soft locational factors such as cultural opportunities culminate in the concept of "quality of life", and this has many aspects. The post-industrial society, if one may speak of such, seeks complex conditions of life. The job alone is no longer enough. Hence in the marketing of a city or a region the main concern is to improve both the economic conditions and the quality of life.
The days when people only lived to work are long gone. Job perspectives are no longer the sole criterion when choosing where to be. As was shown by a recent survey among 84 German towns and cities, in respect of recreational value Nürnberg occupied tenth place immediately behind such front-runners as Munich and Hamburg plus a few surprise choices. And that is no bad starting point for our further work. ■

Kreativität, die in Franken stets reichlich floß, daher auch das Kleinräumige, das Mosaikhafte.

Unbestritten ist, daß heute Städte und Regionen als Wirtschaftsstandorte, als Lebensraum zum Wohnen und Arbeiten, zur Freizeitgestaltung und als Erholungsraum immer stärker miteinander konkurrieren. Harte Standortfaktoren, wie zum Beispiel die ökonomischen Rahmenbedingungen, und weiche Standortfaktoren, wie etwa das kulturelle Umfeld, gipfeln gleichsam im Begriff der „Lebensqualität", der viele Aspekte umfaßt. Die postindustrielle Gesellschaft, wenn denn von einer solchen zu Recht die Rede sein kann, sucht komplexe Lebensbedingungen, der Arbeitsplatz allein genügt längst nicht mehr. Es geht deshalb einem Stadt- und Regionalmarketing vor allem auch darum, neben der Wirtschaftskraft auch die Lebensqualität zu verbessern.

Denn die Zeiten, in denen die Bundesbürger nur lebten, um zu arbeiten, sind vorbei. Arbeitsplatzperspektiven sind heute nicht mehr das einzige Kriterium für die persönliche Standortwahl. Unter 84 deutschen Städten rangierte Nürnberg – nach einer jüngeren Untersuchung –, was den Freizeitwert betrifft, an zehnter Stelle, gleich hinter Spitzenreitern wie München, Hamburg und einigen weiteren Überraschungssiegern. Das ist keine schlechte Ausgangslage für unsere weitere Arbeit.

Blick in das Schulungszentrum der Siemens AG Erlangen: Ausbildung von Service-Technikern aus aller Welt für Computertomographen.

A scene in the training centre at Siemens AG in Erlangen: training of service engineers from all over the world for computer tomography scanners.

BERNHARD JAGODA

ARBEITSMARKTPOLITIK FÜR DEUTSCHLAND – DIE BUNDESANSTALT FÜR ARBEIT

In Nürnberg wurde im Jahr 1952 die Bundesanstalt für Arbeit angesiedelt. Was immer die Beweggründe für diesen Standort gewesen sein mögen, man hätte schwerlich einen geeigneteren finden können. Arbeit hat in der glanzvollen und traditionsreichen Geschichte der Stadt und ihres Umlandes schon immer eine herausragende Rolle gespielt. Während ihrer ersten Blütezeit im Mittelalter lebten und arbeiteten auf der Fläche der heutigen Altstadt 40 000 Menschen. Nürnberg gehörte damit zu den großen Metropolen des europäischen Kontinents, mit einem hochentwickelten Handwerk, einem weitverzweigten Fernhandel und mit beachtlichen Beiträgen zu Wissenschaft und Kunst. An der Spitze des Fortschritts stand die Stadt auch während der industriellen Revolution. Die Tatsache, daß die erste deutsche Eisenbahn, der Adler, 1835 von Nürnberg nach Fürth fuhr, war letztlich auch ein symbolischer Ausdruck für ihren innovatorischen Mut und die wirtschaftliche Leistungsfähigkeit. Heute bestimmt der Strukturwandel in Richtung Dienstleistungssektor die dynamische Entwicklung von Stadt und Region.

Den Strukturwandel in Wirtschaft und Arbeitswelt zu fördern, ist eine der Aufgaben der Bundesanstalt für Arbeit – nicht nur in der Region Nürnberg, sondern in ganz Deutschland. Kernstück der aktiven Arbeitsmarktpolitik ist dabei die Förderung der beruflichen Bildung. Durch sie erhalten Erwerbspersonen neue Kenntnisse und Fähigkeiten, um sich den im Zuge des Strukturwandels ändernden Anforderungsprofilen erfolgreich anpassen zu können und sich weiterzuentwickeln. Die Wirtschaft bekommt dadurch die gesuchten Kräfte. In den alten Bundesländern durchliefen in den vergangenen 25 Jahren insgesamt 8,5 Millionen Menschen eine von der Bundesanstalt geförderte berufliche Weiterbildung, in den neuen waren es seit der Wende bereits 2,5 Millionen. Das arbeitsmarktpolitische Instrumentarium umfaßt heute eine breite Palette, von der beruflichen Bildung über Arbeitsbeschaffungsmaßnahmen bis hin zur Förderung der Aufnahme einer selbständigen Tätigkeit, um nur drei Punkte zu nennen.

Dabei erfolgt die konzeptionelle Planung, Steuerung und Kontrolle der Arbeitsmarktpolitik in der Hauptstelle der Bundesanstalt für Arbeit in Nürnberg. Hier nehmen 1100 Mitarbeiterinnen und Mitarbeiter die zentralen Aufgaben einer obersten Bundes-

The Federal Labour Office was set up in Nürnberg in 1952, and whatever the reasons for the choice of location it could hardly have been a better one. Labour had ever played an outstanding role in the illustrious history of the city and its surroundings. During its first heyday in the Middle Ages some 40,000 people lived and worked in what is today the Old Town, and Nürnberg was then one of the great metropolises of continental Europe, with a highly developed craft tradition, a diverse trade with distant places and an atmosphere in which science and the arts flourished. The city was also in the vanguard of progress during the Industrial Revolution. The fact that Germany's first railway ran with the Adler between Nürnberg and Fürth in 1835 was symbolic expression of the innovative spirit and economic resource of the times. Today it is structural change in the direction of the service sector that is determining developments in city and region.

Promoting structural change in the economy and in the world of labour is one of the tasks of the Federal Labour Office, not just in the Nürnberg region, but throughout Germany. And the centrepiece of labour market policy is the advancement of vocational training so that people can acquire new knowledge and skills. That way they will be able to adapt to the new demand profiles called into being by structural change and then develop further. And trade and industry gets the manpower and womanpower it needs. In the last 25 years in West Germany (as distinct from East Germany), a total of 8.5 million people went through courses of further vocational training arranged by the Labour Office. In East Germany since reunification the figure is 2.5 million. Today the instruments of labour market policy have a wide range, covering vocational training, job creation measures and assisting people to start up working independently, to mention only three aspects here.

The conceptual planning, control and supervision of labour market policy is done in the main office of the agency in Nürnberg, where a staff of 1,100 attend to the central tasks of supreme federal authority. At the modern administrative complex on Regensburger Strasse there are also the regional labour office for North Bavaria, the prior examining office and the central office, the latter fulfilling in particular nation-wide service functions in the data

LABOUR MARKET POLICY FOR GERMANY – THE FEDERAL LABOUR OFFICE

behörde wahr. Auf dem modernen Verwaltungsgelände an der Regensburger Straße befinden sich außerdem das Landesarbeitsamt Nordbayern, das Vorprüfungsamt und das Zentralamt, das insbesondere im Bereich der EDV bundesweit Dienstleistungsaufgaben erfüllt. Die Umsetzung der Arbeitsmarktpolitik erfolgt, ebenso wie die Arbeitsvermittlung, die Berufsberatung und die Gewährung von Arbeitslosengeld und Arbeitslosenhilfe, vor Ort, in bundesweit 184 Arbeitsämtern und in 646 weiteren regionalen Dienststellen. Zwischen der Zentrale der deutschen Arbeitsverwaltung in Nürnberg und den Dienststellen in ganz Deutschland koordinieren 11 Landesarbeitsämter die fachliche Arbeit.
Daß die deutsche Arbeitsverwaltung erfolgreich ist, hat sich längst auch im Ausland herumgesprochen. So kommen zur Zeit insbesondere Experten aus den mittel- und osteuropäischen Reformstaaten, aber auch aus anderen Ländern, in großer Zahl nach Nürnberg, um das deutsche Modell zu studieren. Viele dieser Staaten bauen ihre Arbeitsverwaltung inzwischen nach dem Vorbild der Bundesanstalt für Arbeit auf. Sie sehen hierin einen erfolgversprechenden Ansatz zur Entwicklung leistungsfähiger marktwirtschaftlicher Strukturen. Damit dies gelingt, hat die Bundesanstalt frühzeitig reagiert. In ihrer Hauptstelle in Nürnberg gibt es seit einiger Zeit einen neuen Bereich: Aufbau und Reform ausländischer Arbeitsverwaltungen.

processing sector. The implementation of labour market policy, likewise of arranging employment, job counselling and the granting of unemployment money and assistance is done locally throughout the country at 184 employment offices and at 646 other regional offices. Eleven regional labour offices coordinate the technical work between the central office and the offices throughout the country.
It has long got about abroad that the system of labour administration employed in Germany is a successful one. Accordingly, many experts from Central and East European countries and elsewhere make a pilgrimage to Nürnberg to study the German model, and many of these countries are now building their own labour administrations along similar lines. They see in this a promising avenue to developing efficient market economy structures. To ensure that this comes about, the Federal Labour Office has taken the initiative: At the central office in Nürnberg there is now a new department going under the name of Setup and Reform of Foreign Labour Administrations.

In den Städten Nürnberg, Fürth und Erlangen wird auch altes Brauchtum gepflegt.

Old customs are taken seriously in places like Nürnberg, Fürth and Erlangen.

Die Hauptstelle der Bundesanstalt für Arbeit in Nürnberg ist die Zentrale der deutschen Arbeitsverwaltung. Auf dem modernen Verwaltungsgelände an der Regensburger Straße sind außerdem das Landesarbeitsamt Nordbayern, das Zentralamt und das Institut für Arbeitsmarkt- und Berufsforschung (IAB) angesiedelt.

The head office of the Bundesanstalt für Arbeit (Federal Institute for Employment) in Nürnberg is the headquarters of the German labour administration. The modern administrative area on Regensburger Strasse also accommodates the Regional Employment Office for North Bavaria, the Central Office and the Institute for Labour Market and Vocational Research (known for short in German as IAB).

Ob Arbeitsvermittlung, Arbeits- und Berufsberatung oder die Gewährung von Leistungen – das Dienstleistungsangebot der Bundesanstalt erfolgt flächendeckend in 11 Landesarbeitsämtern, 184 Arbeitsämtern und weiteren 646 regionalen Dienststellen. Das Foto zeigt das Berufsinformationszentrum (BIZ) in einem deutschen Arbeitsamt.

Whether it is for arranging employment, work and vocational counselling or the making of payments, the services of the Bundesanstalt cover the whole federal territory through 11 regional employment offices, 184 local employment offices and a further 646 branch offices. The photo shows the vocational information centre (BIZ) at a German employment office.

PROFESSOR DR. RUDOLF ENDRES

MITTELFRANKEN – SKIZZEN SEINER GESCHICHTE

Als mit dem Karolingerreich im 8. Jahrhundert n. Chr. Ostfranken in das Blickfeld der Geschichte trat, wurde der Kernraum des heutigen Regierungsbezirks Mittelfranken als Rangau bezeichnet. Er umfaßte etwa das Gebiet zwischen den Städten Schwabach, Langenzenn, Windsheim und Ansbach und war nach einem kleinen Zufluß der Aisch benannt. An ihn schlossen sich im Osten der Radenzgau und der bairische Nordgau an, der bis Eichstätt und Fürth reichte. Im Süden erstreckte sich das Sualafeld bis nach Heidenheim, Gunzenhausen und Herrieden und im Westen der Gollachgau bis in die Gegend um Uffenheim, während der Iffgau und der Ehegau noch Gebiete um Scheinfeld erfaßten. Die Ausübung von Hoheitsrechten in den Gauen lag bei Grafen, wenn auch nicht für alle diese Gaue das Wirken von Grafen urkundlich überliefert ist. Im Jahr 1000 hat jedoch Kaiser Otto III. ausdrücklich dem Bischof von Würzburg den Amtsbereich Rangau überlassen.
Die Gründung des Bistums Bamberg 1007 brachte die Schenkung zahlreicher Besitzungen im Bereich des heutigen Mittelfranken, darunter etwa die Reichshöfe Fürth und Hersbruck. Der Kirchensprengel der neuen Diözese umfaßte weite Teile des Radenzgaues, und 1016 konnte auch das eichstättische Gebiet zwischen der Erlanger Schwabach und der Pegnitz noch zum Bistum Bamberg geschlagen werden. Unter Bischof Otto dem Heiligen wurde 1132 die Zisterze Heilsbronn gegründet, die später mehr als 1200 bäuerliche Hintersassen zählte.
Seit dem frühen 12. Jahrhundert aber traten neben die Reichsbistümer Würzburg, Bamberg und Eichstätt auch die neuen weltlichen Träger der königlichen Macht in den Vordergrund, nämlich die Reichsministerialen und die Städte auf Königsland. Denn die Könige aus dem Geschlecht der Staufer suchten das zerstreute und vielfach entfremdete Reichsgut in Ostfranken wieder zusammenzufassen. Schwerpunkte der neuen staufischen Königsmacht und des umfangreichen Reichsgutes waren die Städte Dinkelsbühl, Weißenburg, Feuchtwangen, Aufkirchen und Rothenburg. Zentrum und Verwaltungsmittelpunkt dieses Königsterritoriums aber war das 1050 erstmals genannte Nürnberg, auf dessen Burg die Burggrafen und Reichsbutigler saßen. Entlang der wichtigen Fernhandelsstraßen errichteten die Reichsministerialen ihre Burgen und übernahmen den Schutz des Handels auf den Reichsstraßen.

When Eastern Franconia achieved historical fame through the Carolingian dynasty in the 8th century A.D., the core of today's administrative district of Middle Franconia was called the Rangau. It covered approximately the area between the towns of Schwabach, Langenzenn, Windsheim and Ansbach and was named after a small tributary of the river Aisch. To the east it bordered on the Radenzgau and the Bavarian Nordgau, which extended as far as Eichstätt and Fürth. To the south the Sualafeld reached as far as Heidenheim, Gunzenhausen and Herrieden, and to the west the Gollachgau bordered on Uffenheim, while the Iffgau and Ehegau covered the area around Scheinfeld. The sovereign rights in the gaus were exercised by counts, although not every gau has documentary evidence of such rule. However, in the year 1000 Emperor Otto III expressly conveyed the rights for the Rangau to the bishop of Würzburg.
The establishment of the bishopric of Bamberg in 1007 resulted in the gift of numerous possessions in what is now Middle Franconia, including the royal courts of Fürth and Hersbrück. The new diocese of Bamberg covered large parts of the Radenzgau, and in 1016 it also acquired the Eichstätt territory between the Schwabach in Erlangen and the river Pegnitz. In 1132 the Cistercian monastery of Heilsbronn was founded under Bishop Otto the Holy, and later housed more than 1,200 cottagers.
But from the early 12th century the new secular holders of royal power gained prominence alongside the bishops of Würzburg, Bamberg and Eichstätt; these were the ministers of the Holy Roman Empire and the cities on crown land. For the kings of the Hohenstaufen dynasty tried to re-gather the scattered and often alienated crown properties in eastern Franconia. The focal points of the new power of the Hohenstaufen kings and the extensive crown lands were the towns of Dinkelsbühl, Weissenburg, Feuchtwangen, Aufkirchen and Rothenburg. But the administrative centre of this territory was Nürnberg, first mentioned in the year 1050, whose castle was the seat of the burgraves. The imperial ministers built their castles along the important trade routes and took it upon themselves to protect the transport of goods on the imperial roads.
But when the Hohenstaufens' plan for the crown lands broke down in 1268 it was followed by territorial diversity in Franconia

MIDDLE FRANCONIA – A SKETCH OF ITS HISTORY

Blick auf das Dächermeer Nürnbergs und auf die Kaiserburg

Looking over Nürnberg's sea of house tops to the Kaiserburg

Doch mit dem Zusammenbruch des staufischen Reichslandkonzeptes 1268 setzte sich statt der geplanten Einheit als Reichsland in Franken die territoriale Vielfalt durch. Die Städte Rothenburg, Windsheim und Weißenburg erreichten schrittweise ihre Freiheit und reichsstädtische Autonomie, und die Reichsstadt Nürnberg stieg sogar zu einer Großstadt von europäischem Rang auf. Nürnberg verdankte seine herausragende Stellung seiner Wirtschaftskraft, seinem reichen Exportgewerbe und weltweiten Handel, seiner hohen Kulturblüte und seiner einzigartigen Verbindung von wissenschaftlichem Geist und bürgerlichem Gewerbe, die Nürnberg neben Florenz zur „Wiege der abendländischen Technik" werden ließ. Als Hüterin der Reichsinsignien und bevorzugter Tagungsort für Reichsversammlungen genoß Nürnberg den Ruf als „heimliche Hauptstadt des Reiches". Voll Stolz bezeichnete sich die Stadt an der Pegnitz selbst als „Republik".
Einen noch erfolgreicheren Aufstieg aber nahmen die Hohenzollern, seit 1191/92 Burggrafen von Nürnberg. Durch zielstrebige und planvolle Erwerbs- und Heiratspolitik gewannen sie im Laufe des Spätmittelalters ihre beiden Territorien um Cadolzburg/Ansbach und Kulmbach/Bayreuth. Sukzessive wurden reiche Besitzungen um Neustadt an der Aisch und Windsheim und dann die Städte Windsbach, Colmberg, Schwabach, Gunzenhausen, Feuchtwangen, Uffenheim, Crailsheim, Hohentrüdigen und Creglingen erworben, die zumeist den verarmten benachbarten edelfreien Geschlechtern abgekauft wurden. Der steile Aufstieg der Hohenzollern, der von einer modernen und erfolgreichen Finanz- und Verwaltungspolitik getragen wurde, fand seine Anerkennung mit der Verleihung der Reichsfürstenwürde durch den Kaiser im Jahre 1363. Als 1603 die fränkischen Lande der Hohenzollern an jüngere Söhne der Brandenburger Kurlinie gegeben wurden, schlug man die Gebiete um Erlangen, Baiersdorf und Neustadt an der Aisch dem Bayreuther Fürstentum zu, die als „Bayreuther Unterland" bezeichnet wurden. Mit der Aufnahme der Hugenotten nach 1686, für die der Markgraf die neue Stadt „Christian-Erlang" anlegen ließ, kamen neue Produkte und Techniken nach Franken und verhalfen Schwabach und Erlangen zu wirtschaftlichem Aufschwung, was sich auch in der Gründung der Landesuniversität in Erlangen 1743 niederschlug.
Nach dem Rücktritt des verdienstvollen Markgrafen Alexander fielen die beiden zollerischen Fürstentümer 1792 an das Königreich Preußen und wurden unter der straffen Leitung des Fürsten Har-

instead of the unity that had been intended. Rothenburg, Windsheim and Weissenburg gradually attained freedom and autonomy as imperial cities, and Nürnberg grew into a major city of European rank. Nürnberg owed this outstanding position to its economic power, flourishing exports and worldwide trade connections, but also to its high cultural status and unique ability to combine science with practical manufacturing skills that enabled it to take its place beside Florence as the "cradle of western technology". As the keeper of the insignia of the Holy Roman Empire and favoured venue for the assemblies of the Estates of the Empire, Nürnberg enjoyed the reputation of being the "secret capital". In fact, the city proudly designated itself a "republic".
More successful still was the rise of the Hohenzollerns, who had been burgraves of Nürnberg since 1191/92. A shrewd and purposeful acquisition and marriage policy in the late Middle Ages brought them their two territories around Cadolzburg/Ansbach and Kulmbach/Bayreuth. Over the years they acquired valuable possessions around Neustadt an der Aisch and Windsheim, followed by the towns of Windsbach, Colmberg, Schwabach, Gunzenhausen, Feuchtwangen, Uffenheim, Crailsheim, Hohentrüdingen and Creglingen – most of which were purchased from the neighbouring free-born dynasties that had fallen on hard times. The rapid rise of the Hohenzollerns, accompanied by a modern and successful financial and administrative policy, was recognized by the Emperor, who conferred the rank of Princes of the Holy Roman Empire upon them in 1363. When the Hohenzollerns' Franconian possessions were given to younger sons of the Brandenburg electors in 1603, the areas around Erlangen, Baiersdorf and Neustadt an der Aisch became part of the principality of Bayreuth and were known as the "Bayreuth Unterland". With the settlement of the Huguenots from 1686, for whom the margrave had the town of Christian-Erlang built, new products and techniques came to Franconia and brought Schwabach and Erlangen economic prosperity that was reflected in the foundation of the University of Erlangen in 1743.
In 1792, after the abdication of the excellent margrave Alexander, the two principalities fell to the kingdom of Prussia. A modern system of administration was rigorously imposed on them by Prince Hardenberg, who even resorted to armed force against attacks by the Teutonic Order of Knights and the imperial cities.
However, it was not Prussia but the electorate of Bavaria – the

Das Römer-Kastell weist auf alte geschichtliche Wurzeln Weißenburgs hin.

The Roman castellum bears witness to the historical roots of Weissenburg.

denberg zu einem modern verwalteten Staatsgebiet umgestaltet, wobei allerdings Hardenberg rigoros und sogar mit Waffengewalt gegen die Einsprengsel der Reichsritter des Deutschen Ordens und Reichsstädte vorging.
Aber nicht Preußen, sondern Kurbayern, seit 1806 Königreich Bayern, wurde zum großen Gewinner in Franken. Im Zuge der „Flurbereinigung" unter Napoleon erhielt Bayern durch die Säkularisation der geistlichen Territorien im Bereich des heutigen Mittelfranken Teile des Hochstifts Eichstätt und die beiden bambergischen Ämter Herzogenaurach und Höchstadt. 1806 wurde von Napoleon das Fürstentum Ansbach dem König von Bayern überlassen. Alle Reichsstädte und reichsritterschaftlichen Gebiete wurden mediatisiert wie auch die Reichsgrafen und Reichsfürsten in Franken. 1810 kam es zu einer Grenzbereinigung mit dem Nachbarstaat Württemberg, der sich für Westmittelfranken äußerst nachteilig erweisen sollte. Denn weite Grenzsäume wurden abgetreten, wovon insbesondere Rothenburg betroffen war, das mehr als die Hälfte seines ehemaligen Landgebietes und wirtschaftlichen Hinterlandes verlor. Dinkelsbühl und Rothenburg wurden nun zu bayerischen Grenzstädten, und Mittelfranken wurde zu einer Grenzregion, die agrarisch geprägt blieb und durch den Eisenbahnbau erst spät und nicht ausreichend erschlossen wurde. Der Industrialisierungsprozeß setzte deshalb in der westlichen Grenzregion erst verspätet und mit geringer Intensität ein. Der beginnende Fremdenverkehr nach der romantischen Entdeckung der alten Reichsstädte konnte nur einen geringen Ausgleich schaffen. Dagegen entwickelten sich die Städte im Tal der Pegnitz und Regnitz zu industriellen Zentren, und Nürnberg wurde sogar der wichtigste und bedeutendste Industriestandort im Königreich Bayern.
Gleich nach der Besitzergreifung durch Bayern waren die vielen Klein- und Zwergstaaten in Franken durch eine „Revolution von oben" neu gegliedert worden, wobei auf bisherige Grenzen oder tradierte Rechte keine Rücksichten genommen wurden. So wurde 1808 der Rezatkreis mit Ansbach als Hauptstadt eingerichtet und zwei Jahre später durch den Regnitzkreis mit Nürnberg und das Bayreuther Unterland sowie das würzburgische Schlüsselfeld erweitert. Nach dem Wiener Kongreß wurde eine erneute Kreiseinteilung vorgenommen, wobei der Rezatkreis im Norden mehrere Ämter verlor, dafür aber im Süden Gebiete dazugewann, die vorher zu Eichstätt, Öttingen, Pappenheim oder Pfalz-Neuburg ge-

Kingdom of Bavaria from 1806 – that eventually made the greatest gains in Franconia. In the course of "land re-allocation" measures under Napoleon and the secularisation of the ecclesiastical territories in what is now Middle Franconia, Bavaria acquired parts of Eichstätt and the two Bamberg provinces of Herzogenaurach and Höchstadt. In 1806 Napoleon transferred the principality of Ansbach to the king of Bavaria. All the imperial cities and territories of the Teutonic Knights were mediatized, as were the imperial counts and princes of Franconia. In 1810 there was an adjustment of the borders with the neighbouring state of Württemberg, which was to prove a great disadvantage to the western part of Middle Franconia. Extensive border areas were ceded, and worst affected was Rothenburg, which lost over half of its original territory and economic hinterland. Dinkelsbühl and Rothenburg were now Bavarian border towns, and Middle Franconia was a border region that remained agricultural in character and was not developed until late – and then inadequately – with the construction of the railways. The process of industrialization was therefore late in starting and had comparatively little impact along this western border. The emergence of the tourist trade after the romantic discovery of the old imperial cities did little to restore the balance. In contrast, the towns in the valley of the Pegnitz and Regnitz rivers became centres of industry, and Nürnberg indeed became the most significant industrial location in the kingdom of Bavaria.
As soon as Bavaria had taken possession of them, the many small and miniature states of Franconia were reorganized in a "revolution from the top", which took no account of existing borders or traditional rights. In 1808, for example, the Rezat District was established with Ansbach as its chief city; two years later it was extended to include the Regnitz District with Nürnberg and the Bayreuth Unterland and also the Würzburg Schlüsselfeld. After the Congress of Vienna the administrative districts were reorganized again; Rezat lost several of its possessions in the north and gained new ones in the south, which had previously belonged to Eichstätt, Ettingen, Pappenheim or Pfalz-Neuburg. In 1837 the administrative districts, which had been called after their rivers, were renamed under the influence of the romantically and historically inclined Bavarian king Ludwig I; Rezat became Middle Franconia. In the course of this reform, however, it lost the Ries area with Nördlingen to Swabia. Since 1939 Middle Franconia has been a regional administrative district in the modern sense. Under the adminis-

Die alte „Adler" verkehrte 1835 zwischen Nürnberg und Fürth.

The historical "Adler" travelled in 1835 between Nürnberg and Fürth.

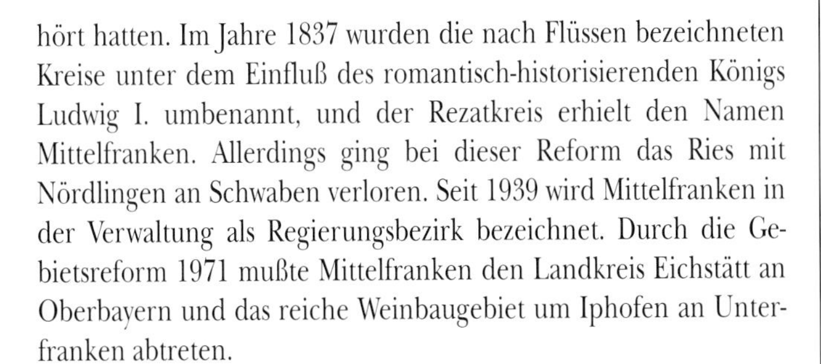

hört hatten. Im Jahre 1837 wurden die nach Flüssen bezeichneten Kreise unter dem Einfluß des romantisch-historisierenden Königs Ludwig I. umbenannt, und der Rezatkreis erhielt den Namen Mittelfranken. Allerdings ging bei dieser Reform das Ries mit Nördlingen an Schwaben verloren. Seit 1939 wird Mittelfranken in der Verwaltung als Regierungsbezirk bezeichnet. Durch die Gebietsreform 1971 mußte Mittelfranken den Landkreis Eichstätt an Oberbayern und das reiche Weinbaugebiet um Iphofen an Unterfranken abtreten.

Im „Dritten Reich" erlangten der „Gau Franken" und vor allem Nürnberg als „Stadt der Reichsparteitage" und der „Nürnberger Gesetze" beschämende Berühmtheit und mit den „Nürnberger Kriegsverbrecherprozessen" der siegreichen Alliierten weltweite Bekanntheit. Seit einigen Jahren steckt der wirtschaftliche Großraum entlang der Städteachse Schwabach-Nürnberg-Fürth-Erlangen mit seinen rund 1,2 Millionen Einwohnern in einem tiefgreifenden Umstrukturierungsprozeß, der noch nicht abgeschlossen ist, der aber für die Zukunft hoffen läßt.

trative reform of 1971, Middle Franconia had to cede Eichstätt to Upper Bavaria and the rich wine-growing area around Iphofen to Lower Franconia.

In the Third Reich the "Gau of Franconia", and especially Nürnberg as the city of the Nürnberg Rallies and the Nürnberg Racial Laws, acquired itself a shameful reputation. The trials of war criminals held in the city by the victorious Allies made Nürnberg a name familiar to all the world. For some years the economic region along the axis formed by the towns of Schwabach, Nürnberg, Fürth and Erlangen, with a total population of some 1.2 million, has been undergoing a profound restructuring process which is not yet completed but gives reason to hope for a more prosperous future.

OLAF SEIFERT

HERZLICH WILLKOMMEN IM REISELAND FRANKEN!

DER TOURISMUS IST FÜR FRANKEN EIN WICHTIGER WIRTSCHAFTSFAKTOR

„Wer Deutschlands geheimste jungfräuliche Reize genießen will, muß nach Franken reisen." Diese poetische Liebeserklärung schrieb vor mehr als 150 Jahren der Lyriker und Erzähler Karl Leberecht Immermann. So nachzulesen in seiner berühmten Reisebeschreibung „Franken ist wie ein Zauberschrank" aus dem Jahre 1837. Bis heute konnte niemand die reizvolle Landschaft im Norden Bayerns besser beschreiben als er. Noch immer haben diese Zeilen Gültigkeit, denn Gäste aus aller Herren Länder schwärmen von Franken als einem „verkleinerten Abbild Deutschlands".

Und doch hat sich vieles verändert in Franken in den letzten 150 Jahren. Das 24 000 Quadratkilometer große „Fleckchen Erde" zwischen Spessart und Fichtelgebirge, zwischen Rhön und Altmühltal hat sich, ohne ein Ziel für den Massentourismus zu werden, dennoch längst etabliert als eines der wichtigsten Feriengebiete Deutschlands. Mit rund 16 Millionen Übernachtungen laut statistischen Angaben – wobei de facto von einer tatsächlichen Zahl von rund 23 Millionen auszugehen ist – bei etwa 6 Millionen Gästeankünften jährlich ist der Tourismus in Franken ein bedeutender Wirtschaftsfaktor, der der Region einen Umsatz von nahezu 5 Mrd. DM pro Reisesaison bringt. Allein in Mittelfranken schlägt das touristische Gewerbe mit geschätzten 1,75 Mrd. DM Umsatz zu Buche. Nicht nur Hoteliers und Gastwirte, sondern viele andere Branchen vom Architekten bis zum Zahnarzt profitieren mittelbar oder unmittelbar vom Fremdenverkehr.

Freilich: Der Begriff „Mittelfranken" existiert im Selbstverständnis der Touristiker nicht. Eine der wichtigsten Leitlinien des Tourismusverbandes Franken, der für den Fremdenverkehr in der gesamten Region zuständigen Dachorganisation, ist die „landschaftsbezogene Werbung". Weil Tourismus nun mal nicht an Verwaltungsgrenzen haltmacht, unter denen der Gast sich ohnehin nichts vorstellen kann, ist das touristische Franken nicht in Regierungsbezirke oder Landkreise, sondern in insgesamt 14 Reiselandschaften unterschiedlichen Charakters gegliedert. Demzufolge umfaßt „Mittelfranken" die Region Nürnberg, die Frankenalb, das Neue Fränkische Seenland, das Gebiet Romantisches Franken – vom Rangau zur Romantischen Straße, Teile des Stei-

"Whoever will enjoy Germany's most secret virginal charms must go to Franconia" was the confession of love penned more than 150 years ago by the poet and story-teller Karl Leberecht Immermann, as may be read in his celebrated travel notes of 1837 entitled "Franconia is like a magic cabinet". And no-one since has better described the delightful landscape in the north of Bavaria. The words of long ago still apply, for visitors from everywhere still effusively describe the region as a "miniaturized likeness of Germany".

Yet much has changed in Franconia in the last 150 years. The 24,000 square-kilometre region between Spessart and Fichtelgebirge, between the Rhön and the Altmühl river valley has, without becoming a mass-tourism mecca, won recognition as one of Germany's leading vacation areas. With some 16 million overnight stays according to the statistics – although in fact about 23 million can be assumed – and about 6 million visitor arrivals annually, tourism in Franconia is an important economic factor, yielding the region a turnover of almost five billion marks per season. In Middle Franconia alone the tourist trade is good for about 1.75 billion marks in turnover. Tourism is of benefit not only to hoteliers and restaurateurs but directly or indirectly to many others, whether they be architects or dentists.

But the idea of "Middle Franconia" does not exist for the tourism people. One of the main guidelines of Franconia's tourist association (competent for the whole region), is the "landscape-related publicity". Since tourism cares nothing for administrative borders (and the visitor knows even less), touristic Franconia does not exist in administrative or rural districts but as 14 landscapes of different character. So it is that "Middle Franconia" covers the Nürnberg region, the Fränkische Alb, the Neue Fränkische Seenland, the area of Romantic Franconia – from Rangau to the Romantic Road, parts of the Steigerwald and the Altmühltal nature reserve. Belonging to the latter – although Upper Bavarian – is Eichstätt Rural District, which for marketing reasons is looked after by Franconia's tourist association.

These tourist regions offer almost everything that the traveller could wish: outstandingly good opportunities for recreational holi-

YOU'LL BE CORDIALLY WELCOME IN FRANCONIA!

TOURISM IS IMPORTANT FOR THE REGION

Beliebtes Ausflugsziel in Westmittelfranken ist das Freilandmuseum in Bad Windsheim.

A popular place for outings in Middle Franconia's west is the open-air museum in Bad Windsheim.

gerwaldes sowie den Naturpark Altmühltal. Zu letzterem gehört, obwohl oberbayerisch, auch der Landkreis Eichstätt, der aus Marketinggesichtspunkten heraus vom Tourismusverband Franken mitbetreut wird.

Diese Tourismusregionen bieten nahezu alles, was das Herz des Reisenden sich nur wünschen kann: außergewöhnlich gute Möglichkeiten für den Erholungsurlaub, attraktive Städte, und mit Bad Windsheim ist sogar ein Heilbad vertreten. Damit sind die drei Standbeine des fränkischen Tourismusgewerbes – nämlich Erholungs- und Städtetourismus sowie der Heilbäderbereich – auch in den mittelfränkischen Feriengebieten repräsentiert.

Um die Weichen für die Zukunft richtig zu stellen, wurden Mitte der achtziger Jahre mit dem Entstehen des Neuen Fränkischen Seenlandes und der damit verbundenen Gründung eines neuen Gebietsausschusses Umstrukturierungen innerhalb der mittelfränkischen Feriengebiete erforderlich. 1994 folgte die Zusammenlegung der bisherigen Gebiete „Rangau“ und „Land an der Romantischen Straße“ zur neuen Urlaubsregion „Romantisches Franken – vom Rangau zur Romantischen Straße“. Mit der neuen Städteachse „Region Nürnberg“, die das Städteviereck Nürnberg, Erlangen, Fürth und Schwabach zusammenfaßt, wurden auch hier die Strukturen für ein gemeinsames Tourismusmarketing geschaffen.

Neben dem klassischen Städtetourismus sind der Geschäftsreiseverkehr sowie der Kongreß-, Seminar- und Tagungsbereich besondere Stärken der mittelfränkischen Städte. Das Messezentrum Nürnberg mit Messen und Ausstellungen von Weltruf sowie moderne Kongreßzentren und Tagungsmöglichkeiten stellen hierbei einen nicht hoch genug einzuschätzenden Standortvorteil dar. Dies vor allem auch im Hinblick auf die hervorragenden Verkehrsanbindungen durch den internationalen Flughafen Nürnberg, das ausgezeichnete Schienen- und Autobahnnetz sowie den neuen Main-Donau-Kanal.

Unverzichtbare Bestandteile des touristischen Angebots sind beispielsweise auch die Markgrafen- und Rokokostadt Ansbach, Weißenburg in Bayern mit seiner großartigen Römergeschichte und natürlich die mittelalterlichen Bilderbuchstädte Dinkelsbühl und Rothenburg ob der Tauber.

Im Bereich Erholungstourismus setzen die mittelfränkischen Feriengebiete ebenfalls Akzente. Hier mag als Beispiel das Neue Fränkische Seenland dienen, seit dessen Entstehen das Thema

days, attractive towns and health resorts, one of which is Bad Windsheim. In the mid-1980s with the creation of the Neue Fränkische Seenland (New Franconian Lakeland) and the associated setting up of a new area committee, restructuring within the Middle Franconian vacation areas became necessary to set the right course for the future. 1994 saw the merger of the "Rangau" and "Land along the Romantic Road" areas to form a new vacation area known as "Romantic Franconia – From Rangau to the Romantic Road". With the new city axis "Nürnberg Region", which links up Nürnberg, Erlangen, Fürth and Schwabach, a structure was also set up here for joint tourist trade marketing.

A special strength of Middle Franconia's cities is, in addition to the classical city tourism, the business trip traffic and the conference, congress and seminar sector. In this respect, the importance of Nürnberg as international fair centre with exhibitions and other events of world renown and modern congress centres and conference facilities cannot be too strongly emphasized. The more so when one considers the excellent links provided by Nürnberg's international airport, the speedy rail and motorway connections and the new Main-Danube Canal.

Under no circumstances to be missed are the former margraves' residence and rococo town of Ansbach, Weissenburg in Bavaria with its great Roman history and, of course, the mediaeval picture-book towns of Dinkelsbühl and Rothenburg ob der Tauber.

Middle Franconia is also well to the fore in recreational tourism. The New Franconian Lakeland serves here as example, and since its creation water sports have been a promising feature and a stabilizing element generally for tourism in the region.

With greater competition now prevailing in tourism in Franconia and everywhere in Germany, the times are now gone when favourable prices and hospitality were enough to ensure success. Now with Europe's single market and German unification – and thus new bidders crowding on to the market – as well as some hesitancy among consumers, it is apparent that these alone are not sufficient.

So a clear positioning for Franconia together with innovative offers for the now more demanding tourist and better quality in tourism are the signs of the times. The quality aspect is a particularly important matter. This concerns not only the touristic infrastructure, but also and especially the creation of a "service from A to Z" for the well-being and convenience of the visitor. With the updating of

Eine der schönsten Kirchweihen in Franken: die Erlanger Bergkirchweih

One of the most attractive church dedications is that at Erlangen's Bergkirch

Wassersport eine vielversprechende neue Komponente im fränkischen Angebot und gleichzeitig ein stabilisierendes Element für den Fremdenverkehr bildet.
Natürlich sind im Zuge eines härter gewordenen Konkurrenzdrucks im Tourismusmarkt auch in Franken – wie überall in Deutschland – die Zeiten nun endgültig vorbei, in denen günstige Preise und gastfreundliches Verhalten allein schon erfolgversprechend waren. Europäischer Binnenmarkt, deutsche Wiedervereinigung – und damit das Drängen neuer Anbieter auf den Markt – sowie zögerlicher Konjunkturverlauf haben in den letzten Jahren deutlich gemacht, daß dies allein nicht mehr ausreicht.
Eine eindeutige Positionierung Frankens, verbunden mit innovativen Angeboten für den anspruchsvoller gewordenen Reisenden, sowie eine Steigerung der touristischen Qualität sind daher die Zeichen der Zeit. Insbesondere der Qualitätsaspekt ist ein wichtiges Anliegen. Dies betrifft nicht nur die touristische Infrastruktur, sondern vor allem auch die Schaffung eines umfassenden „Service von A bis Z" zum Wohle des Gastes. Mit dem aktualisierten Marketingkonzept „Franken 2000" des Tourismusverbandes Franken werden die Weichen für den Weg ins nächste Jahrtausend gestellt.
Ein wesentlicher Punkt ist dabei auch die weitere planvoll auszubauende Profilierung der nordbayerischen Ferienregion als kulturhistorische Schatzkammer. Schließlich weist Franken – und insbesondere auch Mittelfranken – eine schier unglaubliche Fülle kultureller Sehenswürdigkeiten von Weltrang auf. Die gezielte Ansprache von Kulturtouristen war daher auch schon in der Vergangenheit ein ganz wichtiges Anliegen der Touristiker. Kulturhistorische Jahresthemen wie „800 Jahre Deutscher Orden", „Die Hohenzollern in Franken" oder „Die Minnesänger in Franken" konnten in den letzten Jahren viele zusätzliche Gäste für die Region gewinnen. Sie fanden darüber hinaus eine außergewöhnlich starke Medienresonanz und trugen so zur Imageprofilierung Frankens bei.
Ein weiteres übergreifendes Schwerpunktthema steht 1996 mit dem Thema „Italienische Barockkünstler in Franken" an. Kunst, Kultur und Tourismus werden auch bei diesem neuen Angebot die

Das Pegnitztal bei Lungsdorf. Die reizvolle Landschaft lockt viele Besucher an.

The valley of the Pegnitz at Lungsdorf has a charm that attracts many visitors.

tragenden Säulen sein. Aus dem mittelfränkischen Bereich sind beispielsweise Nürnberg, Erlangen, Ansbach, Weißenburg oder Allersberg mit entsprechenden Beiträgen in den Programmen vertreten.
Ein wichtiger Aspekt in der Fremdenverkehrsarbeit ist natürlich auch die Umwelt- und Sozialverträglichkeit der Angebote, die von Touristen heute schon als selbstverständlich vorausgesetzt werden. Doch schon lange, bevor die Bewahrung und der Schutz der Natur gewissermaßen „modern" wurden, engagierte man sich in Franken erfolgreich für diese Themen. So gab es in Franken schon 1989 einen Umweltschutzreferenten – damals ein absolutes Novum im deutschen Fremdenverkehr.
Auch in Zukunft bleibt viel zu tun, damit Franken weiterhin eine bedeutende Rolle im Reigen der deutschen Tourismusdestinationen spielt. Einen gewissen Unsicherheitsfaktor im Hinblick auf den Ausländerreiseverkehr stellen die veränderlichen Währungsparitäten dar. Immerhin kommt jeder fünfte Gast aus dem Ausland, wobei wiederum Mittelfranken mit 59 Prozent der Übernachtungen den weitaus größten Anteil innehat. Während die Nachbarländer Niederlande und Österreich eine relativ stabile Größe an der Spitze der Statistik darstellen, sind beispielsweise wichtige Märkte wie die USA, Italien oder Schweden stärkeren Schwankungen unterworfen.
Natürlich darf bei aller professionellen Marketingarbeit der Mensch selbst nicht zu kurz kommen. Die Franken an sich sind trotz gelegentlicher Verschlossenheit dem Reisenden gegenüber hilfsbereite und freundliche Gastgeber, die Touristen – ob sie nun aus Berlin, aus Österreich oder aus dem fernen Japan zu ihnen kommen – stets „herzlich willkommen" heißen. So wird Franken auch in Zukunft ein Reiseziel für Gäste bleiben, die das Besondere zu schätzen wissen. ■

the "Franconia 2000" marketing concept the switch points will be set for the way into the next century.
An important feature is the further methodical shaping of the vacation region in northern Bavaria as a treasure-house of cultural history. After all, Franconia – and especially Middle Franconia – has a quite unbelievable wealth of cultural features of world interest, so that the appeal to culturally interested tourists was already in the past an important concern. Themes such as "800 Years of German Orders", "The Hohenzollerns in Franconia" or "The Minnesingers in Franconia" have brought many additional visitors to the region in recent years. They were also well featured in the media and so contributed to the enhancement of Franconia's image.
A further point of emphasis will be "Italian Baroque Artists in Franconia" in 1996, and here too the main emphasis will be on art, culture and tourism, and from Middle Franconia there will be contributions featuring Nürnberg, Erlangen, Ansbach, Weissenburg and Allersberg among others.
An important aspect of our tourism efforts is of course the environmental and social acceptability of what is offered, and this is taken as a matter of course by tourists. But long before the preservation and protection of nature was "in", we in Franconia were much concerned with its implications, and already in 1989 Franconia had an official responsible for environmental protection matters – something quite novel at that time in German tourism.
Much remains to be done in keeping Franconia to the forefront among German tourist destinations. The changing currency par values give cause for some uncertainty in respect of foreign tourists, for it must be remembered that every fifth visitor to Franconia comes from abroad and 59 percent of the overnight stays occur in Middle Franconia. Whereas the Netherlands and Austria are a relatively stable quantity at the top of the statistics, important markets such as the U.S.A., Italy and Sweden are subject to considerable fluctuation.

In all the matrix of professional selling work the people themselves must not be lost sight of. Although the Franconians are occasionally taciturn and reserved toward the traveller, they are nevertheless helpful and friendly hosts and the tourists, whether they come from Berlin, Austria or far-off Japan, are always cordially welcome. So will Franconia continue to be a destination for visitors who appreciate something out of the ordinary. ■

Vor historischer Kulisse erwacht in Rothenburg immer wieder die Geschichte.

History repeatedly arises in Rothenburg against the old-time backdrop.

DR. KURT TÖPNER

AUF DEN SPUREN DER VERGANGENHEIT

EINDRUCKSVOLLE BAUDENKMÄLER

Die Region Nürnberg in wenigen Sätzen in ihrer historischen Bedeutung auch nur annähernd zu beschreiben, verhindert die Dichte der überkommenen geschichtlichen Zeugnisse, das heißt der Baudenkmäler, die den Bedeutungsgehalt veranschaulichen. Auf engstem Raum spiegelt diese Kulturlandschaft geschichtliche Vielfalt.

Die Städte des Großraums Nürnberg sind für sich schon bedeutend genug. Aber der Ausstrahlungsbereich der Nürnberger Kunst erreicht auch alle angrenzenden Landkreise. In dieser Landschaft überschneiden sich ganz heterogene historische Einflußbereiche, die im Kulturlandschaftsbild ihren sichtbaren Niederschlag gefunden haben. Wo dieser bewahrt blieb, lassen sich deutlich weltliche (Burggrafen von Nürnberg) und geistliche (Fürstbistümer Bamberg und Eichstätt) Fürstentümer sowie reichsstädtisch-republikanische Elemente erkennen. Dabei sind es nicht nur die herausragenden „Wahrzeichen“, aus denen Geschichte ablesbar wird, sondern auch die kleinen, unscheinbaren, versteckten und daher unbekannten Zeugnisse.

Auch die reichsstädtischen Landstädte Lauf, Hersbruck, Altdorf mit ihren Pflegämtern haben ihr eigenes Gepräge. Vormals unter wittelsbachischer, seit 1504 nürnbergischer Landesherrschaft, spiegeln sich in den Stadtgrundrissen die nach dem bayerischen Schema angelegten Straßenmärkte mit zentraler Stellung des Rathauses. Herausragendes Denkmal in Lauf ist das Wenzelsschloß. Kaiser Karl IV. ließ 1356 bis 1360 die Burg neu errichten; Lauf gehörte damals zu seinem Territorium „Neuböhmen“. Einzigartig ist der Schmuck in „des Kaisers Kammer“, dem Wappensaal. 114 heraldische Zeichen in farbig gefaßten Flachreliefs dokumentieren Hausmacht und Hofstaat Karls IV.

Nürnberg verdankt seine Bedeutung der Burg, die eigentlich ein Ensemble mehrerer Burgen umfaßt: die Kaiserburg mit Palas und Kapelle, den reichsstädtischen Teil der Kaiserstallung mit dem Spähturm des Luginsland und unmittelbar daneben die zollerische Burggrafenburg, von der nur noch Reste, darunter der fünfeckige Turm als ältester Teil der Gesamtanlage, zu sehen sind. Die Hohenzollern, die in ständiger Rivalität zur Reichsstadt lagen, wurden 1420 in eine Erbauseinandersetzung verwickelt, in deren Verlauf der Herrschaftsmittelpunkt zerstört wurde. 1427 wurde der Torso dieser Burg an die Reichsstadt Nürnberg verkauft und in deren Befestigungssystem einbezogen. Burggraf Friedrich, seit 1417 Markgraf und Kurfürst von Brandenburg, verlegte seine Residenz

The enormous concentration of historic monuments that testify to the significance of Nürnberg and its surroundings in past centuries cannot possibly be described in a few sentences. Here is a landscape, shaped by man, that reflects great historic diversity within a small space.

The towns of the Nürnberg region are important enough in their own right. But Nürnberg's artistic tradition radiates far into the surrounding areas. Here we experience the meeting point of quite heterogeneous historical influences, reflected in the landscape and its architecture. Where these influences remain it is easy to distinguish between the secular (burgraves of Nürnberg) and the ecclesiastical (prince-bishops of Bamberg and Eichstätt) and also to find elements of the free towns of the Holy Roman Empire. And it is not only the famous "landmarks" that tell a story; just as interesting are the small, hidden, unspectacular signs that often go unnoticed.

The old imperial country towns of Lauf, Hersbruck and Altdorf also have a character of their own. Originally under the Wittelsbachs and ruled by Nürnberg since 1504, they have a layout that reflects the Bavarian pattern of street markets with the town hall in a central position. The most significant monument in Lauf is the Wenzelsschloss. Emperor Charles IV had the castle rebuilt between 1356 and 1360, when Lauf was part of his territory of "New Bohemia". The decoration of the "Emperor's Cabinet" – the heraldry room – is unique. 114 heraldic signs in coloured bas-reliefs document the power and pomp of Charles' dynasty.

Nürnberg owes its importance to the castle, which is really a collection of several castles: the Kaiserburg with its great hall and chapel, the section dating from the era of the free imperial towns, the Emperor's stables and the Luginsland lookout tower, and right beside it the Burgrave Castle of which little remains except the pentagonal tower, the oldest part of the whole complex. In 1420 the Hohenzollerns, constant rivals of the imperial city, were involved in an inheritance dispute in the course of which the central point of their dominion was destroyed. In 1427 the torso of this castle was sold to the city of Nürnberg and incorporated in its defence system. Burgrave Frederick, margrave and prince-elector of Brandenburg since 1417, moved his place of residence to the Cadolzburg, and in 1456 his successor Albrecht Achilles chose to reside in Ansbach.

The purposeful acquisition policy of these two rulers led to the de-

IN SEARCH OF THE PAST

IMPRESSIVE ARCHITECTURAL MONUMENTS

Die Lorenzkirche in Nürnberg: Ein Wahrzeichen der Stadt.

One of Nürnberg's landmarks is the Church of St. Lorenz.

auf die Cadolzburg, sein Nachfolger Albrecht Achilles 1456 nach Ansbach.
Durch ihre zielstrebige Erwerbspolitik entwickelten sich die Fürstentümer Brandenburg Ansbach und Brandenburg Kulmbach-Bayreuth. Eine Nebenresidenz des letzteren wurde in Erlangen eingerichtet, das Schloß 1700 bis 1704 nach Plänen Antonio della Portas erbaut. Die Erlanger Neustadt (Christian Erlang) ist eine aus dem Geist des Rationalismus entstandene Planstadt mit geometrischem Grundriß und rasterförmiger Blockbebauung. Sie war zur Aufnahme französischer Glaubensflüchtlinge gedacht, die auch in Schwabach, also im Markgraftum Ansbach, angesiedelt wurden.
Zu den Amtsstädten des Fürstentums Brandenburg-Ansbach zählte u. a. Schwabach, wo auf dem Königsplatz mehrere Denkmäler an die markgräfliche Geschichte erinnern: der Fachwerkbau des Rathauses mit seinen Rundbogenarkaden, gleich in der Nähe das markgräfliche Oberamtshaus mit Fachwerkgiebel, die Fürstenherberge von 1728 und der „Schöne Brunnen", entworfen von J. W. von Zocha mit bemerkenswertem figürlichem Schmuck und Portraitreliefs des Markgrafen Wilhelm Friedrich und seiner Gattin Christiane Charlotte.

velopment of the principalities of Brandenburg-Ansbach and Brandenburg-Kulmbach-Bayreuth. The latter established a second residence in Erlangen, a palace that was built between 1700 and 1704 according to plans by Antonio della Portas. The New Town of Erlangen (Christian-Erlang) is a planned city built in the spirit of the Rationalist era, with a geometric layout and blocks of buildings forming a grid. It was intended to house Huguenot refugees, who also settled in Schwabach in the margraviate of Ansbach.
One of the official towns of the principality of Brandenburg-Ansbach was Schwabach, where several historic buildings of the Königsplatz are a reminder of the history of the margraves: the half-timbered Town Hall with its arcades of round arches and, close by, the "Oberamtshaus" of the margraves with its half-timbered gable; then the Princes' Inn of 1728 and the "Beautiful Fountain" designed by J. W. von Zocha with its remarkable figures and portrait reliefs of Margrave Frederick and his wife Christiane Charlotte.
A few kilometres south of Schwabach is Abenberg. The little town is crowned by a castle towering above the rather forbidding landscape of the Rangau, an establishment that from 1296 to 1796 was owned by the prince-bishops of Eichstätt who maintained an offi-

Der Fürther Musentempel: das Stadttheater

Fürth's temple of the Muses is the Stadttheater

Besinnlicher Weihnachtsmarkt vor dem Erlanger Schloß, zugleich Sitz der Universitätsverwaltung

Contemplative Christmas fair in front of the palace in Erlangen, which also accommodates the university administration

Wenige Kilometer südlich von Schwabach liegt Abenberg. Das Städtchen wird bekrönt von einer die spröde Landschaft des „Rangaues" überragenden Burganlage, die von 1296 bis 1796 im Besitz der Fürstbischöfe von Eichstätt war, die dort ein Pflegamt unterhielten. Die eichstättische Geschichte dieses regional bedeutsamen Ortes ist noch heute an den konfessionellen Verhältnissen erkennbar. Als eine der katholischen Zellen des Eichstätter Oberstifts unterscheidet sich das Gebiet dieses ehemaligen Pflegamts vom umgebenden ehemaligen Markgraftum Ansbach, das sich der Reformation angeschlossen hatte, auch heute noch. Flurkreuze, Bildstöcke und Feldkapellen beherrschen das Erscheinungsbild der Flur. Auch eine Ortspatronin kann das Städtchen aufweisen: die aus dem hochmittelalterlichen Grafengeschlecht der Abenberger hervorgegangene selige Stilla (eigentlich Hadewic), aus deren Kirchenstiftung St. Peter das Kloster Marienburg hervorgegangen ist.

Von der Burg der Abenberger Grafen ist kaum noch etwas zu sehen, denn das heutige Erscheinungsbild stammt aus späteren Zeiten. Ihre politische Bedeutung im 12. Jahrhundert war in ihren Funktionen als Grafen des Rangaus und des Radenzgaus sowie der Hochstiftsvogtei des Fürstbistums Bamberg begründet. Abenberg

cial representation there. The Eichstatt period of this regionally important town is still recognizable from the distribution of the religious denominations. As one of the Catholic cells of the prince-bishops, the area differs from the surrounding margraviate that supported the Reformation. Wayside crosses, shrines and tiny chapels are typical features of the countryside. The town even has its own patron saint: Stilla (her real name was Hadewic), from the line of the medieval Abenberg counts, from whose foundation of St. Peter the Marienburg monastery originated.

Little remains of the castle of the Abenburg counts, for its present appearance is the result of later happenings. Their political significance in the 12th century lay in their function as counts of the Rangau and Radenzgau areas and part of the bishopric of Bamberg. Abenberg is also a significant name in literary history, as there is much to indicate that Wolfram von Eschenbach wrote parts of his epic poem "Parzival" there. The green in the castle of Abenberg is still to be seen. Wolfram compares it to the tournament green of the Grail Castle. This is where poetic fiction becomes reality; Abenberg in Rangau is the Castle of the Holy Grail.

In the north of the Nürnberg region the former territory of the ecclesiastical principality of Bamberg on the lower reaches of the

ist auch ein literarhistorisches Bedeutungsmerkmal, da viel dafür spricht, daß Wolfram von Eschenbach dort Teile seines „Parzival" gedichtet hat. Der Anger auf der Burg Abenberg blieb erhalten. Ihn vergleicht Wolfram mit dem Turnieranger der Gralsburg. Poetische Fiktion wird an dieser Stelle Wirklichkeit, Abenberg zur Gralsburg im Rangau.

Im Norden der Region Nürnberg berührt der ehemalige Herrschaftsbereich des geistlichen Fürstentums Bamberg an der unteren Aisch mittelfränkisches Gebiet und liegt mit Büchenbach (eindrucksvoll die Wehrkirche) sogar innerhalb der heutigen Stadtgrenzen von Erlangen. Auch die Wehrkirchenanlage von Hannberg, die zu den besterhaltenen unserer Heimat zählt, war bambergisch (Kloster Michelsberg und sogenannte „Oblei" des Domkapitels). Das Patronat der Kirche stand aber der Reichsstadt Nürnberg zu. An der Wende zum 16. Jahrhundert ließ sie durch ihren Baumeister Hans Behaim d. Ä. die Kirchenburg als fortifikatorischen Stützpunkt für ihre Streubesitzungen ausbauen.

Ähnlich wie in Hannberg überschneiden sich auch in Fürth die historischen Herrschaftsverhältnisse. Als „Dreiherrschaft" teilten sich im Markt Fürth die Reichsstadt Nürnberg, das Fürstentum Ansbach und die Dompropstei Bamberg die hoheitliche Macht. Diese Sonderstellung staatlicher Gewalt ist für den Kenner im Stadtgrundriß ablesbar. Neben Hamburg und Frankfurt am Main war Fürth als Sitz einer Talmudhochschule für die jüdische Religiosität in Deutschland hoch bedeutsam. Spuren der jüdischen Geschichte finden sich trotz der NS-Pogromnacht von 1938 noch heute, zum Beispiel der Friedhof, die jüdische Stiftung des „Berolzheimerianum", ein Synagogenraum in der Hallemannstraße, oder das künftige jüdische Regionalmuseum in der Königstraße. Stadtrecht erhielt Fürth erst 1818. Das 1850 vollendete Rathaus drückt das Selbstbewußtsein der Bürger in einer Zeit des wirtschaftlichen Aufschwungs aus. Der Rathausturm hat immerhin den Palazzo Vecchio in Florenz zum Vorbild. Um die Jahrhundertwende entstanden die Prachtstraßen Hornschuchpromenade und Königswarterstraße mit hervorragenden Gebäuden des Historismus und des Jugendstils.

Die beschriebenen Beispiele eindrucksvoller Baudenkmäler in der Region Nürnberg sind nur „Highlights" einer ungemein differenzierten Geschichtslandschaft. Allein die Nürnberger Stadtkirchen bedürften einer eigenen Würdigung, wie überhaupt die Betrachtung der Region als Sakrallandschaft hier nur angedeutet werden kann. Vieles muß unerwähnt bleiben, denn auch eine reine Aufzählung würde den Rahmen dieses Beitrages sprengen. Wer auch nur entfernt historisch sensibilisiert ist, kann hinter der dominierenden Fassade einer industriell und wirtschaftlich geprägten Region Kultur extensiv und intensiv erleben. ■

---

river Aisch meets Middle Franconian territory, and Büchenbach (with its impressive fortified church) is in fact within the present administrative boundaries of Erlangen. The fortified church of Hannberg, one of the best preserved in Germany, once belonged to Bamberg too, but it was under the patronage of the imperial city of Nürnberg. At the turn of the 16th century the city had the castle-like structure converted by the architect Hans Behaim the Elder into a fortified base for its scattered possessions.

Fürth's history, like that of Hannberg, is characterized by a division of rule. Fürth was a market town in which power was shared by a "triumvirate": the city of Nürnberg, the principality of Ansbach and the cathedral parish of Bamberg. To those who know, this peculiar division of authority is visible from the layout of the town. Like Hamburg and Frankfurt am Main, Fürth was the seat of a Talmud university and therefore a very important centre for the Jewish community in Germany. Traces of Jewish history are still to be found in spite of the Nazi pogroms of November 1938: the cemetery, the "Berolzheimerianum" (a Jewish foundation), a synagogue room in Hallemannstrasse and also the future Jewish Regional Museum in Königstrasse.

Fürth was not granted city rights until 1818. Completed in 1850, the City Hall expresses the confidence of the citizens in a time of economic prosperity. Its tower is modelled on the Palazzo Veccio in Florence. Hornschuchpromenade and Königswarterstrasse, imposing boulevards with buildings that include fine examples of Historicism and Art Nouveau, were constructed at the turn of the century.

The above examples of impressive historic buildings in the Nürnberg region are only "highlights" in a landscape of great variety. Nürnberg's churches alone deserve a special description, but in this context it is only possible to touch on the importance of the region in respect of ecclesiastical architecture. Much has to be left unmentioned, for even a list would go beyond the scope of this article. But the visitor with any feeling for history can look behind the dominant industrial and commercial façade and experience the culture of the region in concentrated form and as a whole. ■

Die „gute Stube" der Stadt Schwabach ist der Marktplatz.

The showpiece of the town in Schwabach is the market square.

FRITZ SCHLEICHER

THEATER UND KONZERTE MIT NIVEAU

Im kulturellen Leben einer Großstadt spielen Theater und Konzerte noch immer eine führende Rolle. Zwar können städtische Bühnen überall in einer pluralistischen Kulturszene ihr jahrhundertealtes Monopol als bürgerliche Bildungs- und Unterhaltungszentren nicht mehr unangefochten behaupten, aber sie bleiben weiterhin die repräsentativen Institute. Länder und Gemeinden subventionieren ihre Theater auch in Zeiten der öffentlichen Finanznot. Spender und Sponsoren aus Kreisen der Industrie und des Handels unterstützen zunehmend kulturelle Einrichtungen.

Wirtschaftlich gesehen sind Kulturproduktionen besonders personalintensiv. In diesen Betrieben kann am wenigsten mit Technisierung und Rationalisierung eingespart werden. Die veränderten Arbeitsbedingungen der Freizeitgesellschaft, die längst auch für Kulturschaffende gelten, bewirken eine drastische Reduzierung der Premieren- und Aufführungszahlen. Dazu kommt, daß die künstlerischen Ansprüche des Publikums in einer perfekten Medienlandschaft ständig steigen. Die CD- und videoverwöhnten Opernbesucher verlangen auch live im Abonnement höchste Leistungen.

Die Qualität solcher Leistungen wird freilich je nach Erwartung und Geschmack unterschiedlich bewertet. Auch in Nürnberg schwanken die Einschätzungen im Spiegel der Presse zwischen Lob und Verriß, an der Kasse mit Plus oder Minus.

Für den Besucher zählt nur das Ergebnis. Die Arbeit der Vorbereitung und Einstudierung wird kaum zur Kenntnis genommen. Wie in vielen Städten sind auch in Nürnberg überlieferte Führungsstrukturen fragwürdig geworden. Wo das patriarchalische System mit einem Prinzipal an der Spitze nicht mehr funktioniert, treten Schwierigkeiten offen zutage.

In der Geschichte der Städtischen Bühnen Nürnberg war das Mehrspartentheater als Einheit aus Oper, Schauspiel, Operette und Ballett für weite Publikumsschichten lange attraktiv. Besonders beim kulturellen Wiederaufbau nach dem Weltkrieg bewährte sich das Ensembletheater unter der Leitung des Generalintendanten Karl Pschigode, der selbst als Schauspieler und Musicaldarsteller immer wieder auf der Bühne stand. In dieser Ära folgten die Abonnenten auch vielen Ur- und Erstaufführungen in allen Sparten, einschließlich der Philharmonischen Konzerte. Vom damali-

Theatre and concerts continue to play a leading role in the cultural life of a city. It is true that municipally-run theatres cannot continue to defend their century-old monopoly and remain unchallenged as centres of improvement and entertainment for the citizenry in a pluralistic cultural scene, but they continue to be the representative institutes, and the states and municipalities still subsidize their theatres even in times of financial difficulty. Donors and sponsors in trade and industrial circles are increasingly supportive of cultural facilities.

From an economic point of view, cultural productions are especially personnel-intensive, and in this respect few savings can be made by resorting to technicalizing and rationalizing. The changed working conditions of the leisure society, which also apply to those engaged in the cultural sector, have resulted in a drastic reduction in the number of first nights and performances generally. In addition, the artistic demands of the public in a perfect media landscape are growing steadily. Visitors to the opera, pampered with the excellence they can get on their CDs and video, also demand that they get the best when they attend a live subscription performance.

The quality of such performances is of course variously assessed depending on taste and expectations. In Nürnberg also, what they say in the press varies between acclaim and rejection, and it is plus or minus at the box-office.

For the visitor, all that matters is the result, and little thought is given to the work of preparation and rehearsal. In Nürnberg, as in many other cities, handed-down leadership structures are being called into question. Where the patriarchal system with a principal at the top no longer functions, difficulties come into the open.

In the history of Nürnberg's municipal theatres, the multi-department theatre taking in opera, theatre, operetta and ballet was for a long time attractive to a wide public. Especially in the cultural recovery after the Second World War the ensemble theatre proved itself under the general director Karl Pschigode who – himself actor and musical performer – was frequently on the stage. In this era, the subscribers attended many premières and first nights in all departments, including the philharmonic concerts. Today one can only dream of what was formerly offered, with some fifty premières per season.

THEATRE AND CONCERTS OF A HIGH STANDARD

Das älteste Barocktheater in Süddeutschland ist das Erlanger Markgrafentheater.

The Markgrafentheater in Erlangen is South Germany's oldest Baroque theatre.

gen Spielplanangebot mit rund 50 Premieren pro Saison kann man heute nur noch träumen.
Dabei zeichnete sich die Nürnberger Bühne überregional aus als Forum des zeitgenössischen Schaffens, konnte regelmäßig „Wochen des Gegenwartstheaters“ veranstalten. Diesen Einsatz für ein modernes Musiktheater setzt der derzeitige Generalmusikdirektor Eberhard Kloke mutig fort. Unterstützung findet er auch bei der Gesellschaft der Opern- und Konzertfreunde, die außerdem zur Sanierung des Opernhauses einen beachtlichen Beitrag leistete. Das Nürnberger Schauspiel bietet zur Zeit ebenfalls ein breites Spielplanspektrum an: von den Klassikern Shakespeare, Goethe und Schiller bis zu den Dramatikern unserer Zeit.
Das Nürnberger Konzertleben entfaltet sich in guter, alter Tradition vielseitig, auf hohem Niveau. Die städtischen Philharmoniker absolvieren neben ihren Diensten im Opernhaus ein interessantes Pensum in der Meistersingerhalle. Auch hier liegt ein Schwerpunkt in der Neuen Musik. Weitere Konzertreihen freier Veranstalter komplettieren das stattliche Angebot. Die Agentur Hörtnagel bringt in Meister- und Pro-Musica-Konzerten die reisenden Eliteorchester sowie prominente Dirigenten und Solisten nach Nürnberg: aus St. Petersburg, London, Tokio, Wien, Leipzig. Die Nürnberger Symphoniker legen gleichfalls zwei Konzertserien auf. Für erlesene Kammermusik sorgt der Privatmusikverein an zehn Abenden.
Als bedeutendes Fest der europäischen Musica sacra erreicht die Internationale Orgelwoche Nürnberg seit über vier Jahrzehnten die stärkste überregionale Ausstrahlung (besonders in weltweiten Funkübertragungen). Das Spektrum der geistlichen und weltlichen Oratorien realisieren potente Kirchenchöre, vor allem an St. Lorenz und St. Sebald, sowie mehrere Konzertchöre (Lehrergesangverein, Hans-Sachs-Chor, Philharmonischer Chor). Am Meistersinger-Konservatorium (auf dem Weg zur Musikhochschule) stiftete die Industrie- und Handelskammer Mittelfranken alljährlich einen namhaften Wettbewerb zur Förderung junger Künstler.

The Nürnberg stage distinguished itself nationally as a forum of contemporary activity and was able to regularly arrange "Weeks of Contemporary Theatre". Eberhard Kloks, the present general music director, is courageously continuing this effort for a modern music theatre, and he is being supported in this by the Society of Opera and Concert Friends, which has also made a substantial contribution to the rehabilitation of the Opera House. Nürnberg's Schauspiel is now also offering a wide-ranging programme extending from Shakespeare, Goethe and Schiller to the dramatists of the present.
Nürnberg's concert life is developing in the good old tradition on a high level. In addition to performing in the Opera House, the Philharmonic is doing an interesting stint in the Meistersingerhalle. Here also there is emphasis on the New Music. Other concert series by independent organizers complement what is offered municipally. The Hörtnagel agency is bringing itinerant elite orchestras and prominent conductors and soloists to Nürnberg in Master and Pro-Musica concerts: from St. Petersburg, London, Tokyo, Vienna, Leipzig. Nürnberg's own Symphonic is also putting on two concert series, and on ten evenings the Privatmusikverein is providing select chamber music.
For more than four decades the Nürnberg International Organ Week – an important feature of the European Musica sacra – has been broadcast very widely. The range of sacred and secular music is provided by church choirs, especially at St. Lorenz and St. Sebald, as well as by several concert choirs, including the Lehrergesangverein, the Hans Sachs Choir and the Philharmonic Choir. At the Meistersinger Conservatory (on the way to the Music Academy), Middle Franconia's chamber of industry and commerce every year arranges a highly regarded competition for the advancement of young artists.

Musik und Folklore in der Nürnberger Altstadt

Music and folklore in Nürnberg's Old Town

DR. LUCIUS GRISEBACH

KUNST GESTERN UND HEUTE: MUSEEN IN DER REGION

Geht es um Kunst in der Region, so konzentriert sich die Aufmerksamkeit zwangsläufig auf deren Zentrum Nürnberg. Die Stadt, „des Reiches Schatzkästlein", überragt ihr Umland in dieser Hinsicht ganz und gar. Nürnberg ist mit den Namen bedeutendster Künstler verbunden, und Nürnberg beherbergt wichtigste Kunstschätze des Mittelalters und der Renaissance. Einige Abschnitte der deutschen Kunstgeschichte des 15. und 16. Jahrhunderts werden vorrangig durch Werke aus Nürnberg repräsentiert. Entsprechend gewichtig sind in Nürnberg die Institutionen alter Kunst. Entsprechend schwierig hingegen – und das ist die Schattenseite des historischen Ruhmes – stand es bislang um die Institutionen zeitgenössischer Kunst. Aber das soll sich in den nächsten Jahren grundlegend ändern.

Unverrückbar steht vor und über allen Museen in Nürnberg das *Germanische Nationalmuseum,* im Volksmund kurz „das Germanische" genannt. Es darf sich mit gutem Recht „das größte Museum deutscher Kunst und Kultur" nennen. Mancher reagiert etwas irritiert auf den altväterlichen Namen – vor allem als Ausländer –, denn allem, was sich germanisch nennt, tritt man heute eher mißtrauisch gegenüber. Aber als das Museum 1852 gegründet wurde, entsprach dieser Name der Intention. Was man wollte, war ein Nationalmuseum der deutschen Kultur für eine deutsche Kulturnation, deren politische Gestalt noch nicht feststand. Das erste Deutsche Reich (das mittelalterliche Heilige Römische Reich Deutscher Nation) bestand nicht mehr, und das zweite, enger gefaßte Deutsche Reich des Kanzlers Bismarck sollte erst zwanzig Jahre später ausgerufen werden.

Als Hort germanischer Kunst und Kultur, das heißt aller Regionen Europas, in denen Deutsch oder eine verwandte Sprache gesprochen wurde, entstand dieses Museum gewissermaßen im Vorgriff auf eine noch zu schaffende Deutsche Nation und stützte sich auf einen sehr weiten europäischen Begriff von deutscher Kultur. Die Romantik hatte das von der modernen Geschichte vergessene Nürnberg mit seinem mittelalterlichen Erscheinungsbild und seinen großen Kunsttraditionen um 1800 als „die deutscheste aller Städte" wiederentdeckt, und es war der fränkische Freiherr Hans von und zu Aufseß, der das Museum mit seinen Sammlungen im

ART YESTERDAY AND TODAY: THE REGION'S MUSEUMS

Where art in the region is concerned, attention is naturally concentrated on Nürnberg, for the so-called treasury of the empire fully dominates its surroundings. It is closely linked with the names of important artists and it houses important art treasures from the Middle Ages and the Renaissance. Several phases of German art history in the 15th and 16th century are mainly represented by works from Nürnberg, and correspondingly important are the relevant institutions. It has been difficult on the other hand – and that is the darker side of the historical renown – in respect of the institutions of contemporary art, but that should change radically in the years to come.

By far the most important museum in Nürnberg is the *Germanic National Museum,* usually known locally as the "Germanic", and it can justly claim to be the "greatest museum of German art and culture". The name irritates some people – especially visitors from abroad – for everything that is called Germanic is treated with a certain reserve. But when the museum was founded in 1852 the name was the intention. What they wanted was a national museum of German culture for a German cultural nation that did not yet have a political standing. The first German Reich (the mediaeval Holy Roman Empire), no longer existed and the second, the more closely defined German Reich of Chancellor Bismarck, would only be proclaimed twenty years later.

As a stronghold of German art and culture, meaning all regions of Europe in which German or a related language was spoken, the museum arose so to say as precursor of a German nation still to be created, and grounded on a very wide European concept of German culture. Around 1800 Romanticism had rediscovered Nürnberg – forgotten by modern history – as the most German of all cities, with its mediaeval appearance and its great art traditions, and it was the Frankish Freiherr Hans von und zu Aufsess that set up the museum with his collections in the former Carthusian monastery in Nürnberg. In the meantime the museum has expanded to become an independent city in Nürnberg. The latest extension was opened in 1993.

This museum is not a purely art museum in the style of a Städel in Frankfurt or an Alte or Neue Pinakothek in Munich. It is rather a

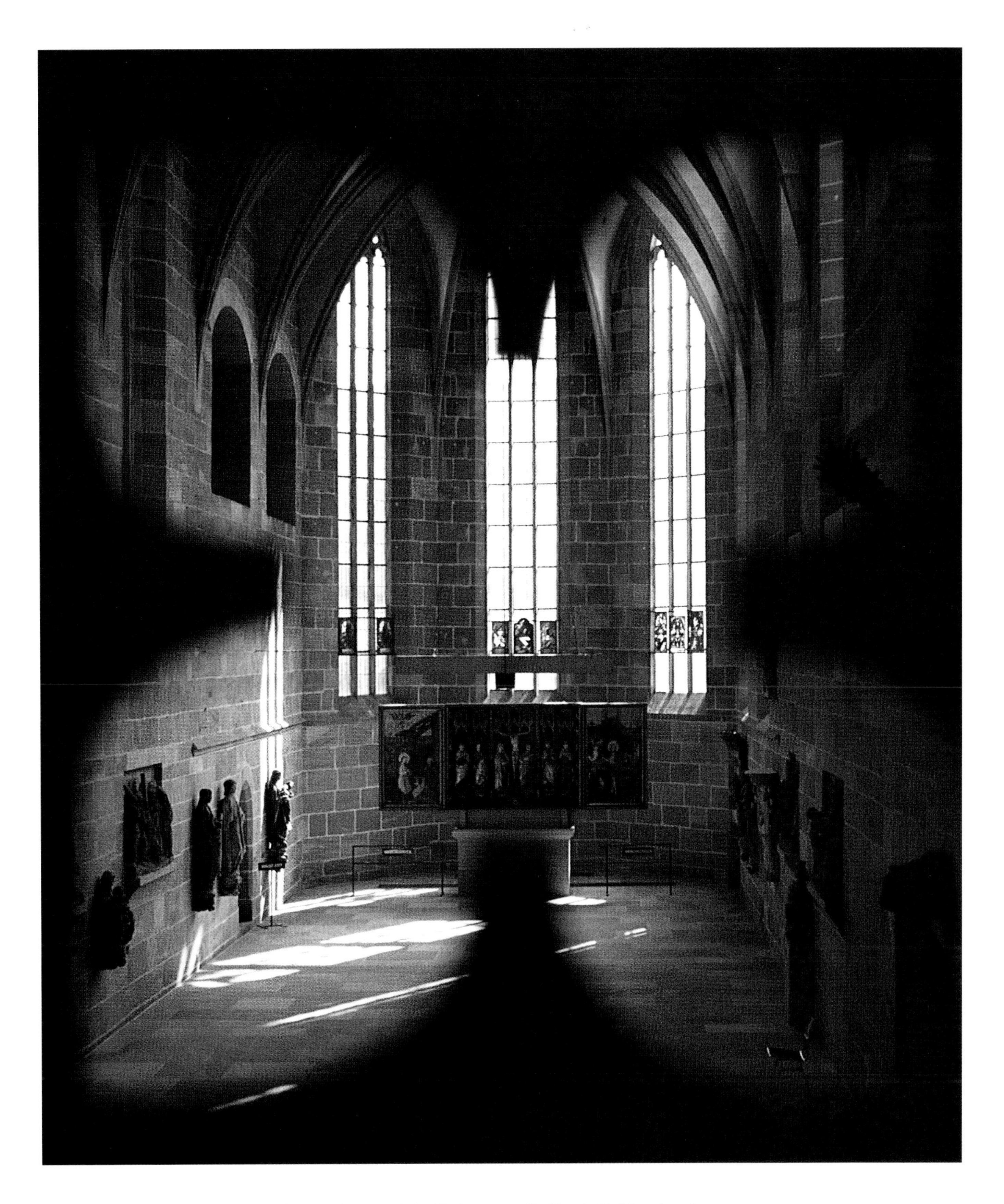

Kern des Germanischen Nationalmuseums in Nürnberg sind die historischen Gebäude aus dem Mittelalter.

Historical buildings from the Middle Ages form the heart of the Germanic National Museum.

ehemaligen Kartäuserkloster von Nürnberg gründete. Inzwischen hat sich das Museum zu einer selbständigen Stadt in der Stadt Nürnberg ausgedehnt. Der letzte Erweiterungsbau wurde 1993 eröffnet.

Dieses Museum ist kein reines Kunstmuseum im Stile eines Städel in Frankfurt oder einer Alten oder Neuen Pinakothek in München, sondern ein kulturhistorisches Museum, das neben Werken der Kunst und des Kunsthandwerks auch viele andere Zeugnisse menschlichen Lebens zwischen Handwerk und Wissenschaft, Religion und Aberglauben beherbergt. Gerade darin liegt sein besonderer Reiz, und gerade dort entfaltet es seine ungeheure Fülle. Es gehört zu den größten Museen der Welt, die sich dadurch auszeichnen, daß man sich in ihnen verlieren kann. Wer ein solches Museum ein erstes Mal besucht, kann bestenfalls eine Ahnung von seinem Inhalt und seiner Struktur bekommen. Einen Überblick gewinnt er erst nach langer Zeit und vielen Besuchen. Wirklich erschöpfend hat er es nie gesehen.

Die Sammlungen des Museums reichen von der Vor- und Frühgeschichte bis zu Kunst und Design der jüngsten Zeit. Ein Schwergewicht bilden die kunstgeschichtlichen Abteilungen mit Malerei, Zeichnungen und Druckgrafik, Skulptur und Kunsthandwerk des Mittelalters, der Renaissance und aller folgenden Epochen bis ins 20. Jahrhundert. Aber ebenso gewichtig und interessant sind die kulturhistorischen Sammlungen der Volkskunde, der Waffen und wissenschaftlichen Geräte oder der Musikinstrumente.

Seinem nationalen Rang entsprechend wird das Germanische Nationalmuseum als Stiftung des öffentlichen Rechts vom Freistaat Bayern, der Bundesrepublik Deutschland und der Stadt Nürnberg gemeinsam unterhalten.

In kleineren Dimensionen und auf der Ebene Nürnberger Stadtgeschichte wird das große „Germanische" von den städtischen Institutionen *Stadtmuseum Fembohaus* und *Albrecht-Dürer-Haus* ergänzt. Das Fembohaus zeigt Kunst im stadtgeschichtlichen Kontext, das Albrecht-Dürer-Haus bemüht sich, im (nach dem Kriege wiederaufgebauten) Wohnhaus des Künstlers mit dokumentarischen Mitteln einen Begriff von Dürers internationaler Wirkung zu vermitteln. (Originale Hauptwerke Dürers findet man in den Nürnberger Museen nur wenige.) Albrecht-Dürer-Haus und Fembohaus gehören in den Kreis der sogenannten Museen der Stadt Nürnberg, zu denen als Institutionen mit stadt- und kulturgeschichtlicher Aufgabenstellung noch das *Spielzeugmuseum,* das

cultural-historical museum that in addition to works of art and handicrafts also gives space to many other witnesses to human existence between crafts and science, religion and superstition. It is one of the world's greatest museums that are distinguished by the fact that a visitor can get lost in them. Whoever visits such a museum for the first time can only get an idea of its contents and its structure. An overview can be obtained only after many visits but no-one has seen it really exhaustively.

The collections range from prehistory and ancient history to art and design in the present. Predominant are the art-historical departments with paintings, drawings and graphic reproduction, sculpture and handicrafts of the Middle Ages, the Renaissance and all following epochs up to the 20th century. But just as important and interesting are the cultural-historical collections of folklore, weapons, scientific equipment and musical instruments.

In accordance with its standing, the Germanic National Museum is run as a public-law foundation jointly by Bavaria, the Federal Republic and the City of Nürnberg.

At the local-history level, the "Germanic" is supplemented by the municipal institutions *Stadtmuseum Fembohaus* and *Albrecht-Dürer-Haus.* The former displays art in a municipal-historical context, while the latter – in Dürer's home (rebuilt after the war) – seeks with the aid of documentary material to give an idea of Dürer's international influence. Few of the artist's main works are to be seen in the original in Nürnberg's museums. Institutions with municipal and cultural-historical relevance also include the *Toy Museum,* the *Museum of Industrial Culture,* the *Tucherschlößchen* and the exhibition on the grounds of the former Reichsparteitag.

However large the presentation of the past in the Germanic National Museum, supplemented by the smaller municipal houses, with the modern it is more difficult. The preponderance of the historical in all facets of Nürnberg's cultural life has never made it easy for modern and contemporary art. The institution of a museum of modern and contemporary art, which is a matter of course in all large German cities – in no other country are there so many good museums of modern art – is still a future project in Nürnberg, although a now more concrete one.

The municipal art collections, the beginnings of which were in the 19th century, were limited to regional and local art, and usually "old-world". The modern, as it developed in the second half of the 19th century and revolutionized artistic thinking, did not come

Museum Industriekultur, das *Tucherschlößchen* und die Ausstellung auf dem ehemaligen Reichsparteitagsgelände zählen.
So groß und überregional bedeutend die Vergangenheit im Germanischen Nationalmuseum auftritt, ergänzt durch die kleineren städtischen Häuser, so schwierig steht es bisher um die Moderne. Die Übermacht des Historischen in allen Bereichen des Nürnberger Kulturlebens hat es der modernen und zeitgenössischen Kunst in Nürnberg nie leichtgemacht. Die Institution eines Museums moderner und zeitgenössischer Kunst, die in allen Großstädten Deutschlands eine Selbstverständlichkeit ist – in keinem Land der Welt gibt es so viele gute Museen moderner Kunst –, ist in Nürnberg noch immer ein Zukunftsprojekt, heute allerdings ein sehr konkretes.
Die Städtischen Kunstsammlungen, deren Anfänge im 19. Jahrhundert liegen, hatten sich ganz auf regionale und lokale Kunst beschränkt, die in der Regel eher „altfränkisch" auftrat. Die Moderne, wie sie sich in der zweiten Hälfte des 19. Jahrhunderts herausbildete und das künstlerische Denken revolutionierte, war in Nürnberg nicht angekommen. Erst 1967 gründete die Stadt im Gebäude der ehemaligen Fränkischen Galerie am Marientor die *Kunsthalle Nürnberg* mit der ausdrücklichen Zielsetzung, ein Museum und Ausstellungsinstitut für internationale zeitgenössische Kunst zu schaffen. Als Ort für interessante und aktuelle Ausstellungen konnte sich diese Institution sehr schnell und deutlich sichtbar profilieren und Aufmerksamkeit weit über die Region hinaus gewinnen. Als Museum hingegen hatte sie es schwer. Bis heute gibt es kein Gebäude für ihre Sammlung, die in nunmehr fast dreißig Jahren aufgebaut wurde und die mit mehr als tausend Werken zu den aktuellsten und experimentellsten Kunstsammlungen in Deutschland gehört. Diese Sammlung konnte nur in kleinen Auswahlausstellungen, sogenannten „Museumsskizzen", gezeigt werden.
Eine grundsätzliche Wende zum Besseren wird das *Neue Museum Nürnberg* bringen, ein staatliches Museum für Kunst und Design, das der Freistaat Bayern in Nürnberg neu gründen wird. Ein Neubau für dieses Museum – innerhalb der Stadtmauer, unmittelbar gegenüber dem Hauptbahnhof – ist fertig geplant und soll Anfang des Jahres 1996 in Angriff genommen werden. Er wurde von dem Berliner Architekten Volker Staab entworfen, der den ersten Preis in einem Wettbewerb 1991 gewann. Dieses Neue Museum Nürnberg wird als Grundstock die Sammlung internationaler Kunst der

over in Nürnberg. It was only in 1967 that the city, using the building of the former Frankish Gallery at Marientor, set up the *Kunsthalle Nürnberg* with the express purpose of creating a museum and exhibition institute for international contemporary art. As venue for interesting exhibitions, the institute quickly made a name for itself far beyond the region; but as a museum it has been difficult, and to this day no building has been found for its collection, which has been built up in almost thirty years and with more than a thousand works is one of the most modern and experimental art collections in Germany. It has been possible to show the collection only in small, selective exhibitions, so-called museum sketches.
A change for the better will come with the *Neue Museum Nürnberg*, a state museum of art and design to be set up by the Bavarian state in Nürnberg. A location already exists – within the city walls and opposite the central railway station – and work will start on the building early in 1996. It was designed by the Berlin architect Volker Staab, who won first prize in a competition in 1991. The new museum will receive as basic stock Nürnberg's collection of international art that was built up in the Kunsthalle. It has also been promised other collections of contemporary art by way of donations. A department of contemporary design will be contributed by Munich. So Nürnberg will at last have an adequate museum for modern and contemporary art. Its Kunsthalle will continue as exhibition venue for contemporary art but without a collection. Nürnberg will thus be able to offer a really abundant and diverse display of the contemporary.
The region offers a further show of contemporary art in the Municipal Gallery in the Stutterheim Palais in Erlangen. It can look back on a very impressive series of exhibitions with internationally famed artists such as Joseph Beuys and Ben Vautier, and for several years it has pursued a programme with exhibitions of photography and the new media in the graphic arts.
In addition to the state and municipal institutions, the museums and art galleries that concern themselves with the graphic arts, mention should be made of the privately operated houses and art societies. There is for example the *Albrecht-Dürer-Gesellschaft* in Nürnberg. This is the oldest of all German art societies and today sees itself as an institution for the assessment of all aspects of modern art. In its small but distinctive exhibition rooms in the Old Town it mounts, in particular, individual exhibitions of the works of very young artists, both local and from further afield.

Stadt Nürnberg aufnehmen, die in der Kunsthalle Nürnberg aufgebaut wurde. Weitere Sammlungen zeitgenössischer Kunst sind ihm als Stiftungen zugesagt. Eine Abteilung mit zeitgenössischem Design wird die Neue Sammlung München beisteuern. So wird endlich auch Nürnberg ein angemessen ausgestattetes und vollwertiges Museum für moderne und zeitgenössische Kunst bekommen. Die städtische Kunsthalle Nürnberg wird fortan als Ausstellungshaus für Gegenwartskunst ohne Sammlung weiterbestehen, und Nürnberg wird damit ein wirklich reichhaltiges und differenziertes Angebot an Gegenwartskunst zu bieten haben.

Ein zweiter wichtiger öffentlicher Ort der Gegenwartskunst in der Region ist in der Nachbarstadt Erlangen die Städtische Galerie im Palais Stutterheim. Sie kann auf eine sehr eindrucksvolle Reihe von Ausstellungen zeitgenössischer Kunst zurückblicken – mit international berühmten Künstlern wie Joseph Beuys oder Ben Vautier –, und sie verfolgt seit einigen Jahren konsequent ein Programm mit Ausstellungen der Fotografie und der neuen Medien in der bildenden Kunst.

Neben die staatlichen und städtischen Institutionen, die Museen und Kunsthallen, die sich um bildende Kunst kümmern, gehören die privat betriebenen Häuser und Kunstvereine. Mit der *Albrecht-Dürer-Gesellschaft* besitzt Nürnberg den ältesten aller deutschen Kunstvereine, der sich heute als eine Institution zur Auseinandersetzung mit der jüngsten Kunst versteht. In seinen kleinen, aber charaktervollen Ausstellungsräumen in der Altstadt zeigt er vor allem Einzelausstellungen sehr junger Künstler, sowohl lokal wie überregional.

Ein Ausstellungshaus für Nürnberger Künstler ist das *Kunsthaus Nürnberg*, in dessen Trägerverein alle örtlichen Künstlerverbände vertreten sind, und als Forum für junge Künstler aus der staatlichen Nürnberger Kunstakademie und andere experimentelle Kunstaktivitäten dient seit neustem der sogenannte *Kunstbunker*, ein unterirdischer Luftschutzbunker unmittelbar neben der Kunsthalle. ■

The *Kunsthaus Nürnberg* is an exhibition facility for Nürnberg artists, in the parent association of which all the local artists' societies are represented, while the so-called *Kunstbunker*, in an underground air-raid shelter directly adjacent to the Kunsthalle, serves as forum for young artists at the state-run Nürnberg Art Academy and in other experimental art activities. ■

■ *Das Hermann-Oberth-Museum in Feucht zeigt die Geschichte der Raumfahrt.*

■ *The history of space travel is graphically shown in the Hermann-Oberth Museum in Feucht.*

Technische Vergangenheit der Stadt in der Tafelhalle

The city's technical past is set out in the Tafelhalle

PROFESSOR DR. GOTTHARD JASPER

DIE UNIVERSITÄT IN DER REGION: ÖKONOMISCHER UND KULTURELLER SCHRITTMACHER

Die Friedrich-Alexander-Universität Erlangen-Nürnberg (FAU) ist mit ihren elf Fakultäten – davon neun in Erlangen und zwei in Nürnberg –, 250 Lehrstühlen, etwa 12000 Mitarbeiterinnen und Mitarbeitern und vor allem mit ihren derzeit über 26000 Studierenden nicht nur die zweitgrößte Universität Bayerns, sondern vor allem ein wichtiger Faktor in Lehre und Ausbildung, Forschung, Wissenstransfer und Dienstleistung für die gesamte Region und weit darüber hinaus. So bilden beispielsweise die 22 Kliniken des Universitätsklinikums als Krankenhäuser der höchsten Versorgungsstufe den Stützpfeiler der medizinischen Versorgung in ganz Franken; die Technische Fakultät ist im Verbund mit den Naturwissenschaftlichen Fakultäten die einzige universitäre Ausbildungsstätte für Ingenieure in ganz Nordbayern.

Die Gründung der Technischen Fakultät im Jahr 1966 war ein Novum in der deutschen Universitätslandschaft. Erstmals wurde an einer klassischen Universität eine Fakultät mit ingenieurwissenschaftlichen Studiengängen eingerichtet. Damit wurde der damals stetig steigenden Nachfrage nach wissenschaftlich ausgebildeten Ingenieuren und dem vor allem aus der Industrie immer lauter werdenden Ruf nach einer entsprechenden Ausbildungsstätte in Nordbayern Rechnung getragen. Bei der Gründung der Technischen Fakultät beschränkte man sich bewußt auf die Einrichtung ausgewählter Fachrichtungen, die besonders zukunftsträchtig erschienen – was sich in der Zwischenzeit durchaus bestätigt hat: Chemie-Ingenieurwesen, Elektrotechnik, Informatik und Werkstoffwissenschaften. Mit Ausnahme der Elektrotechnik handelte es sich dabei um Fachrichtungen, die erstmals in dieser Form an einer deutschen Universität als eigenständige Disziplinen etabliert wurden. Besonderes Merkmal des Ausbildungskonzeptes war der enge Bezug zu den mathematisch-naturwissenschaftlichen Grundlagenfächern. Das Quartett wurde 1982 um die Fachrichtung Fertigungstechnik erweitert, die heute wiederum die Keimzelle für den geplanten Aufbau des Studienganges Maschinenbau ist.

Dieser von der Industrie- und Handelskammer stark unterstützte Plan zeigt, wie sehr sich die Universität ihrer Bedeutung für die Region bewußt ist. Der Industriezweig Maschinenbau erwirtschaftet in Mittelfranken den zweithöchsten Industrieumsatz nach der

With its eleven faculties – nine in Erlangen and two in Nürnberg – and 250 professorships, a staff of about 12,000 and at present more than 26,000 students, the Friedrich-Alexander-University Erlangen-Nürnberg (FAU) is not only Bavaria's second-largest university but is also an important factor in teaching and training, research, knowledge transfer and service for the whole region and far beyond. Thus the 22 clinics of the University Clinic function as hospitals meeting the highest standards of medical care in all Franconia. In conjunction with the natural science faculties, the technical faculty is the sole university training facility for engineers in all of northern Bavaria.

The setting up of the technical faculty in 1966 was something new in the German university landscape: For the first time a faculty with engineering science courses was incorporated into a classical university. This took account of the then steadily increasing demand for scientifically trained engineers and industry's growing clamour for a corresponding training facility in northern Bavaria. The technical faculty was intentionally limited to disciplines that appeared to offer special promise for the future, and time has proven the choice to be correct: chemical engineering, electrical engineering, computer science and science of materials. With the exception of electrical engineering, these are subjects that have been offered for the first time at a German university as separate disciplines. A special feature of the teaching concept was the close relation to the basic mathematical and science subjects. A fifth subject – production technology – was added in 1982, and this in turn is seen as the nucleus for the planned course in machine construction.

This plan, strongly supported by the Chamber of Industry and Commerce, shows the University's awareness of its importance for the region. In Middle Franconia, machine construction is second only to electrical engineering in terms of turnover. In 1993 the region's foreign sales in machine construction grew by almost 60 percent, while sales for Germany as a whole fell by about 5 percent.

Creating a local university training facility for this strong industrial sector was a major motivation for the University in planning the

THE REGION'S UNIVERSITY: ECONOMIC AND CULTURAL PACESETTER

Elektrotechnik; 1993 stieg der Auslandsumsatz der mittelfränkischen Maschinenbauindustrie um fast 60 Prozent, während er bundesweit um etwa 5 Prozent zurückging.
Für diesen starken Wirtschaftszweig eine universitäre Ausbildungsstätte vor Ort zu schaffen, war einer der Beweggründe für die Universität bei den Planungen für den neuen Studiengang. Bislang muß die Industrie erhöhte Anstrengungen unternehmen, um gute Führungskräfte im Ingenieurbereich an anderen Orten zu gewinnen und nach Mittelfranken zu holen. Angesichts der weiter steigenden Immobilität der Studenten und Absolventen ist dies ein nicht zu unterschätzender Standortnachteil, der durch die Reali-

new course of studies. Industry hitherto had to make a big effort to attract from elsewhere good leadership material in engineering and bring them to Middle Franconia. In view of the continuing immobility of students and graduates, this was a great locational disadvantage and the realization of the expansion plan will do much to help in this respect. Then the region's machine construction firms can, like most of the other industrial firms here, obtain suitable young talent locally – employees who by way of practical courses or research projects had already become familiar with the firm. Here a further important advantage of a university for the region becomes apparent: the possibility of participation in newest re-

Die Reinraumhalle der Technischen Fakultät der Universität Erlangen-Nürnberg ist das Kernstück der Fertigung von Mikrochips.

The heart of microchip manufacture at the technical faculty of Erlangen-Nürnberg University is the cleanroom hall.

sierung des Ausbauplanes abgebaut werden soll. Die Maschinenbauunternehmen der Region können dann wie die weitaus meisten der hier angesiedelten Industrie- und Wirtschaftsbetriebe Nachwuchskräfte vor Ort anwerben – Arbeitnehmer, die möglicherweise durch Praktika oder durch Forschungsprojekte bereits mit dem Betrieb vertraut sind.
Hier zeigt sich ein weiterer erheblicher Vorteil einer Universität für die Region: die Möglichkeit, an neuesten Forschungsergebnissen zu partizipieren bzw. gezielt Forschungs- und Entwicklungsprojekte in Auftrag zu geben, die im eigenen Haus nicht realisiert werden können. Die FAU hat 1994 über 100 Mill. DM an Drittmitteln erwirtschaftet; rund ein Drittel davon stammt aus der Industrie. Die Tatsache, daß fast die Hälfte aller Industrieprojekte an der FAU in Zusammenarbeit mit Unternehmen der Region durchgeführt werden, macht deutlich, daß Hochschulforschung mittlerweile zu einem gewichtigen Standortfaktor für die Industrie geworden ist. Eine Universität vor Ort ist für innovative Unternehmen ein zentrales Argument bei der Suche nach geeigneten Standorten – durch die von der Universität begünstigten Industrieansiedlungen profitieren wiederum die Kommunen durch neue Arbeitsplätze und höhere Steuereinnahmen.
Natürlich gehen die Kooperationen zwischen Universität und Region weit über den technisch-industriellen Bereich hinaus – bedingt auch durch das breite Fächerspektrum der FAU, an der rund 90 Prozent aller in Deutschland angebotenen Studienfächer in Forschung und Lehre vertreten sind. Auch die „politische“ Region profitiert in weiten Bereichen von ihrer Universität. Die Zahl der Studien-, Diplom-, Magister- und Doktorarbeiten, die auf Anregung oder in Zusammenarbeit mit kommunalen Behörden angefertigt werden, ist kaum überschaubar, die Themen sind weitgefächert. Sie reichen von psychologischen Arbeiten wie „Führungsstil als Einflußgröße – eine Feldstudie in der Stadtverwaltung“ über Untersuchungen zum „Gewerbepark Städtedreieck“ aus der Wirtschaftsgeographie oder zur „Bedeutung der Medienwirtschaft für die Standortpolitik regionaler Wirtschaftsräume am Beispiel der Region Nürnberg/Mittelfranken“ bis hin zu zahlreichen Arbeiten zur Stadtentwicklung wie etwa am Beispiel der „Erlanger Stadtumlandbahn – Auswirkungen eines parallelen Ausbaus der Infrastruktur von ÖPNV und MIV“.
Ein besonders interessantes und aktuelles Projekt einer Universitätseinrichtung zu Fragen der regionalen Entwicklung stammt

search findings and of ordering particular research and development projects that cannot be done on a firm's own premises. In 1994 the University earned more than 100 million DM by doing such work, and about a third of it came from industry. The fact that almost the half of all industrial projects at the University were done in conjunction with firms in the region shows that university research is today an important locational factor for industry. A university locally is a central argument for innovative firms seeking suitable locations. Universities are beneficial for the location of industry and the local communities profit by way of new jobs and higher tax receipts.
Cooperation between the University and the region goes well beyond the technical-industrial sector – owing also to the wide range of subjects there, in which some 90 percent of all subjects researched and taught in Germany are represented. Also the "political" region profits widely from the University. The number of study, diploma, degree and doctoral theses prepared at the suggestion of or in cooperation with local authorities is legion. They range from psychological theses such as "Leadership style as influencing variable – a field study in municipal administration" through studies on an "Urban triangle industrial park" from economic geography, or on the "Importance of the media for the locational policy of regional economic areas taking the Nürnberg/Middle Franconia region as example" to the numerous studies on urban development such as the "Erlangen urban orbital railway – Effects of parallel development of the infrastructure of public transport and MIV".
A specially interesting and topical project of a university facility on questions of regional development comes from the chair of business management, in particular logistics, from our Nürnberg economics and social science faculty and going under the name ISOLDE, which stands for "Inner city service with optimated logistic services for the retail trade". Here the scientists developed a concept for supply and disposal for the retail trade in Nürnberg's Old Town. By way of goods consignment to advance depots and then bundled delivery to the retailers with environment-friendly distribution vehicles the city centre can be relieved of delivery traffic to a large extent. The ecological advantages and the relief for customers and visitors to the Old Town are obvious.
It would be insufficient to restrict the importance of a university for the region to the matter of knowledge and technology transfer.

von dem Lehrstuhl für Betriebswirtschaftslehre, insbesondere Logistik unserer Nürnberger Wirtschafts- und Sozialwissenschaftlichen Fakultät und nennt sich ISOLDE – „Innerstädtischer Service mit optimierten logistischen Dienstleistungen für den Einzelhandel". Die Wissenschaftler entwickelten ein Konzept zur Belieferung und Entsorgung des Einzelhandels in der Nürnberger Altstadt. Durch die Warenanlieferung an vorgeschobene Depots und die gebündelte Zustellung an den Einzelhandel durch umweltfreundliche Verteilfahrzeuge wird die Nürnberger Innenstadt von Schwer- und Lieferverkehr entlastet. Die ökologischen Vorteile wie auch die für die Kunden und Altstadtbesucher liegen auf der Hand.

Es wäre jedoch zu kurz gegriffen, die Bedeutung einer Universität für die Region nur auf das Thema Wissens- und Technologietransfer zu beschränken. Eine Universität bereichert ihr Umfeld durch zahlreiche andere Faktoren, die hier im einzelnen nicht ausführlich dargestellt werden können. Eine Studie der Universität Konstanz hat ergeben, daß eine Hochschule den Unternehmen vor Ort erhebliche wirtschaftliche Vorteile bringt. In der Bodenseeregion um Konstanz wird die zusätzliche Nachfrage durch die dortige Universität mit gut 250 Mill. DM veranschlagt; allein die Stadt Konstanz habe rund 13 Mill. DM mehr an Steuern eingenommen. Zwar fehlen für die hiesige Region noch Vergleichszahlen, doch die wirtschaftliche Bedeutung des zweitgrößten Arbeitgebers in Erlangen kann ohne Zweifel als ganz erheblich angesehen werden.

Auch auf kulturellem Gebiet ist die Universität sicherlich ein Magnet und ein Gewinn für die Region. Jährliche Vortragsreihen in umliegenden Städten – die „Erlanger Universitätstage" in Amberg und Ansbach – bereichern die Region ebenso wie beispielsweise ARENA, die internationale Woche des jungen Theaters. Einst aus studentischer Initiative hervorgegangen und nach wie vor in studentischer Verantwortung und Organisation, zählt diese Veranstaltung mittlerweile zu den renommiertesten Theaterfestivals in Deutschland. Städtische Aktionen wie das Figurentheaterfestival, das Poetenfest oder der internationale Comicsalon, die alljährlich Teilnehmer und Publikum aus aller Welt nach Erlangen locken, leben zu einem großen Teil von den Mitgliedern der Universität. Kulturelle Vielfalt ist darüber hinaus – und damit schließt sich der Kreis – von nicht unbedeutender Anziehungskraft für neue Unternehmen.

Die Friedrich-Alexander-Universität Erlangen-Nürnberg kann sich dank ihres großen Einzugsgebietes – über 50 Prozent unserer Studentinnen und Studenten kommen aus Mittelfranken – sicherlich stärker noch als andere Hochschulen als „Regionaluniversität" im positivsten Sinne bezeichnen; sie ist ohne Zweifel ein kultureller und ökonomischer Schrittmacher der Region. Dies ist für uns Chance und Verpflichtung gleichermaßen. So wie die Universität in der Region lebt und von Kommunen, Industrie, Handel und Handwerk auf vielfältige Art unterstützt wird, so ist auch die FAU bestrebt, ihren Anteil an der Entwicklung der Region zu leisten. ■

A university enriches its surroundings in many other ways that cannot be gone into here. A study produced at Konstanz University shows that a university brings substantial economic advantages for local firms. In the Lake Constance region around Konstanz the additional demand because of the university there is put at more than 250 million DM, while the city of Konstanz alone has an extra 13 million DM in tax receipts. Comparable figures for our own region here are lacking, but the economic weight of Erlangen's second-largest employer must be considerable.

The University is also a magnet in the cultural sphere. An annual series of lectures in surrounding towns – the "Erlangen University Days" in Amberg and Ansbach – enriches the region just as does ARENA, the International Week of the Young Theatre. The latter grew out of a student initiative and, still with student responsibility and organization, has now become one of Germany's most highly regarded theatre festivals. Municipal activities such as the Figure Theatre Festival, The Poets Festival or the International Comic Salon, which attract people to Erlangen every year from all over the world, live to a large extent from the efforts of University members. Which shows that cultural diversity also is of no little importance in motivating firms to set up in the region.

Thanks to its large catchment area – more than 50 percent of the students come from Middle Franconia – the Friedrich-Alexander-University Erlangen-Nürnberg can with justification claim more than others to be a truly regional university. It is without doubt a cultural and economic pacesetter for the region, which means both opportunity and obligation. Just as the University lives in the region and is supported in diverse ways by the communities, industry, trade and the crafts, so does it seek to play its part in the region's development effort. ■

PROFESSOR KLAUS FRIEDER ZANDER

ANWENDUNGSBEZOGEN – ZUKUNFTSORIENTIERT – WELTOFFEN

DIE FACHHOCHSCHULE ALS ERFOLGREICHER PARTNER DER WIRTSCHAFT

Fachhochschulen mit ihrem Anwendungs- und Praxisbezug sind die natürlichen Partner der Wirtschaft, besonders der kleinen und mittleren Unternehmen in Industrie, Handel, im privaten und öffentlichen Dienstleistungsbereich. Für die Georg-Simon-Ohm-Fachhochschule Nürnberg, die mit ihren Vorläufereinrichtungen bereits seit 162 Jahren erfolgreich tätig ist, gilt dies schon lange. Die wichtigsten Gründe für den Erfolg sind:

- Professor an einer Fachhochschule in Bayern wird nur, wer nach dem Hochschulstudium eine mindestens fünfjährige Tätigkeit in der Praxis nachweisen kann. Im Durchschnitt sind diese Zeiten deutlich länger. Hier findet also Wissenstransfer von der Praxis in die Hochschule statt.
- In der Fachhochschulausbildung werden neben den generell praxisorientierten Themenstellungen vor allem aktuelle Fragen aus der Praxis bearbeitet. Die Ergebnisse kommen den Aufgabenstellern direkt zugute.
- Die Studierenden aller Fachrichtungen müssen ein Praktikum von einem Jahr außerhalb der Hochschule ableisten. Sie erleben damit frühzeitig Praxis aus der betrieblichen Perspektive, indem sie in laufende Vorhaben einbezogen werden.
- Diplomarbeiten werden überwiegend, in den technischen Disziplinen bis zu 90 Prozent, in der Praxis angefertigt. Die Themenstellungen kommen in der Regel von Betrieben.
- Wegen der vielfältigen Kontakte der Professoren zur Praxis werden sie häufig von Firmen und Organisationen angesprochen, sie bei der Lösung von Fragen und Problemen zu unterstützen.
- Aufgrund ihrer praktischen Erfahrungen nutzen Professoren die Möglichkeiten, an der Hochschule eigeninitiativ an konkreten Fragestellungen und Problemen zu arbeiten. Während des Lösungsprozesses werden dann Kontakte zur Wirtschaft hergestellt.

In diesem täglich praktizierten Wissens- und Technologietransfer werden die Professoren meist als Einzelpersonen tätig. Um kom-

Technical colleges, with their close relationship to the practical, are the natural partner of trade and industry, especially the small and medium-sized firms in both the public and private sectors. This has long applied in the case of the Georg-Simon-Ohm Technical College in Nürnberg, which together with its precursor establishments has served the region for 162 years. The following have been the main reasons for its success:

- A professor at a Bavarian technical college must prove at least five years practical work following the university studies, although this period is usually substantially longer. Hence practical knowledge transfer takes place.
- In addition to general practice-oriented subjects, topical practical matters are dealt with in the technical college training. The results are of direct benefit to the end user.
- All students must do a one-year practical course outside the school, and in this way they get early practical experience at the works level by being involved in day-to-day tasks.
- Diploma theses are mostly done in practical work – in the technical disciplines it is up to 90 percent. In most cases the subjects set come from the works.
- Because of the professors' many contacts with the practical, they are often approached by companies and organizations with a request for assistance in solving problems.
- Because of their practical experience, professors take the opportunity of working on their own initiative on concrete questions and problems. During the solution process contacts are then made with trade or industry.

During this daily transferring of knowledge and technology, the professors are mostly active as individuals, but where the tasks are more complex institutes are set up supraregionally and at the university itself.

The Centre for Applied Knowledge and Technology Transfer (ZAM) makes it possible for Bavarian technical colleges to set up

APPLICATIONS-RELATED, FUTURE-ORIENTED AND COSMOPOLITAN

THE TECHNICAL COLLEGE AS PARTNER TO BUSINESS

Modernes Marketing lernen die Studenten an der Fachhochschule Nürnberg.

The students at Nürnberg Technical University learn modern marketing.

plexere Aufgabenstellungen bearbeiten zu können, wurden überregional und an der Hochschule selbst Institute gegründet.
Das Zentrum für angewandten Wissens- und Technologietransfer (ZAM) eröffnete den bayerischen Fachhochschulen die Möglichkeit, Anwenderzentren für spezifische Aufgabenbereiche zu schaffen. Das erfolgreichste ist das Anwenderzentrum Tennenlohe der Fachhochschule Nürnberg.
Da die meisten Probleme von Betrieben und Einrichtungen, aber auch Regionen in Entstehung und damit auch Lösung disziplin- und branchenübergreifend sind, haben Professoren aller Ausbildungsrichtungen das Institut für interdisziplinäre Innovationen (iii) an der Hochschule gegründet.
Beide Einrichtungen profitieren von dem breiten Studienangebot und der damit vorhandenen Kompetenz in den verschiedenen Fachdisziplinen, denen ein differenziertes Angebot an Laboren zur Verfügung steht. In den letzten Jahren wurden vielfältige Aufgaben übernommen und in hervorragender Weise gelöst. Die dabei gesammelten Erfahrungen kommen der Lehre und damit den Studierenden und der Praxis zugute. 260 Professorinnen und Professoren sowie rund 80 Laboringenieure, Werkmeister und Laborantinnen arbeiten in den vier Ausbildungsrichtungen Technik, Wirtschaft, Sozialwesen und Gestaltung. Die Technik bietet in 9 Fachbereichen die Studiengänge Architektur, Bauingenieurwesen, Elektrotechnik, Feinwerk- und Mikrotechnik, Informatik, Maschinenbau, Technische Chemie, Verfahrenstechnik, Versorgungstechnik und Werkstofftechnik.
Von Hochschulabsolventen werden in zunehmendem Maße mehr überfachliche Qualifikationen erwartet. In fachbereichsübergreifenden Seminaren, Workshops und Projekten können diese Fähigkeiten schon im Studium eingeübt werden.
Ein weiterer Schlüsselbegriff ist die Internationalität. Rund 50 Kooperationen mit Hochschulen in aller Welt bieten die Möglichkeit zur Auslandserfahrung, von der unsere Studierenden regen Gebrauch machen. Viele ausländische Studenten erwerben in Nürnberg ihr deutsches Diplom und sind dann später für uns und die Wirtschaft Ansprechpartner und Multiplikatoren deutscher Technik in ihren Heimatländern. ■

user centres for specific fields or tasks. The most successful is the user centre at Tennenlohe and attached to Nürnberg Technical College.
Since most works and other problems arise when a project is initiated, and thus reach beyond particular disciplines and sectors, professors of all disciplines have set up the Institute for Interdisciplinary Innovation (III) so that these may be more readily solved. Both facilities (ZAM and III) profit from the wide range of subjects, and hence the competence in the various disciplines. Diverse tasks have been taken on in the last few years and solved in excellent fashion. The experience gained has been of benefit to teachers, students and practice alike.
Some 260 professors and about 80 laboratory engineers, foremen and laboratory assistants work in the four sectors of technology, commerce, social and design. In technology there are courses in architecture, construction engineering, electrical engineering, precision mechanics and microscopy, computer science, machine construction, manufacturing chemistry, process technology, energy supply technology and materials technology.
It is increasingly demanded that graduates be qualified in more than one subject so they can exercise these abilities during their studies by way of interdisciplinary seminars, workshops and projects. Another key concept is internationality. Some fifty cooperation arrangements with universities and colleges throughout the world make it possible to gain foreign experience and our students make lively use thereof. And many foreign students obtain their German diploma in Nürnberg so that later on they are for us and industry welcome interlocutors and so to say multiplicators for German technology in their home countries. ■

DR. GERD ALLINGER

WACHSTUMSIMPULSE DURCH TECHNOLOGIETRANSFER

Als „Fundgrube des Wissens“ kann man sie mit Recht bezeichnen, unsere Hochschulen und Forschungseinrichtungen. In Instituten und Forschungsbereichen werden grundlegende Erkenntnisse gewonnen, aber auch mit wissenschaftlichen Methoden Fragestellungen aus der Wirtschaft bearbeitet. Trotzdem liest man immer wieder: „Die Zusammenarbeit zwischen Wissenschaft und Wirtschaft muß intensiviert werden!“ oder „Es dauert zu lange, bis die Ergebnisse der Forschung in Produkte und Verfahren umgesetzt werden!“

Ohne den Beleg einer Kooperationsbilanz Wissenschaft-Wirtschaft – die es vermutlich gar nicht gibt – behaupte ich: Die Partner der Hochschulen und Forschungseinrichtungen im Bereich der Wirtschaft sind bisher überwiegend Großunternehmen. Man kennt einander, es kommt zu länger andauernden Projekten mit wissenschaftlichem Anspruch, hier treffen sich die Interessenlagen beider Partner. In diesem Bereich funktioniert Technologietransfer.

Damit ist das Problem aber nicht gelöst. Bekannt ist, daß bei den Großunternehmen in der Summe Arbeitsplätze abgebaut werden. Deshalb muß dafür gesorgt werden, daß kleine und mittlere Unternehmen den Anschluß an die technische Entwicklung halten können. Ihre Wettbewerbsfähigkeit entscheidet darüber, ob der tiefgreifende Strukturwandel bewältigt werden kann. Sie stellen insgesamt über die Hälfte der Arbeits- und Ausbildungsplätze in Bayern; sie schaffen die Arbeitsplätze, die wir so dringend brauchen. Weil die Entwicklung der neuen Produktgenerationen in immer kürzeren Zeiträumen erfolgt und weil der Aufwand für eigene Entwicklung oft die Möglichkeiten mittelständischer Unternehmen übersteigt, muß die Strategie in Richtung Kooperation gehen. Kooperation mit anderen Mittelständlern, um beispielsweise im vorwettbewerblichen Bereich Entwicklungen anzustoßen und gemeinsam zu finanzieren, die dann jeder in seinem Marktsegment verwerten kann. Kooperation aber auch mit Forschungs- und Entwicklungseinrichtungen. Leider hilft das vielzitierte Allheilmittel „Technologietransfer über Köpfe“ im Sinne einer Anstellung des Spezialisten im mittelständischen Unternehmen nur selten. Nicht immer kann man sich die erforderliche Anzahl qualifizierter Köpfe auf Dauer leisten.

Es fragt sich also, welche Möglichkeiten es noch gibt, den notwendigen Technologietransfer zu stimulieren.

Our universities and research institutes can rightly be regarded as treasure houses of knowledge, with basic findings being made and scientific methods being applied to questions from commerce and industry. Yet one repeatedly reads that “cooperation between science and commerce needs to be intensified” or that “it takes too long for research findings to appear in the form of marketable products and processes”.

Without the evidence of a scientific-economics balance sheet – if there were such a thing – I can say that the commercial partners of the universities and research institutes are mostly the big firms. The people know each other, and the result is longer-term projects with scientific content. This is where the interests of the two partners meet. This is where technology transfer functions.

But this does not solve the problem. It is known that it is among the big firms that the jobs in total are being done away with, so it must be ensured that this does not happen with the small and medium-sized firms – known in Germany as the Mittelstand – and that they keep up with the technical developments, for it is their competitive strength that decides whether far-reaching structural change can be mastered. They provide more than half of the jobs and training places in Bavaria, and they create the jobs we so urgently need. Since the development of new product generations proceeds at ever shorter intervals, and since the costs of its own inhouse development work often exceed the medium-sized firm's resources, the strategy must be cooperation with other Mittelstand firms, for example in the pre-competition area so as to push along developments and finance them jointly, and then each can exploit them in its own market segment. But also cooperation with R&D facilities is a possibility. Unfortunately, the often cited panacea of “technology transfer by way of heads” in the sense of putting specialists on the payroll of the Mittelstand company seldom helps. A firm cannot always afford the required number of qualified heads in the long term.

So what is to be done? On the one hand there is the possibility of reorganizing the cooperation prospects between researchers, developers and the Mittelstand. A suggestion by Professor Fiebiger, formerly president of our university and now secretary of the Bavarian Research Foundation, is to set up “transfer institutions” in key technological areas, perhaps as temporary institutes. Staffs from

TECHNOLOGY TRANSFER GIVES A BOOST TO GROWTH

Auf der einen Seite gilt es, die Kooperationsmöglichkeiten zwischen Forschern und Entwicklern und mittelständischen Unternehmen neu zu organisieren. Nach einem Vorschlag von Professor Fiebiger, dem früheren Präsidenten unserer Universität und jetzigen Geschäftsführer der Bayerischen Forschungsstiftung, sollten „Transferinstitutionen" in wichtigen Schlüsseltechnologiebereichen, eventuell auch als Institute auf Zeit, gegründet werden. Dort könnten Mitarbeiter von beiden Seiten gemeinsam arbeiten, um Grundlagenkenntnis und Anwendungserfahrung zu kombinieren. Modellbeispiele für solche Kooperationen findet man in unserer Region bereits im IGZ Innovations- und Gründerzentrum. Das FORWISS Bayerische Forschungszentrum für Wissensbasierte Systeme oder das ZAM Anwenderzentrum Nürnberg mögen als Beispiele genügen.
Auf der anderen Seite müssen kleine und mittlere Unternehmen bei Informationsaufnahme und Kontaktvermittlung unterstützt werden. Welcher mittelständische Unternehmer kann all das lesen und behalten, was ihm täglich auf den Schreibtisch flattert? Auch für telefonische Akquisition möglicher FuE-Anbieter oder gar das Suchen von Partnern in den weltweit verfügbaren Datenbanken fehlt die Zeit. Hier braucht er verläßliche Helfer, die seine Bedürfnisse mit ihm analysieren, Informationen für ihn aufbereiten, geeignete Partner auswählen und Kontakte herstellen; und vielleicht als externer Projektmanager Kooperationen im Interesse des Unternehmers steuern.
Diesen Bedarf haben die Städte und Kammern der Region erkannt. Mit dem „Technologie- und Management-Transfer-Team", das mit Förderung des bayerischen Wirtschaftsministeriums installiert werden konnte, haben sie ein multidisziplinäres Team geschaffen, das den Unternehmen des Großraums – zunächst kostenlos – zur Verfügung steht. Seine Aufgabe ist es, den schwierigen Beginn einer „Technologietransfer-Kooperation" zu erleichtern und dazu beizutragen, das vorhandene Wissen und Können für die Unternehmen der Region schneller nutzbar zu machen. Die Region Nürnberg erprobt diesen neuen Ansatz für Technologietransfer modellhaft für Bayern. ■

both sides could work there together so as to bring together basic knowledge and applications experience. Examples of this can be found in our region at the IGZ Innovation and Founders Centre; for example the FORWISS Bayer Research Centre for Knowledge-based Systems or the ZAM Users Centre at Nürnberg.
On the other hand, small and medium-sized firms need assistance in information gathering and establishing contacts. What Mittelstand entrepreneur can read and retain everything that lands daily on his desk? He also doesn't have the time for acquiring possible R&D providers be telephone or to search for partners in the world-wide data banks. He needs reliable assistants who will analyze his needs with him, collate information, select suitable partners and make the necessary contacts; perhaps as external project manager to steer cooperation matters in the interest of the entrepreneur.
The region's cities and chambers of commerce have recognized the need. With the Technology and Management Transfer Team that was able to be set up with the help of Bavaria's Ministry of Economics, a multi-disciplinary team is available – initially gratis – to firms in the whole region. Its task is to ease the start of technology transfer cooperation and to make the existing knowledge and expertise more readily available to the company. The Nürnberg region is testing this new approach to technology transfer as a possible model for Bavaria as a whole. ■

Das Bayerische Forschungszentrum für Wissensbasierte Systeme (FORWISS) – von drei bayerischen Universitäten als gemeinsames Institut getragen – gilt als kompetenter Partner der Wirtschaft im Bereich moderner Systemtechnologien. Sein Hauptsitz befindet sich im IGZ Innovations- und Gründerzentrum Nürnberg-Fürth-Erlangen.

The Bavarian Research Centre for Knowledge-Based Systems (FORWISS), supported by three Bavarian universities as a joint institute, is a competent partner of industry in the field of modern system technologies. Its headquarters is at the IGZ Centre for Innovation and Business Establishment Nürnberg-Fürth-Erlangen.

OTTO DIETRICH KNAPP

BILDUNGSREGION NÜRNBERG FÜR STRUKTURWANDEL GERÜSTET

ARBEIT UND QUALIFIZIERUNG IN DER REGION

Bildung ist zu einem entscheidenden Standortfaktor geworden. Eine flexible und bedarfsgerechte Bildungsinfrastruktur und ein qualifiziertes, entwicklungsfähiges Beschäftigungspotential sind wichtige Kriterien für unternehmerische Standortentscheidungen. Sie sind wesentliche Voraussetzungen für die Wachstumschancen einer Region und ihre Fähigkeit zur Anpassung an strukturelle Veränderungen. Die Bildungsregion Nürnberg ist dafür gerüstet.

Das Bildungsangebot Mittelfrankens ist breit gefächert mit einem Schwerpunkt im Ballungsraum Nürnberg. Jährlich verlassen 20 000 junge Menschen die allgemeinbildenden Schulen: etwa 35 Prozent mit Hauptschulabschluß, 40 Prozent mit der Mittleren Reife und 25 Prozent mit der Hochschulreife. Die Absolventenstruktur weist damit eine für Bayern typische begabungs- und bedarfsgerechte Ausgewogenheit aus.

Neben zwei europäischen Gymnasien in Nürnberg und Fürth wird die internationale Komponente ab Herbst 1996 durch eine private internationale Schule in Fürth verstärkt, die ebenso wie ihre 600 Schwesterschulen weltweit nach 12 Jahren zum International Baccalaureate und damit zu einem internationalen Abitur mit der Unterrichtssprache Englisch führt.

Besonderes Gewicht besitzt die berufliche Aus- und Weiterbildung. Der regionale Ausbildungsstellenmarkt zeichnet sich nach wie vor durch einen Überhang an Ausbildungsstellen aus. Trotz strukturbedingt rückläufiger Ausbildungsstellen ist die Ausbildungsbereitschaft nach wie vor hoch. In Industrie, Handel und Dienstleistungen stehen rund 20 000 Ausbildungsplätze für Lehrlinge und Umschüler in 130 Berufen zur Verfügung. Hinzu kommen noch einmal 14 000 Ausbildungsplätze in 126 Handwerksberufen.

Das Angebot an beruflicher Weiterbildung ist außerordentlich groß. Über 200 Weiterbildungsträger bieten Seminare und Lehrgänge aller Fachrichtungen an. Allein die Bildungseinrichtungen der Kammern und Wirtschaftsverbände stellen jährlich 20 000 Weiterbildungsplätze. Weit mehr als 5 000 Weiterbildungswillige besuchen jährlich die Seminare und Lehrgänge in den drei beruflichen Bildungszentren der IHK in Nürnberg und Rothenburg.

Berufsfachschulen, Fachschulen und Fachakademien, vor allem in den Richtungen Wirtschaft, Gesundheitsberufe, sozialpflegerische

Education has become a decisive locational factor in that a flexible educational infrastructure tailored to the demands coupled with a skilled labour force are important criteria for firms deciding where to set up their operations. These are also important factors for a region's growth prospects and its capacity to adapt to structural change. The Nürnberg region is equipped for the challenge.

Middle Franconia's educational resources are wide ranging, with a degree of concentration in the Nürnberg area. Each year some 20,000 young people leave the general educational schools, about 35 percent with the advanced secondary school leaving certificate, 40 percent with the Mittlere Reife (0-levels) and 25 percent with the Hochschulreife (A-levels). The structure here shown indicates the balance typical of Bavaria as a whole.

Following two European secondary schools in Nürnberg and Fürth, the international component will be reinforced from the autumn of 1996 with a private international school in Fürth which, like its 600 sister schools worldwide, leads to the international baccalaureate after 12 years and hence to an international Abitur with English as the language of instruction.

Special importance attaches to vocational training and further vocational training. The regional training-place market continues to show an overhang of training places. In spite of a decline in the number of training places because of structural change, demand remains healthy. In industry, trade and the service sector there are about 20,000 training places available for apprentices and retrainees in 130 callings plus a further 14,000 in 126 crafts.

There is a wealth of further training opportunities, with more than 200 providers offering seminars and courses on every possible subject. The training facilities of the chambers of commerce and trade associations alone offer 20,000 places annually. Many more than 5,000 people annually visit the further training seminars and courses provided by the three vocational training centres operated by the chambers of commerce in Nürnberg and Rothenburg. Technical secondary schools, trade and technical schools and academies, especially in the directions of business and commerce, health, social care and the arts complete the picture.

EDUCATION IN THE NÜRNBERG REGION IS EQUIPPED FOR STRUCTURAL CHANGE

Den Umgang mit moderner Technologie lernen die Nachwuchskräfte im Weiterbildungszentrum der Industrie- und Handelskammer Nürnberg.

The young people at the further-training centre operated by Nürnberg Chamber of Commerce and Industry make the acquaintance of modern technology.

Berufe und im musischen Bereich, runden das Angebot ab.
Mittelfranken ist der zweitwichtigste Hochschulstandort in Bayern. An der Georg-Simon-Ohm-Fachhochschule Nürnberg sind 9000 Studierende in den Fachbereichen Architektur, Informatik, Bauingenieurwesen, Betriebswirtschaft, Energietechnik, Gestaltung, Maschinenbau, Nachrichten- und Feinwerktechnik, Sozialwesen, Technische Chemie, Verfahrenstechnik und Werkstofftechnik eingeschrieben. 28000 Studierende besuchen die Universität Erlangen-Nürnberg mit den wirtschaftswissenschaftlichen und erziehungswissenschaftlichen Fakultäten in Erlangen. Die regionale Hochschullandschaft wird in Kürze erweitert durch eine neue Fachhochschule in Ansbach, für die die Fachbereiche Betriebswirtschaft und Technik vorgesehen sind.
Die Bildungsregion Nürnberg steht im Zuge des tiefgreifenden Strukturwandels auch in Zukunft vor großen Herausforderungen. Mittelfranken ist auf dem Wege zu einem überregional bedeutenden High-Tech-Standort mit Schwerpunktkompetenzen in Umwelttechnik, Verkehrstechnik, Medizintechnik, Energietechnik, Informations- und Kommunikationstechnik, auf dem Multimedia-Sektor, bei Beratung, Forschung und Entwicklung. Die außenwirtschaftliche Orientierung wächst. Bis zum Jahre 2010 werden voraussichtlich 50 Prozent aller Umsätze auf Auslandsmärkten erzielt. Der Rückgang der Beschäftigten im produzierenden Gewerbe wird anhalten. Zugleich erfolgt eine Beschäftigungsverlagerung in den Dienstleistungssektor, insbesondere in Beratung, Forschung, Entwicklung, technische Dienstleistungen, Unterricht, künstlerische Tätigkeit, Gesundheit, Freizeit und Unterhaltung. Im Jahre 2010 dürften 70 Prozent aller Beschäftigten dem Dienstleistungssektor und nur noch 30 Prozent dem produzierenden Gewerbe angehören.
Zugleich zeichnen sich revolutionäre Veränderungen der Arbeitsorganisation ab. Auftragsabhängige flexible Fertigungsstrukturen, eigenverantwortliche teamgesteuerte Arbeitsprozesse, Total-Quality-Management-Systeme, Telearbeit lösen festgefügte Arbeitszeiten und Beschäftigtenstrukturen ab. Der Anspruch der Arbeitnehmer an Selbstverwirklichung und Dispositionsfreiheit im Arbeitsleben wächst in gleichem Maße. Die Qualifikationsstruktur der Beschäftigten wird sich in diesem Kontext weiter verbessern. Nur noch 10 Prozent werden keine abgeschlossene Berufsausbildung haben, 70 Prozent eine Berufsausbildung, Techniker- oder Meisterqualifikation, 20 Prozent werden Hochschulabsolventen sein.

In higher learning, Middle Franconia is the second most important location in Bavaria. At the Georg-Simon-Ohm Technical College in Nürnberg there are 9,000 students taking courses in architecture, computer science, construction engineering, business administration, energy supply technology, design, machine construction, telecommunications and precision mechanics and microscopy, social sciences, manufacturing chemistry, process and materials technology. Another 28,000 visit Erlangen-Nürnberg University, which has educational and economic science faculties in Erlangen. And the regional higher-learning landscape will soon be enlarged with a new technical college in Ansbach, which will have departments for business administration and technology.
The Nürnberg region is in a process of far-reaching structural change which will bring a great challenge for the future, and Middle Franconia is rapidly becoming a high-tech location of national importance with particular emphasis on environmental and transport technology, medical and power engineering, information and communication technology, and in research, development and consulting in the multimedia sector. Foreign trade will grow in importance, with about 50 percent of all sales deriving from foreign markets by the year 2010. Employment in manufacturing industry will continue to decline with a corresponding shift to the service sector, especially research and development, consultancy, technical services, teaching and instruction, creative work, health, leisure and entertainment. By the year 2010 some 70 percent of the workforce will be in the service sector and just 30 percent in the productive trades.
Revolutionary changes are also in the offing in respect of labour organization. Fixed working times and employment structures will be replaced by job-dependent flexible production structures, self-responsible team-controlled work processes, total-quality management systems and telework. And the claims of employees for self-realization and freedom of action in working life are growing to the same extent, and in this context the employee qualification structure will further improve. Only 10 percent will not have a full vocational training, 70 percent will have a qualification and 20 percent will have graduated from college or university.
So the chambers of commerce have become active in educational and labour market policies, and their aim is the advancement of growth-intensive and employment-promoting innovations by way of qualification at all employment levels. At the same time they are

Die IHK ist deshalb in der Bildungs- und Arbeitsmarktpolitik aktiv. Ihr strategischer Ansatz ist die Förderung wachstumsintensiver und beschäftigungsfördernder Innovationen durch Qualifizierung auf allen Beschäftigungsebenen. Zugleich gilt es, strukturbedingte Arbeitsmarktprobleme abzufedern.
In einem Gesprächsforum „Arbeit und Qualifizierung" untersuchen Vertreter von Arbeitsämtern, Kammern, Gewerkschaft und Arbeitgeberverband unter Federführung der IHK die Auswirkungen des Strukturwandels auf Beschäftigung und Qualifizierungsbedarf. Vorgelegt wurden bisher Empfehlungen zu Qualifizierungsstrategien, eine Studie zum Humankapital in Mittelfranken und die Ergebnisse einer Unternehmensumfrage. Die Ergebnisse wurden im Sommer 1995 in einem Symposium gemeinsam mit Unternehmern, Gewerkschaften, Bildungsexperten und Entscheidungsträgern diskutiert und fortgeschrieben.
Die Förderung internationaler Wirtschaftskooperationen durch Qualifizierung betrachtet die Kammer als Schwerpunktaufgabe. Die unter Federführung der IHK erarbeitete Broschüre „Weiterbildung Fremdsprachen und Landeskunde in der Region Nürnberg" ist ein Beitrag zur Transparenz der Bildungsangebote für außenwirtschaftlich tätige Unternehmen, ihre Mitarbeiter und Führungskräfte. Bildungskooperationen mit den Ländern Mittel- und Osteuropas – u. a. in Zusammenarbeit mit dem Ost-West-Management-Trainings-Zentrum (OWZ) – werden intensiviert, weitere Kooperationen mit Südchina und Südafrika angebahnt. Last, not least unterstützt die IHK den Austausch von Auszubildenden, Studierenden und Arbeitnehmern ebenso wie von Bildungsfachleuten.
Mit maßgeblicher Förderung der IHK wurde vor drei Jahren ein Studienzentrum zur Betreuung der Studierenden der Fernuniversität Hagen errichtet. Das Fernstudienprogramm dieser bundesweit einmaligen universitären Einrichtung bietet berufstätigen Studienberechtigten die Möglichkeit, sich auf wissenschaftlicher Ebene weiterzubilden oder ein Hochschulstudium nachzuholen. Studienzentren sind dabei unverzichtbare Partner für Information, Beratung und Präsenzveranstaltungen. Zwischenzeitlich nehmen nahezu 3000 Studienberechtigte aus Nordbayern dieses Angebot wahr.
Die IHK legt bei ihren hier nur beispielhaft genannten Initiativen Wert auf den Dialog mit allen Beteiligten: den allgemeinbildenden Schulen, Arbeitsämtern, Berufsschulen und Hochschuleinrichtungen. Mit der Landesregierung, Parteien, Gewerkschaften und Verbänden steht sie im Gespräch. Die IHK Nürnberg ist ein gesuchter und geschätzter Partner in der Bildungsregion Nürnberg.

---

seeking to lighten labour market problems caused by structural change.
At a discussion forum entitled "Work and Qualification" the representatives of labour exchanges, chambers of commerce, trade unions and employers' associations discussed the effects of structural change on employment and qualification requirements. Recommendations so far presented dealt with qualification strategies, a study on human capital in Middle Franconia and a company questionnaire. The results were discussed and updated at a symposium in summer 1995 together with employers, trade unions, education experts and decision makers.
The chambers of commerce see as crucial the promotion of international economic cooperation by way of worker qualification. A brochure entitled "Further Training in Foreign Languages and Geography in the Nürnberg Region" explains the educational opportunities for companies in foreign trade, for their employees and executives. Cooperation in education with the countries of Central and Eastern Europe – also in conjunction with the East-West Management Training Centre (OWZ) – is to be intensified, and cooperation with South China and South Africa initiated. The chambers of commerce also support the exchange of trainees, students, workers and education experts.
Three years ago a study centre for the students of Hagen's Open University was set up with the active assistance of the chamber of commerce. The curriculum of this in Germany unique institution gives students in full-time employment the chance of further training at a scientific level or of catching up on a university study course. Such study centres are indispensable partners for information, counselling and presence events. Almost 3,000 young people from northern Bavaria now make use of this opportunity.
In its initiatives, Nürnberg Chamber of Industry and Commerce attaches importance to a dialogue with all concerned: the general educational schools, the labour exchanges, the vocational schools and the colleges and universities. It is also in constant touch with the state government, the political parties, the unions and the trade associations and as such is a sought-after partner in all questions of education and vocational training.

DR. HANS-JOACHIM LINDSTADT

DIE MITTELFRÄNKISCHE WIRTSCHAFT: VIELFÄLTIG, LEISTUNGSSTARK UND INNOVATIV

Die Region Nürnberg gehört mit einem Gesamtjahresumsatz von rund 100 Mrd. DM zu den zehn größten Wirtschaftsräumen in Deutschland. Ihre Stärken liegen in der ausgewogenen Wirtschaftsstruktur als stabilem Fundament, in der Innovationskraft zur Sicherung der Zukunft und in der überdurchschnittlichen Exportleistung, die eine starke Präsenz auf den Weltmärkten garantiert.

DYNAMISCHE WIRTSCHAFTSSTRUKTUR

Von den rund 650 000 Beschäftigten in Mittelfranken arbeiten knapp 290 000 im industriellen Bereich, 360 000 haben ihren Arbeitsplatz im Bereich der Dienstleistungen. Vor allem der tertiäre Sektor entwickelt sich in der Region Nürnberg mit einer bemerkenswerten Dynamik. In den letzten zwei Jahrzehnten konnten in den Sektoren Handel, Verkehr, Banken, Versicherungen und sonstige Dienstleistungen über 100 000 Arbeitsplätze neu geschaffen werden. Damit entwickelt sich die Region Nürnberg von einem

With an annual turnover of some 100 billion marks, the Nürnberg region is one of the ten best-performing economic areas of Germany. Its strengths lie in a balanced economic structure, in innovative capacity and in an above-average export performance.

DYNAMIC ECONOMIC STRUCTURE

Of a workforce in Middle Franconia of about 650,000 almost 290,000 work in industry and 360,000 are in the service sector, and the latter in the Nürnberg region is developing with a remarkably dynamic. In the last two decades commerce, banking, insurance, transport and other services created more than 100,000 new jobs, so that the region has moved from being largely industrial to a situation in which it is the second largest in Bavaria's service sector.

MIDDLE FRANCONIA'S ECONOMY: DIVERSE, RESOURCEFUL AND INNOVATIVE

Chemische Härtung optischer Linsen für hohe Kratzfestigkeit und Antistatik im Werk Odelzhausen der Eschenbach Optik GmbH + Co. Das Nürnberger Unternehmen hat sich in den vergangenen Jahren zum Technologieführer im Marktsegment „Vergrößerndes Sehen" entwickelt.

Chemical hardening of optical lenses for high scratch resistance and antistatic at the Odelzhausen plant of Eschenbach Optik GmbH + Co. In recent years the Nürnberg company has become the technological leader in the "enlarged seeing" sector of the market.

Die Sandoz AG produziert Arzneimittel im Herzen der Stadt Nürnberg nahe der Stadtmauer. Das setzt Grenzen: Was aus Platzgründen nicht in die Horizontale paßte, wurde in die Höhe gebaut. Hier die mittlere Produktionsebene einer Drei-Ebenen-Produktion für Tabletten – horizontale Materialtransporte finden hier nicht statt. Ständige Anforderungen an Sicherheit und Qualitätsstandard zwingen laufend zu immer mehr und raffinierteren Technologien. Transparenz: Der interessierte Gast kann die Tablettenproduktion vom Besuchergang aus verfolgen.

Sandoz AG produces drugs in the heart of Nürnberg near the city walls. This imposes limits: A building, which could not expand horizontally was constructed vertically. The middle level of a 3-level production system for tablets is shown here – there is no horizontal material transport. The unremitting demands of safety and quality call for increasing and smarter technologies. Transparency: the interested visitor can observe the production of tablets from the viewing corridor.

Die Rückseite des Hochregallagers – ein schöner Anblick für die Nachbarschaft.

The rear of the high-rack warehouse – A pleasant sight for the neighbourhood.

Große Gebäudekomplexe verlangen nach Integration in das Stadtbild. Neben den Begrünungsmaßnahmen ist auch der Kunst bei Sandoz ein Platz sicher. Die Skulptur von Peter Hauser wurde 1972 errichtet.

Large building layouts call for integration into the townscape. In addition to measures providing greenery, art is also in good hands at Sandoz. The sculpture by Peter Hauser was placed here in 1972.

Calcium in Form gebracht – 1994 verließen 180 Millionen Brausetabletten das Haus.

Calcium is shaped: Some 180 million effervescent tablets were supplied in 1994.

stark industriell geprägten Wirtschaftsraum zu dem zweiten großen Dienstleistungszentrum in Bayern.
Diese dynamische Entwicklung spiegelt sich auch in den Beiträgen zur Bruttowertschöpfung der Region wider: Das produzierende Gewerbe erbringt 40 Prozent der Wirtschaftsleistung, der Dienstleistungssektor trägt bereits 60 Prozent zur Wertschöpfung bei.

WACHSTUMSMOTOR INDUSTRIENAHE DIENSTLEISTUNGEN

Ein Vergleich mit anderen OECD-Staaten, insbesondere den USA, zeigt, daß im tertiären Sektor noch erhebliche, auch arbeitsmarktrelevante Wachstumsreserven liegen. Mit Blick auf das nach wie vor starke industrielle Fundament werden die Entwicklungschancen für unsere Wirtschaftsregion vor allem im Bereich der industrienahen Dienstleistungen gesehen.
Allerdings können es sich weder der Standort Deutschland generell noch die Wirtschaftsregion Nürnberg im besonderen leisten, auf ihre industrielle Basis zu verzichten. Jede Dienstleistungsgesellschaft braucht ein stabiles industrielles Fundament. Auf Dauer kann sich keine Gesellschaft vom „Blaupausenexport" ernähren. Gemeinsam erarbeiten die 70 000 mittelfränkischen Industriebetriebe und Dienstleistungsunternehmen ein Bruttoinlandsprodukt von rund 75 Mrd. DM pro Jahr.

INNOVATIVER BRANCHENMIX DER INDUSTRIE

Die Wirtschaftsregion Nürnberg verfügt über einen zukunftsorientierten Branchenmix innerhalb der Industrie. Dominierender Wirtschaftszweig ist die Elektroindustrie. Hier werden mit rund 20 Mrd. DM 40 Prozent der mittelfränkischen Industrieumsätze erzielt. Dies entspricht einem Anteil von knapp 10 Prozent am gesamtdeutschen Umsatz in dieser Zukunftsbranche. Die Elektronik/Elektrotechnik gehört mit Sicherheit zu den Schlüsselbereichen des kommenden Informations- und Kommunikationszeitalters.
Der zweite industrielle Schwerpunkt in der Wirtschaftsregion Nürnberg ist der Maschinenbau, der mit 7 Mrd. DM einen Anteil von 14 Prozent an dem Gesamtumsatz der mittelfränkischen Industrie hält.
Neben den beiden Standbeinen Elektrotechnik und Maschinenbau verfügt die Wirtschaftsregion über ein breites Spektrum indu-

Fortsetzung Seite 90

This development is also reflected in the contributions to gross value added in the region. Manufacturing industry contributes 40 percent thereof and the service sector 60 percent.

MOTOR OF INDUSTRIAL SERVICES

A comparison with other OECD countries, especially the U.S.A., shows that there are still substantial labour market-relevant growth reserves in the tertiary sector. In consideration of Germany's continuing strong industrial base, the development chances for the Nürnberg region will lie particularly in the field of industry-relevant services.
But neither Germany as a whole nor the Nürnberg region can afford to dispense with an industrial base, for every service firm needs a strong industrial foundation. None can live entirely from the export of blueprints. Taken together, Middle Franconia's 70,000 industrial firms and service companies achieve a gross domestic product of about 75 billion DM annually.

INDUSTRY'S INNOVATIVE BRANCH MIX

Within industry, the Nürnberg region has a future-focused branch mix, although the electrical industry is predominant with 40 percent of Middle Franconia's industrial turnover, amounting to some 20 billion DM. This is almost 10 percent of total German sales in this sector. Electrical engineering and electronics will be one of the key sectors in the coming information age. The second most important sector is machine construction, with 14 percent of Middle Franconia's industrial turnover, or 7 billion DM.
In addition to electrical engineering and machine construction there are several other sectors of industry with a high standing in export markets. These include firms in the food and stimulants industry, makers of writing and drawing implements, the printing industry and traditionally the toy industry. In addition to the foregoing there are many so-called "hidden champions".
So it has come about that in all quietness the Nürnberg region has developed to become the leading photogravure centre in Europe. Magazine production per month is more than 50 million copies. From the "Quelle" mail-order catalogue through "The Spiegel" news magazine to the Moscow Telephone Book: it is all produced in Nürnberg.

Continued on page 90

Beschickung einer computergesteuerten Produktionsanlage der Firma Busch & Co., Ansbach, mit Rohmaterialien zur Herstellung hochwertiger Cobra-Dispersionsfarben. Des weiteren werden auch Cobra- bzw. Duroflex Silikat- sowie Silikonharzfarben hergestellt. Mehrere halb- bzw. vollautomatische Abtönstationen für Farben und Lacke komplettieren das anerkannt hohe Qualitätsniveau.

Feeding a computer-controlled production line at Busch & Co., Ansbach, with raw materials for producing high-grade Cobra paints on an acrylic basis. Further products are Cobra and Duroflex silicate and silicone resin paints. Several fully-automatic and semi-automatic tinting stations for paints and varnishes help to achieve the company's acknowledged high level of quality.

Luftansicht der Diehl GmbH & Co, Werk Röthenbach an der Pegnitz

Aerial view of the facility of Diehl GmbH & Co. in Röthenbach an der Pegnitz

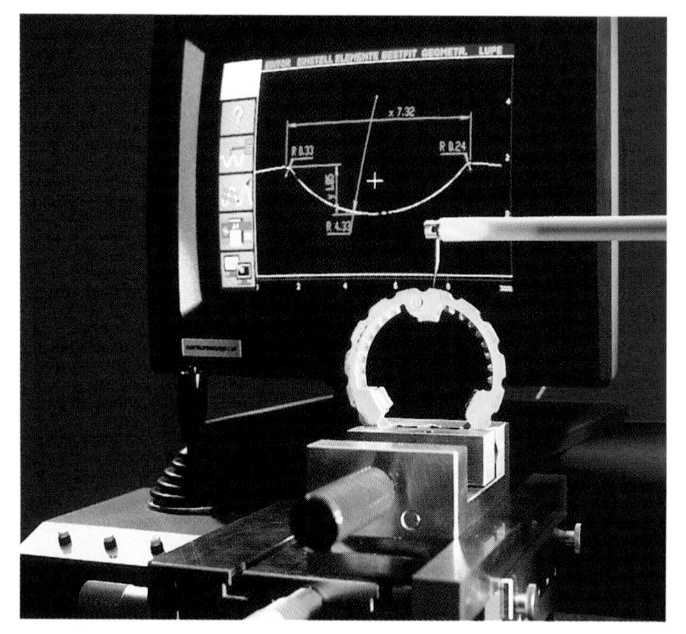

Spülen von Messingrohren nach dem Weichglühen und Beizen

Rinsing of brass tubes after soft annealing and pickling

Qualitätsprüfung Synchronringe

Quality control of synchronizer rings

Blick auf den Standort Donaustraße der Diehl GmbH & Co in Nürnberg

View of the plant Donaustraße of Diehl GmbH & Co. in Nürnberg

Vollautomatische Programmscheibenmontage

Fully automatic installation of program disks

Sonderbestückungsautomat zum Fugen von elektronischen und elektromechanischen Komponenten

Automatic special-purpose assembly machine for inserting electronic and electro-mechanical components

Auf einem Areal von rund 600 000 Quadratmetern „im Grünen der Hersbrucker Schweiz" erstreckt sich das Eckart-Hauptwerk. Hier entwickelte und langzeitig erprobte Fertigungstechnologien für Metallpulver, -pasten und -granulate sowie Metallicfarben, -lacke und -konzentrate sind die Grundlage zur Ausweitung in den in- und ausländischen Eckart-Produktionsstätten. So werden rund um den Erdball gleiche Produktqualitäten sichergestellt.

The main plant of the Eckart company covers an area of some 600,000 square metres in the green countryside of the so-called "Hersbrucker Switzerland". Production techniques developed and long-term tested here for metal powders, pastes and granulates as well as metallic paints, varnishes and concentrates are the basis of production at Eckart plants in Germany and abroad. This ensures that the product qualities are the same wherever in the world they are bought.

Die Zentrale weltweiter Aktivitäten ist die Eckart-Hauptverwaltung in Fürth (Bayern), ausgestattet mit modernen, heute unverzichtbaren Kommunikationsmitteln. Hier werden die vielfältigen Aktivitäten koordiniert; von hier aus gehen die Impulse über die Tochter- und Beteiligungsunternehmen hinaus in alle Welt.

The nerve centre of Eckart's worldwide activities, at Fürth in Bavaria, is equipped with the most modern and today indispensable communication aids. Here the many activities are coordinated, from here impulses are sent into the whole world via the company's subsidiaries and holdings.

Der Blick „wie durch ein Schlüsselloch" auf eine der Produktionsanlagen im Eckart-Hauptwerk zeigt den fertigungstechnisch hohen Grad, den das Unternehmen nach seiner über hundertjährigen Entwicklung erreicht hat. Das ist eine sichere Basis für innovative Produkte und Problemlösungen, wie sie die internationalen Märkte heute und morgen fordern.

This view as "through a keyhole" of a production site at the Eckart main plant demonstrates the high level of production technology that the company has reached in more than a century of development. It is the solid basis for innovative products and solutions to problems that arise today and tomorrow on the international markets.

strieller Branchen. Weltgeltung haben die Unternehmen der Nahrungs- und Genußmittelindustrie, die Schreib- und Zeichengerätehersteller, die Druckindustrie und traditionell die Spielwarenindustrie. Ergänzt werden diese Schwerpunkte durch eine Vielzahl von „Hidden Champions".
So hat sich beispielsweise die Region Nürnberg ohne großes Aufsehen zu dem führenden europäischen Tiefdruckzentrum entwickelt. Die monatliche Zeitschriftenproduktion liegt bei über 50 Millionen Exemplaren. Vom „Quelle-Katalog" über den „Spiegel" bis hin zum „Moskauer Telefonbuch": All dies kommt aus Nürnberg.

AUSGEWOGENE BESCHÄFTIGUNGSSTRUKTUR

Neben einem breiten Branchenmix mit seinem zukunftsorientierten Schwerpunkt im Bereich der Informations- und Kommunikationstechnologien stellt die Betriebsgrößenstruktur ein ebenso stabilisierendes wie innovatives Moment dar. Die mittelfränkische Industrie verfügt über eine ausgewogene Größenstruktur. Knapp die Hälfte der 290 000 Industriebeschäftigten arbeiten in kleinen und mittleren Unternehmen mit weniger als 500 Arbeitnehmern; 53 Prozent sind in Großunternehmen beschäftigt.
Der Dienstleistungsbereich ist dagegen überwiegend mittelständisch strukturiert. Aber auch im tertiären Sektor gibt es eine Reihe expandierender Großbetriebe, insbesondere in den Bereichen Datenverarbeitung, Marktforschung und Versandhandel.

STARK IM EXPORT

Nahezu alle mittelfränkischen Branchen sind am Export beteiligt. Hierin zeigt sich die hohe internationale Wettbewerbsfähigkeit unserer Wirtschaft. Die Region Nürnberg verzeichnet seit Jahrzehnten überdurchschnittliche Exportquoten: Mehr als jede dritte Mark wird im Ausland verdient.
Beachtliche Exportleistungen werden insbesondere von der Elektrotechnik und dem Maschinenbau erbracht. Beide Branchen erzielen nahezu die Hälfte ihres Umsatzes auf den Weltmärkten. Die mittelfränkische Elektrotechnik liegt dabei um 50 Prozent über dem Bundesdurchschnitt.

Fortsetzung Seite 96

BALANCED EMPLOYMENT STRUCTURE

In addition to a wide branch mix with a future-focused emphasis on the information and communication technologies, the work-size structure is both a stabilizing and innovative factor. Almost the half of the 290,000 people employed in industry in Middle Franconia work in small and medium-sized firms with fewer than 500 workers, while some 53 percent are in larger firms. In the service sector the majority are medium-sized, although here too there is a number of expanding large firms, especially in data processing, market research and direct-mail selling.

STRONG IN EXPORT

Almost all of the sectors in Middle Franconia engage in export, which shows the high international competitive strength of the local economy. The Nürnberg region has for decades shown above-average export rates. More than every third mark is earned abroad.
Good export performances are being recorded especially by electrical engineering and machine construction, with both achieving almost the half of their sales on world markets. Electrical engineering in Middle Franconia is in this about 50 percent higher than the German average.

ENHANCING THE INNOVATIVE STRENGTH

A concomitant of the high export levels achieved by Middle Franconian firms is a call for a like performance in innovative effort. To stay competitive internationally, the product range must be the best that technology can yield, and that calls for close cooperation between industry and the science parks, the research institutes and the high-tech user centres.
Within the framework of the Middle Franconian Technology Initiative (TIM), the Nürnberg region has in the last ten years built up a highly effective structure for technology transfer. Scientific departments at university and technical college work closely with the R&D facilities at many firms.
The region's technological policies have borne fruit in the buil-

Continued on page 96

August & Jean Hilpert GmbH & Co., Nürnberg: Umlegung einer Niederdruck-Gasleitung mit einem Innendurchmesser von einem Meter in der Stadt Nürnberg.

August & Jean Hilpert GmbH & Co., Nürnberg: Relaying a low-pressure gas line of one metre inside diameter in Nürnberg.

■ *Franken Brunnen heute: ein Familienunternehmen, das sich nach wie vor 100prozentig in den Händen der Familie Hufnagel bzw. deren Nachfolger befindet. Die Familien Beyer, Hufnagel und Piehl repräsentieren die zweite Generation des Unternehmens, das 1924 gegründet wurde. In fünf Produktionsstätten – Neustadt (Aisch), Bad Windsheim, Eilenburg, Pechbrunn und Bad Kissingen – produziert Franken Brunnen mit insgesamt 720 Mitarbeitern Mineralwasser, Heilwasser und Brunnensüßgetränke mit einem derzeitigen Umsatzvolumen von 520 Millionen Füllungen.*

■ *Here is seen supervision at the filling point at the plant in Neustadt (Aisch). In respect of technology and filling capacity, the plants at Neustadt (Aisch) and Bad Windsheim are exemplary in the trade Europe-wide, while large investment in the plant at Pechbrunn has brought it up to the latest state of the art. The Franken Brunnen units were the first in the business to offer their high-quality refreshment drinks in attractive six-packs.*

■ *Der Produktionsausschnitt zeigt die Überwachung am Füller in Neustadt (Aisch). Die Betriebe in Neustadt (Aisch) und Bad Windsheim gelten in Europa bezüglich ihrer Technologie und Abfüllkapazität als beispielhaft in der Branche. Der Betrieb in Pechbrunn wurde mit einem hohen Investitionsvolumen auf den neuesten technischen Stand gebracht. Die Franken-Brunnen-Betriebe waren die ersten innerhalb der Branche, die ihre hochwertigen Erfrischungsgetränke im verkaufsattraktiven 6er-Kasten dem Verbraucher angeboten haben.*

Franken Brunnen today is a family enterprise that continues to be wholly owned by the Hufnagel family and its successors. The Beyer, Hufnagel and Piehl families represent the second generation of the company, which was founded in 1924. At its five production locations – Neustadt (Aisch), Bad Windsheim, Eilenburg, Pechbrunn and Bad Kissingen – Franken Brunnen, with a total workforce of 720, produces mineral waters, medicinal waters and mineral-water soft drinks. Output at present is 520 million fillings.

At Franken Brunnen it goes without saying that there is constant quality checking at all stages of production. During the whole operation specially trained staff ensure the purity and unvarying quality of all Franken Brunnen products by way of stage checks and continuous laboratory controls; all as a matter-of-course in the interest of the customer, who is entitled to get the best waters safely and reliably.

Für Franken Brunnen ist es ganz selbstverständlich, daß eine ständige Qualitätskontrolle durch geschultes Fachpersonal erfolgt. Speziell ausgebildete Mitarbeiter garantieren während des gesamten Produktionsablaufs durch Stufenkontrollen und durch laufende Laboruntersuchungen die Reinheit und beständige Qualität aller Franken-Brunnen-Getränke. Für das Haus Franken Brunnen eine selbstverständliche Verpflichtung im Interesse des Verbrauchers, der ein Recht hat, sicher und zuverlässig „Vom Wasser das Beste“ zu bekommen.

Die ARNO SCHILL GMBH & CO. KG, Nürnberg, zählt zu den führenden Unternehmen der Lack- und Farbenindustrie Deutschlands, die ausschließlich den „Do-it-yourself-Sektor“ beliefern. Zum Kundenkreis zählen Bau- und Heimwerkermärkte, SB-Warenhäuser, Kaufhauskonzerne und Großversandhäuser. Im Bild: Lackabfüllstraße in Werk I Nürnberg.

ARNO SCHILL GMBH & CO. KG in Nürnberg is one of the leading companies in the German paint and varnish industry that supply the “do-it-yourself” sector exclusively. Its customers include hypermarkets for building materials and DIY shops, self-service stores, department store chains and the big mail order firms. The photograph shows the filling line for paint at Plant I in Nürnberg.

Seit den achtziger Jahren produziert Schill auch in Großweismannsdorf (Bild). Hier wurde eine Wandfarbenproduktionsanlage in Betrieb genommen, die alle heutigen Anforderungen an den Umweltschutz erfüllt. Im Jahre 1996 feiert Schill sein hundertjähriges Bestehen.

Since the 1980s Schill has had a further production facility in Grossweismannsdorf (photograph). It includes a wall paint production line that meets every modern requirement in respect of environmental protection. In 1996 Schill will be celebrating its 100th anniversary.

INNOVATIONSKRAFT STÄRKEN

Nicht zuletzt aus der hohen Exportintensität der mittelfränkischen Wirtschaft ergeben sich große Anforderungen an die Innovationskraft der Unternehmen. Um im internationalen Wettbewerb bestehen zu können, muß die Produktpalette an der Spitze der technischen Entwicklung liegen. Dies erfordert ein enges Zusammenwirken der Unternehmen mit wissenschaftlichen Einrichtungen, Forschungsinstituten und High-Tech-Anwenderzentren.
Die Wirtschaftsregion Nürnberg hat im letzten Jahrzehnt im Rahmen der Technologieinitiative Mittelfranken (TIM) eine vorbildliche Struktur für einen erfolgreichen Technologietransfer aufgebaut. Wissenschaftliche Einrichtungen der Universität, der Fachhochschule arbeiten eng und erfolgreich mit den Forschungs- und Entwicklungsabteilungen der Unternehmen zusammen.
Akzente hat die Technologiepolitik in der Region vor allem beim Aufbau der Schlüsseltechnologien wie Mikroelektronik, Mikrosystemtechnik, Laser, künstliche Intelligenz, Werk- und Kunststoffe gesetzt. Mit diesem Engagement werden technologische Felder besetzt, die ihrerseits Anwendung im Bereich der Systemtechnologie finden. Gerade in Systemtechnologien wie Informations- und Kommunikationstechnik, Umwelt- und Energietechnik, Automatisierungstechnik, Medizintechnik, Verkehrstechnik oder dem Anlagenbau liegen von jeher die Stärken der mittelfränkischen Wirtschaft. Über den weiteren Ausbau von Technologietransfer-Einrichtungen und -Initiativen wird die internationale Wettbewerbsfähigkeit der mittelfränkischen Unternehmen weiter gestärkt.

IM ZENTRUM EUROPAS

Mit der Wiedervereinigung und der Öffnung der Grenzen nach Osteuropa hat sich die wirtschaftsgeographische Lage der Region Nürnberg grundlegend verändert. Seit Ende des Zweiten Weltkrieges lag die Wirtschaftsregion am äußersten Rande Westeuropas und in unmittelbarer Nähe des „Eisernen Vorhanges", der alle Wirtschaftsbeziehungen nach Osten abgeschnitten hatte. Heute ist Mittelfranken wieder in das Zentrum eines gesamteuropäischen Wirtschaftsraumes gerückt. Diese Zentralität eröffnet die historische Chance, wieder zu einem der führenden Wirtschaftsräume im Ost-West-Geschäft zu werden. Die Startchancen Mittelfrankens mit seiner leistungsstarken, vielfältigen und innovativen Wirtschaft sind hervorragend. Die Region Nürnberg muß dieses große Ziel weiterhin gemeinsam und mit aller Entschlossenheit angehen. Die Wirtschaftsregion Nürnberg ist ein Raum mit Zukunft. ■

---

ding up of such key technologies as microelectronics, microsystems technology, lasers, artificial intelligence, materials and plastics. With this commitment, technical fields are covered that, in their turn, find application in system technologies. And it is just in the latter, such as information technology and communications, environment and energy supply technology, automation, medical technology, transport and plant construction, that the strength of Middle Franconian industry lies. With the further expansion of technology transfer facilities the region's industries will become even more globally competitive.

IN THE CENTRE OF EUROPE

The geoeconomical situation of the Nürnberg region has been fundamentally altered with German reunification and the opening to the East. With the end of the Second World War the region was at the extreme edge of Western Europe and close up to the Iron Curtain, which had cut off all links with the East. Today the area is once again at the centre of Europe, and this presents the historic opportunity of again being a force in East-West transactions. Middle Franconia's chances with its diverse, resourceful and innovative economy are excellent. The Nürnberg region must go after this great objective with decisiveness, for it is an economic region with a future. ■

Die Coates Screen Inks GmbH, Wiederhold Siebdruckfarben aus Nürnberg beliefert weltweit sowohl Sieb- als auch Tampondrucker. Der gesamte Produktionsablauf wird ständig mit den kurzfristigen Erfordernissen des Marktes abgestimmt. Dies erfordert eine enge Kommunikation zwischen Verkauf und Produktion.

The Nuremberg company, Coates Screen Inks GmbH Wiederhold Screen Printing Inks is a worldwide supplier to both, screen and pad printers. The whole production operation is constantly matched to the short-term requirements of the market, which calls for close communication between marketing and production.

Werner & Pfleiderer GmbH – Werk Dinkelsbühl. 1964 wurde in Dinkelsbühl auf 30 000 Quadratmetern eine Produktionsstätte errichtet, die eine wichtige Funktion im WP-Fertigungsbereich erfüllt: Spezialisiert auf den Stahlbau, entstehen in diesem Werk typische Erzeugnisse für das Bäckerhandwerk wie Etagenbacköfen, Backautomaten und Backschränke – ein Beispiel für die WP-Konzeption der spezifischen Produktion in spezialisierten Werken.

Werner & Pfleiderer GmbH – Dinkelsbühl works. In 1964, a new factory was built on a site occupying almost 8 acres (30,000 square metres) in Dinkelsbühl. This works fulfill an important function in the WP manufacturing programme: it specializes in sheet-metal work and makes typical products for the bakery trade such as multi-deck ovens, automatic baking ovens and rack ovens – an example of WP's policy of manufacturing specific products in specialized works.

Eine außergewöhnliche Kreativität sowie ein hoher Qualitätsstandard sind die Markenzeichen der DINOVALIANO Moden GmbH, Pappenheim.

Exceptional creativity and a high quality standard are the marks of DINOVALIANO Moden GmbH, Pappenheim.

In Gunzenhausen, dem Zentrum des neugeschaffenen „Fränkischen Seenlandes", produziert die all-plastic Mayer GmbH + Co. KG Folien und Beutel aus Polyethylen und Polypropylen. Sie zählt seit über 45 Jahren zu den bedeutendsten Anbietern ihrer Branche.

In Gunzenhausen, the centre of the newly-created "Franconian Lakeland", the firm of all-plastic Mayer GmbH + Co. KG produces polyethylene and polypropylene sheeting and bags. The company has been a leader in the industry for more than 45 years.

Baugruppen, die gegen partikelförmige Luftverunreinigung besonders empfindlich sind, werden bei MOS Matthias Oechsler & Sohn GmbH & Co. manuell oder vollautomatisch unter Reinraumbedingungen montiert. Dabei wird das mit dem Kunden festgelegte Niveau der Luftreinheit durch hochgradig gereinigte Luft und strömungstechnische Maßnahmen gewährleistet.

Components especially sensitive to particulate matter in the air are assembled manually or automatically under clean room conditions at MOS Matthias Oechsler & Sohn GmbH & Co. The degree of air purity, determined together with the customer, is ensured by means of highly purified air and technical measures to control the air flow.

Die UVEX WINTER HOLDING GmbH & Co. KG in Fürth, Dachgesellschaft u. a. der Firmen UVEX Arbeitsschutz und UVEX Sports mit 700 Mitarbeitern, bietet „Sicht und Sicherheit von Kopf bis Fuß" am Arbeitsplatz und bei Freizeit und Sport.

UVEX WINTER HOLDING GmbH & Co. KG in Fürth, holding company for UVEX Arbeitsschutz and UVEX Sports, among others, employs 700 people. The uvex philosophy "Safety from head to toe" is applicable in the industrial environment including all leisure and sports activities.

Die mittelfränkische Marktgemeinde Vestenbergsgreuth liegt am Rande des Steigerwaldes und beherbergt die aufstrebenden Firmen Martin Bauer, Plantextrakt und PhytoLab. In modernsten Anlagen werden Kräuter und Früchte zu den verschiedensten Tees und Extrakten verarbeitet, die in die ganze Welt geliefert werden.

The Middle Franconian market town of Vestenbergsgreuth lies on the edge of the Steigerwald and is the location of the up-and-coming firms Martin Bauer, Plantextrakt and PhytoLab. Employing the most modern facilities, they make herbs and fruits into the most diverse teas and extracts, which are then supplied all over the world.

Die Leonische Drahtwerke AG, Nürnberg, zählt mit ihren Tochter- und Beteiligungsgesellschaften zu den führenden europäischen Herstellern elektrischen Leitungsmaterials. Im Werk Roth wird ein breites Produktspektrum hochwertiger Kabel und Leitungen für die Elektrotechnik und Elektronik, darunter auch Lichtwellenleiter-Kabel für die Datentechnik, hergestellt.

Together with its subsidiaries and holdings, Leonische Drahtwerke AG, Nürnberg, is one of the leading European wire and cable manufacturers. At the plant in Roth they produce a wide range of high-quality cables for electrical engineering and electronics, including optical fibres for use in data transmission technology.

High-Tech-Forschung bei Pommereit in Nürnberg-Altdorf: Die Qualität der PEN-Federn wird in einem hochmodernen Labor und computergesteuerten Rechenzentrum entwickelt und geprüft.

High-tech research at the Pommereit company in Nürnberg-Altdorf: PEN springs are developed and tested in a highly modern laboratory with computer-controlled computing centre.

ALBERT GEYER

ELEKTROTECHNIK UND ELEKTRONIK

Die elektrotechnische Industrie ist einer der traditionsreichsten Industriezweige im Nürnberger Raum. Die Historie der vergangenen 140 Jahre war evolutionär von Fortschritt und neuen Anwendungen geprägt. Eine Keimzelle des Nürnberger Unternehmertums schuf 1856 der Feinmechaniker Friedrich Heller, der in seiner Werkstätte mit telefonischen und telegrafischen Apparaten startete. 1873 folgte Sigmund Schukert mit einer Werkstatt, die den Elektromaschinenbau begründete. Somit ist Nürnberg zu einer Urstätte elektrotechnischer Industriekultur in Deutschland herangereift. Heute sind uns Produkte der Elektrotechnik und Elektronik allgegenwärtig. Auf Schritt und Tritt begleiten sie uns als Endprodukte oder als Vorprodukte für andere Branchen wie Maschinenbau, Automobilbau, Luft- und Raumfahrt.

Der mittelfränkische Raum rangiert heute, gemessen an Produktion, Umsatz, Betriebsstätten und Beschäftigten, innerhalb Bayerns an zweiter Stelle. Aufgrund des Siegeszugs der Mikroelektronik und ihrer Anwendungen – diese Unternehmen sind ganz wesentlich im Münchener Raum angesiedelt – gehen von dort die größten Impulse aus. Im Nürnberger Raum liegt das Schwergewicht bei der Starkstromtechnik, wenn auch die Elektronik hier zunehmend an Fahrt gewinnt. Wettbewerb und Partnerschaft prägen das Bild, Konzernunternehmen und Mittelstand teilen sich die Aufgabe zur Herstellung von Produkten mit Weltgeltung.

Angesichts der Fülle der Produkte und Anwendungen nimmt es nicht wunder, wenn die Elektrotechnik- und Elektronikindustrie in Nürnberg bzw. Mittelfranken mit Abstand den ersten Rang unter allen Industriegruppen einnimmt. Allein 40 Prozent des Umsatzes der mittelfränkischen Industrie werden von dieser Branche (im Jahr 1993 über 20 Mrd. DM) erwirtschaftet. Mehr als 80 000 Personen waren in diesem wichtigen Bereich beschäftigt. 46 Prozent der mittelfränkischen Elektro- und Elektronikprodukte gingen 1993 in nahezu alle Länder des Globus. Märkte und Produktschwerpunkte sind und bleiben in permanenter Bewegung. Aus der jüngsten Vergangenheit heraus ist dieses Bewußtsein wieder mit der Öffnung Osteuropas in Erinnerung gerufen worden. Die Wirtschaft muß sich mit einem veränderten Umfeld auseinandersetzen, dies begünstigt innovative Kräfte, die zum Strukturwandel einen wertvollen Beitrag liefern können. Um dieses Erneuerungselement

Fortsetzung Seite 112

The electrical industry has a long tradition in the Nürnberg region, with its history in the last 140 years being marked by steady progress and ever new applications. One such pioneer was the precision mechanic Friedrich Heller, who started in his workshop in 1856 with telephone and telegraphic apparatus. He was followed in 1873 by Sigmund Schuckert in whose workshop the building of electrical machines commenced. With these and others, Nürnberg became a nucleus of the electrical engineering industry in Germany. Today Nürnberg's electrical and electronic products can be found everywhere, either as finished items or as intermediate products for use in other sectors such as machine construction, automobiles or aviation and aerospace.

Middle Franconia comes second in Bavaria in respect of production, sales, number of plants and employees in the electrical sector. In view of the triumphant progress of microelectronics and its applications – the firms are mostly in the Munich area – this is where the strongest stimulus is. In the Nürnberg region the emphasis is on heavy-current engineering, although electronics is here rapidly in coming. Competition and partnership set the scene, big companies and small and medium-sized firms share the task of producing articles with a worldwide reputation.

In view of the great diversity of products and applications, it is little wonder that electrical engineering and electronics in Middle Franconia is far and away the leading group and accounting for 40 percent (more than 20 billion DM in 1993), of all industrial sales and employing more than 80,000 persons. Some 46 percent of production in 1993 was exported all over the world. Markets and product emphasis are in constant flux, as witness the changes resulting from the opening of Eastern Europe. The industry must face up to changing circumstances, thus favouring innovative forces that can make a valuable contribution to structural change. If this element of renewal is to be maintained, corporate innovative efforts must be accompanied by suitable supporting conditions. Complementary to the general debate, there are certain aspects of particular relevance to the electrical and electronics sector:

- The transfer of knowledge from university research work must be continuously promoted and hindrances dismantled. The necessary framework exists in the region. In addition to the

Continued on page 112

ELECTRICAL ENGINEERING AND ELECTRONICS

E-T-A Elektrotechnische Apparate GmbH, Altdorf bei Nürnberg

Trotz modernster Technik: Präzisionshandarbeit am Luftfahrt-Schutzschalter

E-T-A Elektrotechnische Apparate GmbH, Altdorf near Nuremberg, Germany

E-T-A Aviation Circuit Breakers accurately assembled by hand

Siemens in Erlangen: Der neue Verwaltungsbau des Bereiches Anlagentechnik setzt im Zentrum der Hugenottenstadt einen architektonischen Akzent.

Siemens in Erlangen: The new administration building of the Industrial and Building Systems Group is a notable architectural feature in this old Huguenot city.

Die Siemens AG in der Region Nürnberg ist mit 38 000 Mitarbeitern und einem Gesamtumsatz von etwa 50 Mrd. DM der bei weitem größte Arbeitgeber. Sowohl Entwicklung, Fertigung, Vertrieb als auch Verwaltung sind hier angesiedelt: Aus Erlangen und Nürnberg wird das weltweite Geschäft der Unternehmensbereiche Anlagentechnik, Antriebs-, Schalt- und Installationstechnik, Automatisierungstechnik, Energieerzeugung, Energieübertragung und -verteilung, Medizintechnik und Verkehrstechnik gesteuert. Von Nürnberg aus steuert die Siemens AG zudem den Vertrieb für Nordbayern.

Siemens AG is by far the largest employer in the Nuremberg area, with a workforce of 38,000 generating sales of roughly 50 billion DM. Many of the company's development, manufacturing, marketing and administration activities are centered in the region. The headquarters of Siemens' Industrial and Building Systems, Drives and Standard Products, Automation, Power Generation, Power Transmission and Distribution, Medical Engineering, and Transportation Systems Groups are located in Nuremberg and Erlangen, while Nuremberg handles all company sales and marketing for northern Bavaria.

Siemens in Nürnberg: Die Zweigniederlassung steuert schon seit 1896 den Vertrieb für Nordbayern.

Siemens in Nuremberg: Sales and marketing activities for northern Bavaria have been managed by this company branch since 1896.

Blick in die Endmontage des Grundig Fernsehgeräte Werks in Nürnberg-Langwasser: Einstellung der Bildgeometriewerte Focus, horizontale und vertikale Ablenkung.

The scene during final assembly of televisions at the Grundig plant in Nürnberg-Langwasser: setting of the Focus picture geometry values, horizontal and vertical deflection.

Ressourcenschonende Lackiertechnologie mit Rückgewinnung des Lackschlamms

Resource-saving enamelling technology with recovery of enamel sludge

beizubehalten, muß die unternehmerische Innovationsaufgabe durch geeignete Rahmenbedingungen begleitet werden. In Ergänzung zur allgemeinen Standortdebatte sind besondere Branchenanliegen:
- Der Wissenstransfer universitärer Forschung muß nachhaltig gefördert werden. Hemmschwellen von Wissenschaft und Industrie sind abzubauen. Der Rahmen ist an sich in der Region vorhanden. Neben der Universität Erlangen-Nürnberg und der Georg-Simon-Ohm-Fachhochschule seien beispielhaft das Institut für Integrierte Schaltungen (IIS), das Zentrum für angewandte Mikroelektronik und neue Technologien der Bayerischen Fachhochschulen e.V. (ZAM), die Landesgewerbeanstalt Bayern (LGA), die neu geschaffene Einrichtung „Bayern Innovativ" als Technologietransfer-Agentur für Gesamtbayern sowie die Bayerische Forschungsstiftung genannt.
- Trotz guter Erfolge ist die Förderung der Exporttätigkeit weiter zu verstärken. Nach der vollzogenen Ausrichtung auf den europäischen Binnenmarkt müssen verstärkt neue Märkte bearbeitet werden. „Bayern International" und spezifische Auslandsangebote der Industrie- und Handelskammer und der Verbände können Lücken schließen helfen.
- Die Nutzung externer Informationsquellen, Einstieg in weltweite Datenbanken für Technik, Wirtschaft und Recht, muß vor allem für mittelständische Unternehmen erleichtert werden.

In einem solchen Umfeld hat die Elektrotechnik- und Elektronikindustrie alle Chancen, das bleiben zu können, was sie in den vergangenen Jahrzehnten war, nämlich ein überdurchschnittlich wachsender Sektor unserer Volkswirtschaft.

Erlangen-Nürnberg University there is the Georg-Simon-Ohm Technical College, the Institute for Integrated Circuits (IIS), the Centre for Applied Microelectronics and the new technologies of the Bavarian Technical Colleges (ZAM), the Bavarian State Trade Institute (LGA), the newly created "Bavaria Innovative" as technology transfer agency for all of Bavaria, and the Bavarian Research Foundation.
- In spite of substantial success, the support for export activities needs to be improved. Following alignment on the European single market, more attention must be directed to new markets. "Bavaria International" and specific offers by the Chamber of Industry and Commerce and the trade associations can help to close remaining gaps.
- The use of external information sources, entry into worldwide data banks for technology, business and law must be made easier, especially for small and medium-sized firms.

In such an environment the region's electrical and electronics industry has every opportunity of remaining what it has been in recent decades, namely a sector of our economy enjoying an above-average rate of growth.

Blick in die staatlich anerkannte Prüfstelle bei der HYDROMETER GmbH, Ansbach. Das Unternehmen verfügt über eine mehr als 130jährige Erfahrung auf dem Gebiet der Herstellung von Meßgeräten für Wasser und Meßgeräten für Wärme.

A scene in the state-approved test station at HYDROMETER GmbH in Ansbach. The company has experience going back more than 130 years in the manufacture of measuring instruments for water and heat.

Robert Bosch GmbH, Nürnberger Werke. Präzision, Qualität und Menge sind die Leitbegriffe in der Fertigung seit vielen Jahrzehnten. Im Bild das wegen seiner gelungenen Architektur prämierte Fertigungs- und Verwaltungsgebäude am Standort Nürnberg, Dieselstraße.

The Nürnberg plant of Robert Bosch GmbH. Precision, quality and quantity have been the watchwords at Bosch for many decades. Pictured here is the production and office building in Nürnberg's Dieselstrasse, which won an award for its accomplished architectural concept.

EBERLE Controls GmbH, Nürnberg

Ratio 2000, eine vollautomatische, hochflexible (auch für kleine Losgrößen geeignete) Endmontageanlage für mechanische und elektronische Raumtemperatur- und Klimaregler.
Die Schlüsselarbeitsgänge:
- *Typenschild mit Laserbeschriftung in Gehäusedeckel,*
- *100prozentige Qualitätsprüfung,*
- *automatische Verpackung inklusive Bedienungsanleitung und Direktdruck des Verpackungsschildes auf die Faltschachtel.*

Ratio 2000, a fully automatic final assembly line for mechanical and electronic room temperature and air conditioning controllers. Highly flexible, it is also suitable for small lot sizes.
Key operations:
- *Product label with laser inscription in the lid of the case*
- *100 percent quality testing*
- *Automatic packaging, including the manufacturer's instructions and printing of the label on the folding box.*

GERHARD BESNER

EBM-INDUSTRIE, MASCHINEN- UND FAHRZEUGBAU

Die Geschichte des Eisen, Blech und Metall verarbeitenden Gewerbes, in der Wirtschaftssprache kurz EBM-Industrie genannt, reicht in Nürnberg und der Region Mittelfranken über Jahrhunderte zurück. Die außerordentliche Vielfalt der hier hergestellten Produkte – von Aluminiumdosen und Autoteilen über Haushaltsherde und Heizkörper bis hin zu Zierleisten und Zylinderköpfen – zeugt vom Erfindungsreichtum und der Kunstfertigkeit ganzer Generationen von Handwerkern, Ingenieuren, Technikern und Fabrikarbeitern.

Obwohl dieser altindustrielle Wirtschaftszweig gerade in jüngster Zeit stark unter dem allgemeinen Strukturwandel zu leiden hatte und deshalb zu oft schmerzhaften Anpassungen an den globalen Wettbewerb gezwungen war, stellen die ihm zugehörigen mittelfränkischen Firmen, darunter etliche von internationalem Rang und Namen, noch immer eine sehr bedeutsame Branche im Regierungsbezirk dar. Wichtige wirtschaftliche Kennziffern aus der neuesten Kammerstatistik belegen diese Aussage.

The history of the iron, sheet and metal working industry – known for short as the EBM industry in Germany – goes back centuries in Middle Franconia. The great diversity of the products produced here – from aluminium cans and car parts by way of household stoves and radiators to ornamental strips and cylinder heads – shows the inventiveness and artistry of whole generations of craftsmen, engineers, technicians and factory workers.

Although this old-established industry has recently suffered under general structural change and has often been obliged to adapt to the global competition, its representatives in Middle Franconia, among them many firms of international renown, are still an important sector here as the latest statistics from the Chamber of Industry and Commerce show.

Thus the EBM industry in the Nürnberg region occupied positions five and six in the list of selected industrial groups for 1994 with total proceeds of almost 1.94 billion DM (without turnover tax) and a workforce of 9,818. Measured on turnover, iron, sheet and metal

THE IRON, SHEET AND METAL INDUSTRY, MACHINE AND VEHICLE CONSTRUCTION

Leistritz AG & Co Abgastechnik, Fürth: Auf dem Rollenprüfstand werden Abgasanlagen umfangreichen Tests und Messungen unterzogen. Es werden Daten über Akustik, Drehmoment, Leistung, Abgasreinigung, Werkstoffe und Funktion kontinuierlich dokumentiert.

Leistritz AG & Co Abgastechnik, Fürth, specialists in exhaust-gas technology: Exhaust systems are subjected to extensive tests and measurements on the roller test bench. Data on acoustics, torque, output, waste-gas cleaning, materials and function are continuously recorded.

Speck-Pumpen Verkaufsgesellschaft Karl Speck GmbH & Co., Lauf. In der ganzen Welt sind Speck-Pumpen ein Begriff für Qualität bei der Förderung von Flüssigkeiten oder Gas. Sie arbeiten zuverlässig in unzähligen Maschinen, Aggregaten, Kraftfahrzeugen und wassertechnischen Apparaten. Die Fotos zeigen einige Ausschnitte aus der vielfältigen Produktion: Fertigung von Gegenstromschwimmanlagen (Bild oben), Anlagenbau für die Wasserversorgung und Feuerlöschzwecke (unten), auf der gegenüberliegenden Seite oben einen Pumpenprüfstand (links), die Kunststoffteilmontage für Filterventile (rechts) sowie unten die Qualitätsprüfung nach dem TÜV-Standard.

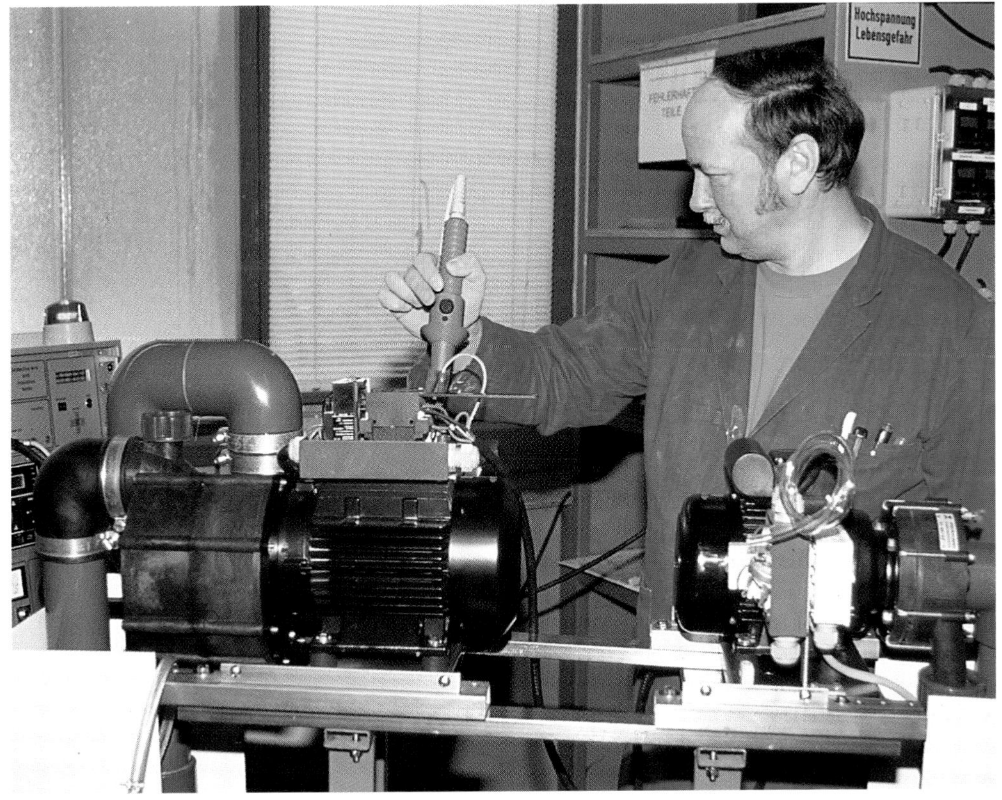

Speck-Pumpen Verkaufsgesellschaft Karl Speck GmbH & Co., Lauf. Speck pumps for transporting liquids and gases are a byword for best quality all over the world. They work reliably in countless machines, production plants, vehicles and water-handling apparatus. Shown here is a selection of the company's production: counter swim units facility (opposite above), plant construction for water supply and fire extinguishing (opposite below), a pump test (top left), plastic parts assembly for filter valves (top right); below is shown quality testing in accordance with the TÜV (inspection authority) standard.

So nahm die EBM-Industrie 1994 im Nürnberger IHK-Bereich mit Gesamterlösen von fast 1,94 Mrd. DM (ohne Umsatzsteuer) und summa summarum 9818 Beschäftigten die Positionen fünf bzw. sechs in der Liste ausgewählter Industriegruppen ein. Gemessen am Umsatz trugen Eisen-, Blech- und Metallwaren aus Mittelfranken 21,5 Prozent zum Gesamtvolumen der Branche in Bayern bei; hinsichtlich der Mitarbeiterzahl machte der Anteil sogar 22,1 Prozent aus. Die Exportquote erreichte 34,8 (im Freistaat: 20,3) Prozent.

Doch der wirtschaftliche Erfolg stellt sich heute auch in der EBM-Industrie nicht mehr von alleine ein. Die Billigkonkurrenz der Schwellenländer aus Fernost und der Reformstaaten hinter dem ehemaligen Eisernen Vorhang macht den heimischen Betrieben, die mit hohen Lohnkosten, Sozialabgaben, Steuersätzen und Umweltauflagen fertig werden müssen, das Leben immens schwer. Vor allem Serienprodukte einfacher Art sind heute aus preislichen Gründen auf den Binnen- und Weltmärkten kaum mehr wettbewerbsfähig. Mittelfrankens EBM-Firmen suchen deshalb seit geraumer Zeit schon ihre Chancen verstärkt in computergesteuerten Fertigungsverfahren, innovativen Produktspezialitäten sowie hochqualitativen Systemkonzepten.

Diese unternehmerische Strategie gilt mindestens genauso für den Maschinen- und Fahrzeugbau, der in Nürnberg und der mittelfränkischen Region aus den Traditionen der Eisenverarbeitung hervorgegangen ist und auch heute noch einen Schwerpunkt in den industriellen Aktivitäten des nach München zweitwichtigsten bayerischen Wirtschaftsraums bildet. Wie seit Jahren und Jahrzehnten schon behaupteten die Maschinenbauer auch 1994 mit einem Gesamtvolumen von gut 7,06 Mrd. DM und 24 277 Beschäftigten Platz zwei in der Rangfolge ausgewählter Industriegruppen in Mittelfranken (hinter der alles überragenden Elektrotechnik). Die Fahrzeugbauer landeten 1994 mit knapp 1,58 Mrd. DM Umsatzerlösen und 7954 Mitarbeitern ebenfalls wieder im vorderen Feld der Nürnberger IHK-Kennzifferntabellen.

Hört man sich in der mittelfränkischen EBM-Industrie und insbesondere bei den Maschinen- und Fahrzeugbauern um, so zeichnen sich vor allem drei Trends zur Verbesserung des Wettbewerbs ab. Sie betreffen die Bereiche Organisation, Produkte und Märkte.

1. Gut vorangekommen sind die heimischen Unternehmen inzwischen im sogenannten Kostenmanagement. Obwohl die betrieblichen Einsparungsmaßnahmen bereits in den zurück-

Fortsetzung Seite 126

goods from Middle Franconia contributed 21.5 percent to the sector's total volume in Bavaria, while in terms of the workforce it was 22.1 percent. The export rate was 34.8 percent, while for Bavaria as a whole it was just 20.3 percent.

But also in the EBM industry, business success today just does not come by itself, for the low-wage competition from the Far East and the countries that were once behind the Iron Curtain are making life very difficult for the local firms with their high wage costs, social security and tax payments, and the environmental directives. For reasons of price, series-produced articles of the simpler kind are now hardly competitive on the domestic and world markets. So for some time now the region's EBM firms have been seeking their opportunities more in computer-controlled manufacturing, innovative product specialities and high-quality system concepts.

The same strategy applies in machine and vehicle construction, an industry which in Middle Franconia emerged from the long iron-working traditions of the region and is still today second only in importance to Munich in a Bavarian context. As it has done for decades, the machine construction industry gave a good account of itself in 1994 with a total sales volume of 7.06 billion DM achieved with a workforce of 24,277 and putting it in second place after the all-conquering electrical engineering sector. The vehicle construction industry likewise performed well in 1994 with total proceeds of almost 1.58 billion DM with a workforce of 7,954, thus putting it in the forefront of the statistics from the Chamber of Industry and Commerce.

Listening around in the EBM industry and among the machine and vehicle builders, three trends encouraging an optimistic outlook become apparent.

1. The local companies have made good progress in so-called cost management. Although cost-saving measures in recent years were linked to some extent with drastic reductions in the payroll, not a few of the bosses are of the opinion that there is still scope for rationalization and restructuring. But willingness to reduce costs by way of company-to-company cooperation is very little in evidence in these industries, with their predominantly small and medium-sized firms.
2. But in the three sectors here discussed it has long been accepted that satisfactory results can no longer be obtained, in view of pressure on prices, in the product sector with so-called volume business. So the trend everywhere is toward "tailor

Continued on page 126

Ein Blick auf das Firmengelände der neugegründeten Sachs Fahrzeug- und Motorentechnik GmbH in Nürnberg. Hier entstehen hochwertige und leistungsfähige motorisierte Zweiräder für die unterschiedlichsten Bedürfnisse. Die Produktpalette unter den Marken Sachs und Hercules reicht von Leichtmofas bis hin zu anspruchsvollen Motorrollern.

A view of the premises of the newly-founded Sachs Fahrzeug- und Motorentechnik GmbH in Nürnberg, where high-quality and robust motor-assisted bicycles are produced for a wide variety of uses. The range of products marketed under the Sachs and Hercules labels extends from light mopeds to motor scooters.

Präzisions-Drehmaschinen: Höchste Präzision und handliche Bedienbarkeit sowie ausgefeilte Technik sind der Vorteil der konventionellen Baureihe.

Precision lathes: The conventional series features absolute precision, easy operation and sophisticated engineering.

Präzisions-Drehmaschinen mit Zyklenautomatik: Die E-Reihe bietet deutliche Vorteile. Neben der manuellen Bedienung können auch komplexe Werkstückkonturen zyklenunterstützt ohne CNC-Kenntnisse bearbeitet werden.

Precision lathes with automated cycles: The E series offers a number of distinct advantages. Besides manual operation, complex workpiece contours can be machined with automated cycles, without requiring CNC skills.

Seit nahezu 60 Jahren steht die WEILER WERKZEUGMASCHINEN GMBH & CO. KG, Emskirchen, für höchste Präzision, Qualität und Wirtschaftlichkeit im Drehmaschinenbau. Über 100 000 ausgelieferte Drehmaschinen dokumentieren die Akzeptanz der WEILER-Produkte bei den Anwendern im Bereich der Produktion, der Instandhaltung, des Werkzeug- und Formenbaus, der Aus- und Weiterbildung und der Lehre und Forschung. Das heutige Drehmaschinenprogramm von WEILER, das auch erfolgreiche Produkte und das Know-how der Häuser Voest-Alpine und Weipert beinhaltet, bietet die jeweils richtige Maschine für die Einzelteil- und Kleinserienfertigung und mit Automatisierungssystemen für die Mittel- und Großserienfertigung. WEILER, ein typisch mittelständisches Unternehmen, das auf veränderte Marktbedingungen schnell und flexibel reagiert, hat den Drehmaschinenmarkt mit seinen Produkten aktiv mitbestimmt. WEILER verfügt über ein kompaktes, modernes Werk und über qualifizierte und motivierte Mitarbeiter.

For almost 60 years, WEILER WERKZEUGMASCHINEN GMBH & CO. KG, Emskirchen, has been the epitome of precision, quality and economic efficiency in lathe construction. Over 100,000 delivered lathes document the acceptance of WEILER products among users in production, maintenance, toolmaking and mould making, training, and theory and research. WEILER's current machine tool programme, which includes the successful products and know-how of Voest-Alpine and Weipert, has the right machines for one-off and small batch production as well as automation systems for medium and large scale production. WEILER, a typical medium-sized enterprise that responds quickly and flexibly to changing market conditions, has actively helped to shape the lathe market with its products. WEILER has a compact, modern plant with qualified and highly motivated staff.

CNC-Drehmaschinen: Höchste Präzision und Wirtschaftlichkeit bei der Bearbeitung von Futter-, Stangen- und Wellenteilen sowie ausgereifte Technik für Komplett- und Rückseitenbearbeitung.

CNC lathes: Absolute precision and economic efficiency for chuck, bar and shaft work with complete engineering solutions for complex and second operation machining.

Automatisierungssysteme: Für Produktivitätszuwachs durch effiziente Verlängerung der Maschinenhauptzeiten.

Automation systems: For increased productivity through efficient extension of productive cutting time.

Hoffmann Qualitätswerkzeuge bieten den Anwendern ein breites Spektrum an Einsatzmöglichkeiten. Im Bild der Meßraum, eine von mehreren Fachausstellungen im Hause. Hier können sich die Kunden von Auswahl und Qualität überzeugen.

Quality tools from Hoffmann open up a wide range of applications for the user. Pictured here is the measuring room, one of several technical showrooms at the company's premises. Customers can look around here and convince themselves of the quality of what is offered.

Hoffmann verfügt über eine große Lagerkapazität und erspart damit den Kunden eine eigene aufwendige Lagerhaltung. Auf über 1 700 Metern Regallänge sind über 28 000 verschiedene Artikel untergebracht. Mit einem modernen Bestell- und Versandsystem sind Auslieferungen in kürzester Zeit möglich.

Hoffmann operates a large-capacity warehouse which saves the customer the need to arrange his own expensive storekeeping. More than 28,000 different articles are held in readiness on more than 1,700 metres of shelving. The company's modern order processing and despatch system ensures delivery to the customer in the shortest possible time.

liegenden Jahren mit zum Teil drastischem Personalabbau verbunden waren, besteht nach Ansicht nicht weniger Firmenchefs noch immer ein unausgeschöpftes Potential für Rationalisierung und Restrukturierung. Die Bereitschaft freilich, mit unternehmensübergreifenden Kooperationen die Kosten zu senken, ist in den weitgehend mittelständisch strukturierten Wirtschaftszweigen bislang nur sehr gering ausgeprägt.

2. Erkannt haben die drei hier behandelten Branchen aber längst, daß im Produktbereich mit dem sogenannten Volumengeschäft heute aus Gründen des Preisdrucks von außen keine befriedigenden Erträge mehr zu erzielen sind. Die Tendenz geht deshalb überall hin zu „maßgeschneiderten", technologischen Spezialsortimenten und integrierten, computergesteuerten Systemlösungen mit hohem Engineeringanteil. Als Schwerpunkte des mittelfränkischen Maschinenbaus zeichnen sich die zukunftsträchtigen Investitionsfelder Energie, Verkehr und Umwelt ab.
3. Die Unternehmen der mittelfränkischen EBM-Industrie sowie des Maschinen- und Fahrzeugbaus haben im EU-Ausland eine hohe Marktdurchdringung erreicht und dabei in der Vergangenheit vorwiegend auf Direktexporte aus dem Stammhaus und den heimischen Zweigwerken gesetzt. In den Vorstandsetagen und Geschäftsführungszimmern macht sich mittlerweile aber immer mehr eine globalere Denkungsweise breit: Man sieht neue Wachstumsspielräume in den aufstrebenden Ländern Osteuropas sowie am Pazifischen Becken, und man erkennt, daß es für einen dauerhaften Markterfolg nicht mehr genügt, nur Waren und Dienstleistungen zu exportieren, sondern es notwendig ist, mit Investivkapital und Produktivvermögen „vor Ort" präsent zu sein. Die Chancen sollten genutzt werden. ■

made", technological special sales lines and integrated, computer-controlled system solutions with a high engineering content. The indications are that the main emphasis in Middle Franconia's machine construction industry will be in the future-promising investment fields of energy, transport and the environment.

3. Middle Franconia's EBM, machine and vehicle construction industries have achieved high market penetration in the European Union, relying in the past mainly on direct exports from the main works and the branches. But a more global view is becoming increasingly apparent at the executive and management levels: They see new growth prospects in the emerging countries of Eastern Europe and of the Pacific Rim. They also recognize that for lasting market success it is no longer enough to export goods and services; rather is it necessary to be present locally with investment capital and productive capacity. The opportunity must not be missed. ■

Leistritz AG, Nürnberg: Blick in die Montagehalle der Maschinenbaufertigung. Hier werden moderne Wirbelmaschinen und komplexe Produktionslinien unter Anwendung des Wirbel-, Fräs- und Drehverfahrens zur wirtschaftlichen Zerspanung gebaut, die weltweit zum Einsatz kommen.

Leistritz AG, Nürnberg: A view in the machine construction assembly hall. Here are built modern whirling machines and complex production lines using whirling, milling and turning techniques for economical machining. These do excellent service throughout the world.

An mehreren Standorten in Nürnberg bietet die Mercedes-Benz AG ihre gesamte Produktpalette an, selbstverständlich auch den entsprechenden Service und ein umfangreiches Angebot an Teilen und Zubehör.

The whole Mercedes-Benz production range is offered at several locations in Nürnberg, likewise the necessary service and everything required in respect of parts and accessories.

Hochregallager des Regionalen Versorgungslagers in Fürth. Von hier aus werden sieben Niederlassungen und 275 Vertragspartner der Mercedes-Benz AG mit Teilen und Zubehör beliefert.

High-level rack storage at the regional supply warehouse in Fürth. This supplies seven Mercedes-Benz branches and 275 official dealers with parts and accessories.

Mercedes-Benz unterhält in Nürnberg ein Verkaufsbüro für den Produktbereich Omnibus.

Mercedes-Benz operates a sales office in Nürnberg for the omnibus division.

Die TEMIC Geschäftsbereiche Mikrosysteme und Kfz-Elektronik mit ihrer anspruchsvollen Entwicklung und Produktion am neuen Standort erfüllen die hohen Ansprüche an eine umweltverträgliche Fertigung in vorbildlicher Weise.

The TEMIC microsystems and automotive electronic divisions with their sophisticated development and production facilities at the new location meet in exemplary fashion the requirements of environment-friendly production.

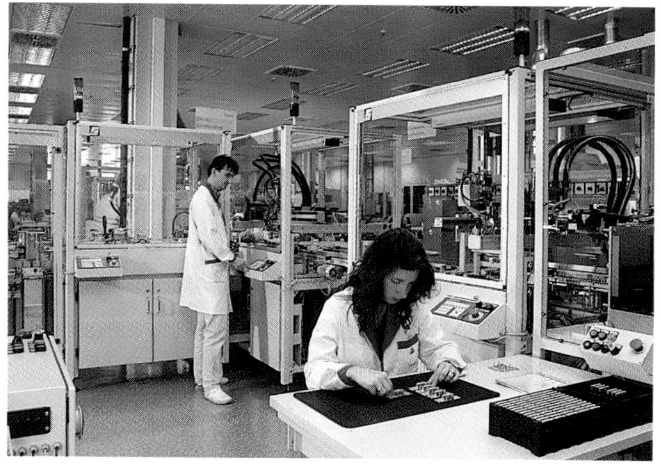

Bondstation für Leistungshybridschaltungen der Automobilelektronik

Bonding station for hybrid power circuits used in automotive electronics

Fertigungslinie für Baugruppen der Kommunikationselektronik

Production line for assemblies used in communication electronics

Eine Werkhalle der Adtranz (Deutschland) GmbH, Betriebsstätte Nürnberg: Bau der Nürnberger Niederflur-Straßenbahn.

One of the workshops at Adtranz (Deutschland) GmbH in Nürnberg, where low-floor tramcars are being built for service in the city.

Seit genau 20 Jahren steht die LK Metallwaren GmbH im Dienste der Anlagentechnik mit dem angestammten Bereich „Rheinland"-Hallenbeheizung und der modernen Blechbearbeitung. Seit über 12 Jahren expandierte LK in die Umweltsektoren Abwasser- und Schallschutztechnik mit großem Erfolg. 1989 von Nürnberg nach Schwabach umgezogen, entstanden dort moderne Fertigungshallen und Büros (Bild). Ein Zweigbetrieb in Sachsen-Anhalt ergänzt seit 1991 das Unternehmen.

LK Metallwaren GmbH has been in the service of plant technology for exactly 20 years with its "Rheinland"-brand hall heating and modern sheetmetal working, and for more than 12 years it has been expanding with great success in the environment-related sectors of waste-water and sound protection. The company moved from Nürnberg to Schwabach in 1989 where its modern production facilities and offices (photo) were built. A branch works was set up in Saxony-Anhalt in 1991.

Richard Bergner GmbH + Co, Schwabach:
Mehrstufige Kaltumformmaschine (5 Stufen) zur Herstellung von Kaltformteilen wie Schrauben und Verbindungselementen, ausgehend vom Drahtbund.

Richard Bergner GmbH + Co, Schwabach:
Multistage cold forming machine (5 stages) for the production of cold-formed parts such as bolts, screws and other fastening elements out of wire rod.

DR. WOLF-R. SCHARFF

SPIELZEUG, BLEISTIFTE UND ANDERE SPEZIALITÄTEN

Die Vielfalt der Nürnberger Wirtschaftsstruktur zeigt sich neben dem Modernen in der Bewahrung seiner alten Traditionen. „Nürnberger Tand geht durch alle Land“ – Nürnberger Kaufleute, auch abschätzig Pfeffersäcke genannt, machten Nürnberg im Mittelalter zu einer der großen europäischen Handelszentralen. Mit „Tand“ waren damals aber eher die in Nürnberg geprägten Rechenpfennige, die „tandes“, gemeint, die wegen ihrer damals wohl einmalig genau geprägten Bilder in ganz Europa beliebt waren. Erst im Laufe der Zeit meinte man dann mit „Nürnberger Tand“ jene Waren, die in dieser Stadt hergestellt und in immer größerem Umfang auch vertrieben wurden: die Spiel- und Kurzwaren.

Den Ruf als Spielzeugstadt erreichte Nürnberg im 16. Jahrhundert. Begonnen hatte alles mit den „Dockenmachern“, die Puppen mit beweglichen Gliedern aus Holz anfertigten, teilweise bunt bemalt. Handwerker wie Schreiner, Flaschner, Hafner, Zinn- und Messinggießer fertigten neben ihren üblichen Erzeugnissen auch Miniaturgegenstände und Spielzeug. Vor allem die Holzbearbeiter hatten ein hohes Ansehen, und sie begründeten den Ruf Nürnbergs als die Spielzeugstadt Europas. Ab 1732 kam es zu einem ungeahnten Aufschwung: Salzburger Emigranten, wegen ihres evangelischen Glaubens vertrieben, kamen nach Nürnberg. Sie erhielten die Erlaubnis, „Schnitzwerk als kleine Dockenpüppchen, Sesselein, Wägelein, Pferdeställer und Einsiedeleien aus Baumrinde zu machen“. Aus Holz gab es bald alles: vom stolzen Ritter über Puppenstuben bis hin zum ersten Massenprodukt auf dem Spielzeugmarkt, dem Steckenpferd, daneben noch die Holztrompete. Ende des 17. Jahrhunderts wurde in Nürnberg ein weiterer „Weltschlager“ geboren: der Zinnsoldat. Ganze Armeen zogen von Nürnberg aus über Europa – zum Spiel natürlich.

Im Gegensatz zu Nürnbergs Handel und Industrie erlebten die Spielzeughersteller auch in den folgenden Jahren einen blühenden Aufschwung. Andere Städte in Deutschland mögen Nürnberg den Rang als führende Handelsstadt abgelaufen haben, der Ruf seines Spielzeugs blieb ungebrochen. Ab 1859 begann die Zeit des Blechspielzeugs. Hier hatte Nürnberg durch seine Tradition in der Herstellung mechanischer Gegenstände gegenüber der Konkurrenz einen großen Vorsprung. Ein Zeugnis dafür ist die Konzentra-

Nürnberg is a place where the modern lives in harmony side by side with its old traditions. In the Middle Ages, Nürnberg's merchants, often denigrated as moneybags, made the town one of Europe's largest trading centres, well expressed by the motto that "Nürnberger Tand geht durch alle Land". But in those days the Tand (trumpery) was rather the counting pennies that were minted in Nürnberg and probably because of their uniquely exact images became popular all over Europe. And it was only in the course of time than "Nürnberger Tand" came to mean those goods made in the town and marketed ever more widely: the toys and the haberdashery.

Its fame as a toy town caught up with Nürnberg in the 16th century. Everything had begun with the "Dockenmachern" (doll makers), who gave their creations moveable wooden limbs and often painted them colourfully. In addition to their usual products, craftsmen such as joiners, tinsmiths, potters, pewterers and brass founders began making miniature items and toys. The woodworkers especially were held in high regard, and it was they that established Nürnberg's name as the toy town of Europe. There was an unexpected boom starting in 1732 when emigrants from Salzburg, driven out because of their Protestantism, arrived in Nürnberg. They received permission "to produce carvings such as little braided dolls, easychairs, carriages, stables and hermitages made of bark". Soon they were making everything in wood: from proud knights by way of doll's houses to the first mass-produced article on the toy market – the hobbyhorse, and then also the wooden trumpet. And at the end of the 17th century another "world hit" appeared in Nürnberg: the tin soldier. Soon whole armies were marching out across Europe from Nürnberg – just in fun of course.

In contrast to Nürnberg's trade and industry generally, the toy manufacturers continued to prosper in the following years. Other cities in Germany may have displaced Nürnberg in trade, but its reputation as toy town remained unchallenged. The age of metal toys began in about 1859, and Nürnberg had an advantage here because of its tradition of manufacturing mechanical things, witness its many makers of toy railways and other mechanical apparatus.

TOYS, PENCILS AND OTHER SPECIALITIES

„Das Spiel mit dem Spielzeug" in der TRIX Schuco GmbH & Co., Nürnberg – gemeint ist die alljährliche Sortimentsplanung und das strategische Konzept für das nächste Geschäftsjahr. Im Management wird mit größter Sorgfalt jedes einzelne Modell begutachtet und auf seine Erfolgschancen im Markt ausgelotet. Diese strategische Aufgabe entscheidet über Erfolg oder Mißerfolg einer ganzen Saison und über Investitionen in Millionenhöhe. TRIX Schuco GmbH & Co. ist Produzent und Anbieter von technisch hochwertigem Spielzeug wie Modelleisenbahnen N und HO und Modellautos aus Zinkdruckguß und Blech.

"The play with the toys" is what they call the annual planning of the collection and the strategic concept for the next year at toy manufacturer TRIX Schuco GmbH & Co., Nürnberg. The management examines each individual model with the greatest care and weighs its chances on the market. The exercise decides the success or otherwise of a whole season and an investment in millions. TRIX Schuco GmbH & Co. is producer and supplier of technically high-quality toys such as N and HO model railways and cars in die-cast zinc and sheet metal.

tion der Hersteller von Spielzeugeisenbahnen und anderen mechanischen Geräten.
Am Ende des Jahrhunderts gab es allein für Metallspielwaren 56 Betriebe, das war damals die Hälfte aller Spielzeughersteller am Ort mit 1062 Beschäftigten. Innerhalb Deutschlands hatte Nürnberg seine führende Stellung als Spielzeugstadt immer mehr ausgebaut. So siedelte sich auch die weltweit größte Vertriebsorganisation für Spielwaren in seinen Mauern an. Inhaber war ein Fabrikant, der mit rund 5 000 Mitarbeitern auch Inhaber der größten Spielzeugfirma der Welt war.
Die Zeit nach dem Zweiten Weltkrieg brachte für Nürnbergs Spielzeugindustrie Jahre des großen Umbruchs. Es kam der Kunststoff. Plastik hat, wenn es auch immer noch und heute im verstärkten Maße Spielzeug aus Holz und Metall gibt, das andere Material mehr oder weniger verdrängt. Aber die Hersteller aus Nürnberg haben die Zeichen der Zeit erkannt und ihre Produktionsverfahren umgestellt. Nicht umsonst gibt es hier im Raum wieder den größten Spielwarenhersteller Deutschlands. Nürnberg ist auch heute noch eine der Hochburgen der Spielwarenindustrie, das dokumentiert auch die hier jährlich durchgeführte größte Spielzeugmesse der Welt.
Ob Spielzeug, Lebkuchen oder Bratwürste, wer den Namen Nürnberg nennt, bringt ihn nicht unbedingt mit Bleistift in Verbindung. Und doch ist gerade Nürnberg die Wiege der deutschen Bleistift- und Zeichengeräteindustrie. Zwar kamen die ersten Bleistifte im heutigen Sinne aus England, und zwar seit Ende 1500. Zum ersten Mal taucht der Bleistift in Deutschland in einer Schrift aus dem Jahre 1644 auf. Aber erst ab 1761 sollte es zur ersten industriellen Herstellung dieses Schreibgerätes kommen. Gemahlener Graphit und Ton wurden gemischt, und die Minen bekamen ihre heutige Qualität. Im Laufe des 19. Jahrhunderts wurden in Nürnberg zahlreiche Bleistiftfabriken gegründet. So besaß die Stadt Ende des Jahrhunderts fast 25 derartige Fabriken, die jährlich bis zu 250 Millionen Bleistifte mit einem Wert von 8,5 Mill. DM herstellten. Die weltweite Führung in der Bleistiftfabrikation ging damals von England an Deutschland über und konzentrierte sich in und um Nürnberg. Noch heute besteht diese Konzentration mit vier Unternehmen, die teilweise absolute Weltgeltung haben. Natürlich werden heute nicht nur Bleistifte hergestellt, die Palette umfaßt alles, was zum Bereich Zeichengeräte gehört.

At the end of the century there were 56 factories turning out only metal toys, which was the half of all toy makers, and employing 1,062 workers. Within Germany, Nürnberg continued to strengthen its reputation as the leading toy town. So it was that the world's largest sales organization for toys settled there. The owner was a manufacturer with about 5,000 workers and the world's largest toy firm.
A great change came about after the Second World War: Plastics had arrived. Even although there are still, and today even more, wooden and metal toys, plastics have generally ousted the other materials. But Nürnberg's firms read the signs of the times and changed their production processes. So it is not for nothing that the region again has Germany's largest toy makers. Nürnberg is still a citadel of the toy industry, as documented by the annual Toy Fair, the largest in the world.
Whether toys, gingerbread or frying sausage, whoever mentions Nürnberg does not necessarily think of pencils. Yet Nürnberg is the cradle of the German lead pencil and drawing instrument sector, even if the first pencils as they are known today came from England from the end of 1500. The pencil turned up in Germany for the first time in a document of the year 1644, but it was only from 1761 that it was first made industrially. Ground graphite and clay were mixed and the leads acquired their present-day quality. The 19th century saw the setting up in Nürnberg of many lead-pencil factories and when the century ended there were nearly 25 of them, producing up to 250 million annually to a value of 8.5 million marks. At that time world leadership in pencil production changed from England to Germany and especially in and around Nürnberg. That is the position today, with four companies enjoying a worldwide standing. Of course, it is not just pencils that are made; the production range covers everything that comes under the heading of drawing and writing instruments.

Nürnberger Lebkuchen sind weltweit ein Begriff. Die Nürnberger Lebkuchen- und Dauerbackwarenfabrik ifri Schuhmann GmbH & Co. KG bietet eine breite Palette feinster Nürnberger Lebkuchen-Spezialitäten.

Nürnberg gingerbread is a household word the world over. A wide range of the finest Nürnberg gingerbread specialties is offered by Nürnberger Lebkuchen- and Dauerbackwarenfabrik ifri Schuhmann GmbH & Co. KG.

■ *1672 beginnt die Geschichte der Tucher-Brauerei mit der Gründung des Bräuhauses der freien Reichsstadt Nürnberg. Heute zählt die Brauerei zu den größten und bekanntesten bayerischen Brauereien. Tucher-Biere von hoher Qualität, mit vielen Auszeichnungen versehen, werden national und international vermarktet.*

■ *The history of Tucher Brewery began with the founding in 1672 of the brew house of the free imperial city of Nürnberg. Today it is one of Bavaria's largest and best-known breweries. Tucher beers, of top quality and with many awards for excellence, are marketed not only in Germany but also internationally.*

Schöller Lebensmittel GmbH & Co KG, Nürnberg: Ein Blick in die Produktion von „Macao", einem Premium-Stieleis der Marke Mövenpick. Mit ausgewählten Zutaten und modernster Technik garantiert Schöller höchste Qualität.

Schöller Lebensmittel GmbH & Co KG, Nürnberg: A scene at the production line for "Macao", a premium Mövenpick brand ice-lolly. Schöller guarantees highest quality with best selected ingredients and the employment of the latest technology.

FRANZ SCHMIDHAMMER

BAUEN UND UMWELT

Bauen in jeglicher Form beeinflußt und prägt unsere Umwelt und ist jederzeit und überall spürbar – positiv und negativ. Bauen soll unsere Umwelt positiv gestalten – eine Umwelt, die für uns vielschichtig von Bedeutung ist. Die Multifunktionalität von Lebensräumen bedingt die Vielfältigkeit der Bauaufgaben. Bauen schafft die Voraussetzung für eine wirtschaftliche Entwicklung und legt den Grundstein für unsere Arbeits- und privaten Lebensräume. Von der Güte unserer Bauleistungen hängt ab, wie hoch unser Lebensstandard ist – nicht nur in der Schaffung von persönlichem Arbeits- und privatem Lebensraum, sondern gerade auch in der Wettbewerbsfähigkeit unserer Wirtschaft im internationalen Vergleich – und bestimmt damit letztendlich auch den Lebensstandard eines jeden einzelnen.

In unserer immer schneller agierenden Gesellschaftsordnung, die nicht mehr nur national, sondern zumindest europäisch bewertet werden muß, entstehen ständig neue Aufgaben; diese werden oft nur mit Hilfe der Bauwirtschaft zu bewältigen sein. Denn ohne Bauwirtschaft entstehen keine Verkehrsnetze, keine Wohn-, Industrie- und Bürogebäude, keine Kernkraftwerke, keine Kläranlagen oder Krankenhäuser und Bildungseinrichtungen.

Die Ansprüche an die Lebensqualität wandeln sich, das Miteinander von Ästhetik, Ökologie und sozialer Integration beansprucht immer größeren Raum. Damit rückt die Bedeutung unseres Lebensraumes immer mehr in den Mittelpunkt unserer Überlegungen, deshalb müssen bauliche Leistungen auch im Einklang mit der Natur erbracht werden. Unsere Städte sollen lebens- und liebenswert bleiben, doch dürfen sie trotzdem nicht wirtschafts- und verkehrsfeindlich angelegt sein. Diese Bedingungen stellen nicht nur hohe Ansprüche an Kommunal-, Landes- und Bundespolitik, sondern erfordern die Einsicht des einzelnen in die Belange der Allgemeinheit.

Umweltschutz und Entsorgung nehmen im Aufgabenspektrum der Bauwirtschaft einen hohen Stellenwert ein. Abwasserkanäle, Kläranlagen und Müllverbrennungsanlagen werden geschaffen. Wie für jeden Ballungsraum, so nimmt auch für die Industrieregion Nürnberg der öffentliche Personennahverkehr immer mehr an Bedeutung zu. So ist gerade auf den Ausbau der bestehenden U- und S-Bahn-Netze ein besonderes Augenmerk zu richten. Hierzu wurden im Jahre 1995 wichtige Weichen für die S-Bahn-Anbindung nach Ansbach sowie den Weiterbau der U 1

BUILDING AND THE ENVIRONMENT

Building in all its forms affects our environment and can be felt all the time and everywhere, both positively and negatively. Building should influence our environment positively, an environment that is important for us in many ways. The multiple functions of our living space is the reason for the diversity of the building tasks. Building creates the conditions for economic development and lays the foundation for our working and private spheres. It depends on the quality of our construction work how high our standard of living is – not only in the creation of personal work and private spheres, but also in the competitiveness of our economy internationally – and it determines in the last resort the living standard of each one of us.

Constantly new tasks arise in our ever faster moving society, which must be evaluated not only nationally but at least on a European level; and these are often to be dealt with only with the help of the building industry, for without it there can be no transport networks, no homes or industrial or office buildings, no nuclear power plants, no sewage plants or hospitals, no schools or universities.

The demands of quality of life are changing, with aesthetics, ecology and social integration coming more to the fore, so that consideration of our living space must become more and more central and building must be reconciled with nature. Our cities should remain liveable and friendly but not be hostile to business and transport. These considerations are not only exacting at the local, state and national political levels, but call for the insight of the individual into the interests of the community at large.

Environmental protection and refuse disposal figure largely in the activities of the building industry, with sewers, sewage purification plants and refuse incinerators being constructed. As is the case with every conurbation, local passenger transport is becoming ever more important in the Nürnberg region, and special attention is drawn here to the upgrading of the existing underground (U-Bahn) and rapid transit (S-Bahn) rail networks, with preparations made in 1995 for linking Ansbach to the S-Bahn and for the continuation of the U 1 line to Fürth and the U 2 to Nürnberg Airport.

Considering the activities of the building industry in Middle Franconia in recent years and the projects now in progress, it becomes apparent that the craft and industrial firms have been successfully

Im Stadtteil Nürnberg-Langwasser, der unter der Planungsträgerschaft der WBG Wohnungsbaugesellschaft der Stadt Nürnberg errichtet wird, liegt der Dienstleistungspark EUROCOM. In städtebaulich hervorragender Umgebung wurde das größte Gewerbeobjekt der WBG vollendet. Wasserspiele und weite Grünflächen prägen das Bild. Die Fahrzeuge wurden durch eine zentrale, unterirdische Erschließung von der Oberfläche verbannt.

Located in the Nürnberg city district of Langwasser, which was developed by the planning agency of Nürnbergs's WBG Wohnungsbaugesellschaft, lies the EUROCOM Service Park. The WBG's largest business project was completed in an excellent town-planning framework with fountains and wide areas of greenery setting the ambience. A central underground development ensures that vehicles are banned from the surface level.

nach Fürth und der U 2 zum Verkehrsflughafen Nürnberg gestellt. Betrachtet man das Baugeschehen der zurückliegenden Jahre im Wirtschaftsraum Mittelfranken sowie der derzeit aktuellen Bauprojekte, so wird deutlich, daß die ansässigen bauhandwerklichen und die bauindustriellen Betriebe auf den angesprochenen Arbeitsfeldern intensiv und erfolgreich tätig sind und dazu beitragen, Leistungsfähigkeit und Attraktivität unseres Wirtschaftsraumes auch für die Zukunft sicherzustellen. Es liegt nun verstärkt in der kommunalpolitischen Aufgabe, den Konsens zwischen wirtschaftlichen und individuellen Lebensräumen herzustellen.

Die Bauwirtschaft leistet bereits jetzt ihren Beitrag in vielen Bereichen. Der Einsatz von natürlichen Baustoffen, der hohe Technisierungsgrad und die Möglichkeit, flexibel auf alle Wünsche der Auftraggeber reagieren zu können, stellen nur einige Möglichkeiten dar, Ressourcen einzusparen und damit ökologischer und ökonomischer zu arbeiten.

Der Wandel der Zeit, der sich auch durch ein gewandeltes Umweltbewußtsein eines jeden einzelnen äußert, Fortschritt und Fortentwicklung unseres Wirtschafts- und Gesellschaftslebens bedingen ständig neue politische Entscheidungen, die sich vielfach in neuen Bauaufgaben niederschlagen.

Wollen wir aber die Ziele Wohlstand, soziale Sicherheit und Schutz unserer Umwelt auf Dauer weiterhin erreichen, bedarf es einer klaren Konzeption, besonders aber mutiger und vorausschauender Entscheidungen. Diese Entscheidungen können nur für eine systematische und stetige Investitionstätigkeit fallen. Nur eine gestaltende Bau- und Investitionspolitik wird auch künftig einen lebenswerten und florierenden Wirtschaftsraum in Mittelfranken sicherstellen. ■

active in the fields just mentioned and are helping to ensure the attractiveness of the Nürnberg region in the future. It is now more than ever the task of communal politics to reach a consensus between the requirements of the economy and those of the individual.

The building industry is already making its contribution in many sectors. The use of natural building materials, the high degree of technicalization and the possibility of reacting flexibly to all the customer's wishes are only some of the ways of saving resources and working more ecologically and economically.

Changing times, expressed also by a new environmental awareness in each one of us, progress and further development of our economic and social life, mean ever new political decisions, and these often result in new construction projects.

But if we wish to retain the objectives of prosperity, social security and protection of the environment, we need clear concepts and courageous and foresighted decisions. These decisions must be for a systematic and enduring investment activity. Only a realistic building and investment policy will ensure a Middle Franconia where it is rewarding to live and work. ■

Gyproc GmbH, Baustoffproduktion & Co. KG, Steinsfeld: In dem mit modernsten High-Tech-Anlagen ausgerüsteten Werk entstehen hochwertige und vielseitig einsetzbare Gipsbaustoffe und Trockenbausysteme.

Gyproc GmbH, Baustoffproduktion & Co. KG, Steinsfeld. The company produces high-quality and diversely employable gypsum building materials and dry lining systems at its works equipped with the most modern high-tech installations.

GÜNTER RIPPEL

HANDWERK – VERBINDUNG VON TRADITION UND TECHNIK

Handwerk in Nürnberg – das ist die Geschichte einer sehr langen, weit zurückreichenden Tradition. Sozusagen „aktenkundig" wurde diese Geschichte während des ausgehenden Mittelalters: Zu jener Zeit war Nürnberg „des Deutschen Reiches Schatzkästlein" – und die Nürnberger Handwerker besaßen Weltgeltung: Peter Henlein erfand 1510 die Taschenuhr; Martin Behaim konstruierte den ersten Globus; Albrecht Dürer führte in der Malerei nördlich der Alpen die Zentralperspektive ein; Adam Krafft schuf Steinplastiken, die den Eindruck von Spitzenfiligran vermitteln; Peter Flötner verhalf mit seinen Entwürfen für Möbel, Brunnen und Bauornamentik der Renaissance in Deutschland zum Durchbruch; Wenzel Jamnitzer verwendete als erster für seine großartigen Goldschmiedearbeiten Naturabgüsse als Dekor.
Handwerk in Nürnberg und seiner Umgebung heute – das sind über 17 100 mittelständische Betriebe, die mit 133 000 Beschäftigten einen Jahresumsatz von über 22 Mrd. DM erwirtschaften. Charakteristisch für das Handwerk in Mittelfranken ist die historisch bedingte Konzentration von einigen Gewerben, die als landschaftliche Besonderheiten gelten können. Hierzu zählen die Bürsten- und Pinselmacher im westlichen Mittelfranken (besonders Bechhofen und Umgebung), die Gold-, Silber- und Aluminiumschläger im Raum Schwabach sowie der bedeutsame Streich- und Zupfinstrumentenbau im Umkreis von Erlangen. Für diese Unternehmen ist eine traditionell hohe Exportorientierung kennzeichnend. Das Handwerk in der Region Nürnberg ist weiter geprägt durch einen hohen Anteil an Zulieferbetrieben (Werkzeug- und Formenbauer, Elektromaschinenbauer, Maschinenbaumechaniker u. a.), die für die Metall-, die Elektro- und die Kraftfahrzeugindustrie tätig sind. Bemerkenswert in dieser Branche ist, daß aufgrund der zurückgehenden Fertigungstiefe bei der Industrie die Zulieferer trotz instabiler Konjunktur gut gefüllte Auftragsbücher haben. Besonders für den Bereich der Zulieferunternehmen gilt auch, daß immer wieder technische Neuerungen vom Handwerk ihren Ausgang nehmen, die auch von der Industrie aufgegriffen und weiterentwickelt werden. Beispiele dieser Art gibt es in den Bereichen Medizintechnik, Kommunikationstechnik und elektrostatische Oberflächenbeschichtung.
Neben den handwerksüblichen Dienstleistungen geht die Entwick-

The crafts in Nürnberg is the story of a tradition that goes back a very long way, having been put on the record, so to say, during the late Middle Ages. In those days Nürnberg was the "treasury of the German Reich" and the town's craftsmen had a reputation that extended worldwide. Peter Henlein invented the pocket watch in 1510 and Martin Behaim constructed the first terrestrial globe; Albrecht Dürer, another of Nürnberg's sons, introduced the central perspective in painting north of the Alps; Adam Krafft created stone sculptures that gave the impression of lace filigree work; with his designs for furniture, fountains and building ornamentation, Peter Flötner helped the Renaissance in its breakthrough in Germany; for his magnificent goldsmith work Wenzel Jamnitzer was the first to use natural casts as decoration.
Today the crafts in Nürnberg and surroundings comprise more than 17,100 small to medium-sized firms employing 133,000 people and attaining annual sales of more than 22 billion marks. Characteristic for the crafts in Middle Franconia is the traditional concentration on a small range of trades that can be regarded as typical of the area. These include the brushmakers in western Middle Franconia (especially Bechhofen and surroundings), the gold-, silver – and aluminium-beaters in the area of Schwabach, and the important string and plucked instrument building in and around Erlangen. All these firms are traditionally strong in exporting. The crafts in the Nürnberg region also number a high proportion of subcontracting firms (such as tool, die and mould makers, electric machine builders, mechanical engineers, etc.) that work for the metal, electro and vehicle industries. It should be noted that because of the declining manufacturing depth in industry the suppliers in this sector have healthy order books in spite of a lack-lustre business outlook. It can also be said in respect of the subcontracting sector that technical innovations repeatedly have their origins in the crafts and are then taken up by industry for further development. Examples of this are to be found for example in medical technology, communications technology and electrostatic surface coating.
Apart from the usual craft services, the trend is increasingly such that the craft firms not only fulfil specific orders but also offer

THE CRAFTS: AN AMALGAM OF TRADITION AND TECHNOLOGY

Modernste Technik wird heute bereits in der Handwerksausbildung eingesetzt: zwei Metallbauerlehrlinge an einer CNC-Fräs- und Bohrmaschine mit moderner 3-D-Bahnsteuerung, die zum Beispiel bei der Konstruktion von Werkstücken im Werkzeug- und Formenbau eingesetzt wird. Das Foto entstand im Ausbildungszentrum der Handwerkskammer.

The most modern technologies are already in use today in the craft training sector. Here are two metal-construction apprentices working at a CNC milling and drilling machine having modern 3-D continuous path control, such as employed in the making of workpieces in die and mould manufacture. The picture was taken at the training centre operated by the Chamber of Crafts.

lung immer mehr dahin, daß Handwerker nicht nur spezifizierte Aufträge ausführen, sondern in einer konkreten Situation komplette Problemlösungen anbieten. Und die Bandbreite reicht hier von der Badrenovierung bis zur Abluftproblematik eines Industriebetriebes.

Um den Anforderungen gerecht zu werden, die diese Tätigkeiten beinhalten, ist eine hohe, stets am neuesten Stand der Technik orientierte Qualifikation Voraussetzung. Hierzu trägt auch die Handwerkskammer für Mittelfranken mit den an ihrer Akademie für Unternehmensführung und Technologie durchgeführten Maßnahmen in den Bereichen EDV und C-Techniken, SPS, Hydraulik, Pneumatik und Qualitätssicherung, im Bereich Umweltschutz für Energiemanagement und Abwasserbehandlung bei.

Neben der Akademie und den vielfältigen Beratungsdiensten unterhält die Handwerkskammer eine Technologietransferstelle, die die Zusammenarbeit zwischen Handwerksbetrieben und in der Forschung aktiven Organisationen fördert und den Informationsfluß zwischen Forschung und Anwendung beschleunigt. Seit Beginn ihrer Tätigkeit im Jahre 1992 ist sie zu einer wichtigen Verbindungsstelle zwischen den Handwerksbetrieben und der Universität, der Fachhochschule, der Landesgewerbeanstalt u. a. geworden. Wichtige Themen der Technologietransferstelle sind derzeit die Einführung von Qualitätsmanagementsystemen und des Öko-Audits in Handwerksbetrieben. Das Handwerk hat erkannt, daß es sich diesen Herausforderungen stellen muß: Darum hat es die Initiative ergriffen und die intensive und offensive Auseinandersetzung mit diesen beiden Themen begonnen. Denn nur wer sich nicht gegen Entwicklungen sperrt, sondern sie mit trägt, kann sie auch mit gestalten und beeinflussen.

Die Geschichte und die Tradition des Handwerks sind geprägt von der Weiterentwicklung der technischen Methoden und der fachgerechten Anwendung technischer Werkzeuge. Man könnte sagen, die Geschichte des Handwerks ist die Geschichte der Auseinandersetzung des Menschen mit der Technik schlechthin. Dies geschieht in häufig völlig unspektakulärer und von der Öffentlichkeit weitgehend unbeachteter Form. Nichtsdestoweniger ist vermutlich gerade dies mit ein Grund dafür, daß das Handwerk als Teil des Mittelstandes seiner Funktion als stabilisierendes Element unserer Gesellschaft gerecht werden kann.

Hier handelt das Handwerk auch im Sinne von Carl Friedrich von Weizsäcker, der einmal gesagt hat: „Tradition ist bewahrter Fortschritt – und Fortschritt ist weitergeführte Tradition!" Das ist die Einstellung, die die Haltung des Handwerks begründet: Verpflichtung sowohl gegenüber der Tradition als auch gegenüber dem Fortschritt. Und das ist die Einstellung, mit der das Handwerk die Probleme der Gegenwart wie auch die der Zukunft angehen – und mit Sicherheit auch bewältigen wird. ■

complete solutions to problems in a concrete situation, the range extending from, say, bathroom renovation to the exhaust ventilation problems at an industrial plant. To be equal to the requirements that such work involves there must be a high level of qualification plus mastery of the latest state of the art. This is where the Chamber of Crafts for Middle Franconia plays a vital part with its Academy for Company Management and Technology. This offers courses and measures in data processing and computer technology, SPS, hydraulics, pneumatics and quality assurance, likewise energy management and waste-water treatment in environmental protection.

In addition to the Academy and a variety of advisory services, the Chamber maintains a technology transfer office that promotes cooperation between craft firms and the organizations active in research and encourages the exchange of information between research and practice. Since it started work in 1992 it has become an important link between university, technical college and state trade office among others. Important topics for the technology transfer office at present are the introduction of quality management systems and eco-audits in craft firms. The crafts realize that this is a challenge they must face, hence they have taken the initiative and are giving intensive consideration to these two topics. They know that only those who do not oppose, but act constructively, can bring influence to bear.

The history and the traditions of the crafts are determined by the further development of the technical methods and the proper use of tools. It can be said that the history of the crafts is the history of man's encounter with technology as such. This occurs in often quite unspectacular fashion and largely unnoticed by the general public. Nevertheless this is probably a reason why the crafts are equal to their function as stabilizing element in our society. The crafts act here in the sense of Carl Friedrich von Weizsäcker when he said that "tradition is proven progress and progress is continued tradition". That is the approach that sets the attitude of the crafts: commitment toward both tradition and progress. And that is the attitude with which the crafts will tackle – and master – the problems of the future. ■

DR. HANS-JÜRGEN DIETRICH

VIELFÄLTIGE LANDWIRTSCHAFT

Landwirtschaft in Mittelfranken: Das sind Milchviehställe und Schweinebetriebe, Karpfenweiher im Aischgrund und Hopfenanlagen um Hersbruck und Spalt, Gemüsebau im Knoblauchsland vor den Toren Nürnbergs und Tabak in Schwabach, Weinbau im Taubertal und an den Vorbergen des Steigerwaldes, Obstanlagen und Meerrettichanbau. Das ist Landschaftspflege, Kompostierung, Urlaub und Einkaufen auf dem Bauernhof. Kaum eine andere Region kann mit solcher Vielfalt aufwarten.

Die Diversifikation als prägendes Kennzeichen der mittelfränkischen Landwirtschaft beruht neben der sozio-ökonomischen Struktur im wesentlichen auf der naturräumlichen und geologischen Gliederung sowie den meteorologischen Gegebenheiten. Mittelfranken zählt nach der standortkundlichen Landschaftsgliederung von Bayern zu 90 Prozent zum Agrargebiet „nordbayerisches Hügelland und Keuper" und zu 10 Prozent zum Agrargebiet „fränkische Platten". Die geologische Gliederung von West nach Ost beginnt mit einer Gaulandschaft (Lößgebiete) und geht über das fränkische Keuperland zu den Juraformationen der Frankenalb (Lias, Dogger, Malm). Dazwischen befinden sich Flußdurchschneidungen – insbesondere Altmühl, Rezat, Rednitz und Regnitz – mit quartären Talauffüllungen von unterschiedlicher Mächtigkeit. Die Jahresniederschläge differieren im langjährigen Durchschnitt von 550 bis 800 Millimeter. Der Durchschnitt liegt bei 724 Millimetern pro Jahr (zum Vergleich: Bayern 921, Bundesrepublik 837 Millimeter pro Jahr).

Die durchschnittliche Jahrestemperatur im Gesamtgebiet liegt bei 8,2 Grad Celsius. Die Zahl der Vegetationstage pro Jahr beträgt 212. Die Höhenlage differiert von 300 bis 689 Metern über Normalnull. Nach der Kartierung des Bayerischen Agrarleitplanes sind in Mittelfranken 50 Prozent der landwirtschaftlich genutzten Fläche günstig, 32 Prozent durchschnittlich und 18 Prozent ungünstig eingestuft.

Charakteristisch für die Landwirtschaft in Mittelfranken sind klein- bis mittelbäuerliche Betriebe. Die durchschnittliche Betriebsgröße liegt bei knapp über 16 Hektar. Nur etwa 40 Prozent der Betriebe werden im Vollerwerb bewirtschaftet, der Großteil im Neben- und Zuerwerb. Der Anteil der Nebenerwerbsbetriebe liegt im Umfeld des Ballungsraumes Nürnberg-Fürth-Erlangen, aufgrund des günstigen außerlandwirtschaftlichen Arbeitsplatzangebotes, bei über 80 Prozent. Der strukturelle Anpassungsprozeß in der Landwirtschaft, das heißt Betriebsaufgaben, beschleunigte sich bisher jährlich. Die Abnahmerate landwirtschaftlicher Betriebe liegt heute bei etwa 3,5 Prozent pro Jahr.

Agriculture in Middle Franconia: the words are synonymous with dairy cattle and pig farming, carp ponds in the valley of the Aisch and hop gardens around Hersbruck and Spalt, vegetable growing in the "garlic lands" outside the walls of Nürnberg and tobacco in Schwabach, viticulture in the valley of the Tauber and the foothills of the Steigerwald, fruit plantations and horseradish fields. It stands for landscape conservation, composting techniques, holidays, and produce bought fresh from farms. Scarcely any other region can offer such variety.

Beside the socio-economic structure of the region it is largely the natural geographic and geological divisions and meteorological conditions that make diversification a characteristic feature of agriculture in Middle Franconia. From the point of view of landscape and geology, 90 percent of Middle Franconia belongs to the agricultural area "North Bavarian Uplands and Keuper"; the remaining 10 percent is part of the "Franconian Plates", likewise an agricultural region. The geological classification from west to east begins with an area of loess and passes through the Franconian Keuper land to the formations of the Franconian Jura (Lias, Dogger, Malm). Between these are valleys cut by rivers – in particular Altmühl, Rezat, Rednitz and Regnitz – with Quaternary fills of varying thicknesses. The long-term figures for annual precipitation fluctuate between 550 and 800 millimetres. The average is 724 millimetres per year. (By way of comparison: Bavaria 921, Germany as a whole 837 millimetres per year.)

The annual mean temperature for the area as a whole is 8.2 degrees centigrade. The growing season is 212 days. The altitude varies between 300 and 689 metres above the national datum level. According to the charts of the Bavarian agricultural planning department, 50 percent of the area of Middle Franconia used for agricultural purposes is good, 32 percent is average and 18 percent is poor.

Small to medium-sized farms are characteristic of Middle Franconia. Their average size is just under 16 hectares. Only about 40 percent of these farms are run on a full-time basis, the rest are part-time enterprises supplementing the owner's main income. Around the population centres of Nürnberg, Fürth and Erlangen the proportion of such part-time farms is over 80 percent because of the good chances of finding work outside agriculture. The process of structural adjustment – in other words the abandonment of farms – has speeded up from year to year. The current decrease in the number of farms is now around 3.5 percent per annum.

Only the upgrading of livestock offers the majority of farms with

AGRICULTURAL DIVERSITY

Entwicklung der Getreide-Erzeugerpreise in Bayern (brutto, in DM pro Dezitonne)

	1983/84	1986/87	1989/90	1991/92	1994/95
Mahlweizen	50,55	44,75	36,75	32,15	25,50
Brotroggen	52,85	45,85	37,05	30,20	23,25
Braugerste	52,75	46,25	43,85	36,85	27,75

Nur über die tierische Veredelung kann der überwiegende Teil der flächenarmen bäuerlichen Betriebe ein ausreichendes Einkommen zur Existenzsicherung erwirtschaften. Am Produktionswert der mittelfränkischen Landwirtschaft hat deshalb die Veredelung einen Anteil von über 80 Prozent. Im Vordergrund steht hier die Milchviehhaltung.
Die bäuerlichen Familienbetriebe leiden in ihrer wirtschaftlichen Entwicklung unter dem ungünstigen Agrarpreisgefüge (siehe Tabelle).
Eine Produktionssteigerung zum Ausgleich der Erlösverluste ist angesichts der natürlichen Voraussetzungen und umweltschonender Anbaumethoden sowie einer Marktsättigung nicht mehr möglich.
Die in Mittelfranken bisher noch weitgehend intakte Struktur als bäuerliche Landwirtschaft ist gekennzeichnet durch geschichtlich gewachsene Strukturen unterschiedlicher Betriebsgrößen und geprägt durch ihr politisches, wirtschaftliches und gesellschaftliches Umfeld. Sie ist in der Lage, für Wirtschaft und Gesellschaft, für Kulturlandschaft und Umwelt höchsten Nutzen zu erzielen. ■

Ein Leckerbissen der fränkischen Küche: Aischgründer Spiegelkarpfen.

A delicacy of the Franconian cuisine is the Aischgründ mirror carp.

Development of producers' prices for cereals in Bavaria (gross, in DM per quintal)

	1983/84	1986/87	1989/90	1991/92	1994/95
Milling wheat	50.55	44.75	36.75	32.15	25.50
Bread rye	52.85	45.85	37.05	30.20	23.25
Brewer's barley	52.75	46.25	43.85	36.85	27.75

little land enough income to ensure a livelihood. Animal husbandry therefore accounts for over 80 percent of the gross output of Middle Franconian agriculture. The most important sector here is dairy farming.
The economic development of the family-owned farms is suffering from the downward trend in agricultural prices (see table).
An increase in production to make up for the loss of revenue is no longer possible because of natural conditions, environmentally sensitive growing methods and a saturation of the market.
The farming practised in Middle Franconia is characterized by main intact, traditional structures including farms of different sizes and shaped by its political, economic and social environment. It is capable of bringing great benefit to the economy and society while protecting both the landscape and the environment. ■

Das „Knoblauchsland“ ist der Gemüsegarten der Städte Nürnberg, Fürth und Erlangen.

“Garlic Land” is the kitchen garden for Nürnberg, Fürth and Erlangen.

DR. WOLFGANG BÜHLER

HANDEL UND DIENSTLEISTUNGEN IM UMBRUCH

Die letzte Phase des 20. Jahrhunderts ist mehr denn je geprägt von einer permanenten Dualität zwischen Aufbruchstimmung und der Sehnsucht nach Bewahrendem. Der Mensch verlangt einerseits nach Sicherheit und Geborgenheit – die Nostalgiewelle und der postmoderne Baustil unserer Wohnhäuser sind sichtbarer Ausdruck dafür. Andererseits fühlen sich die Menschen geradezu magisch angezogen von technischen Innovationen und sportlichen Höchstleistungen, von exotischen Urlaubszielen und auch vom Reiz neuer virtueller Welten, die die moderne Datentechnik auf den Bildschirm zaubert. Dieser Aufbruch in technologisches Neuland ist eine große Herausforderung für den Handel und den Bereich der Dienstleistungen.

Der fortwährende Wandel war zu allen Zeiten ein Lebenselement gerade dieser Wirtschaftszweige. Neu ist nur die Geschwindigkeit, mit der sich diese Entwicklung gegenwärtig vollzieht. Modernste Kommunikationstechnologie und der Einzug von Computer- und Videotechnik in Privathaushalte und Kinderzimmer verändern un-

Fortsetzung Seite 156

The final years of the 20th century are marked by a permanent duality between the sense of a new start and a longing for the tried and proven. On the one hand, people want safety and security, and the sweep of nostalgia and the post modern architectural style of our dwellings are the outward expression thereof. On the other hand, we are magically drawn by technical innovations and top sporting performances, exotic holiday destinations, and attracted by virtual new worlds that modern communications conjure up on the screen. This launch into new technological territory is a great challenge for commerce and the services sector.

Continuous change has always been a feature of these sectors. What is new is only the speed with which things are going. Modern communications technology and the invasion of the home and the children's room by computers and video are changing our thinking and behaviour to an extent, and at a speed, that the most farseeing market researcher could not have envisioned just a few years ago.

Continued on page 156

RADICAL CHANGE IN COMMERCE AND SERVICES

Die Firmengruppe Andreas Hinterleitner ist im Bereich Handel und Dienstleistung tätig: Lebensmittel- und Obstgroßhandel, attracta-Verbrauchermärkte, Oertel Feinkost und Fleischwaren, Immobilien.

The Andreas Hinterleitner Group is active in trading and services, the emphasis being on food and fruit wholesaling, "attracta" consumer markets, Oertel delicatessen and meat produce and also real estate.

Alfred Graf Nürnberg, in der vierten Generation erfolgreich in Im- und Export von Rohstoffen, Produktionshilfsmitteln und Fertigprodukten. Ein Team von Experten, persönliches Engagement und modernste Technik sind die Säulen des Unternehmens. Zum Teil jahrzehntelange Geschäftsverbindungen bestätigen das unternehmerische Credo.

Alfred Graf Nürnberg, now in the hands of the fourth generation, is a leading importer and exporter of raw materials, production aids and finished goods. An expert team, personal involvement and the most modern techniques have been instrumental in the company's success, as witness the often decades-long business links.

Die große Palette von Rohstoffen und Produktionshilfsmitteln deckt den Bedarf in vielen Branchen: Farben, Lacke, Kosmetik, Pharma, Seifen, Waschmittel, Kunststoff, Mineralöl, Leder, Gummi, Papier, Maschinenbau, Elektroindustrie. Native Energiestoffe zum Beispiel für Futtermittel, Mandeln und Speiseöl für die Lebensmittelindustrie ergänzen das Programm.

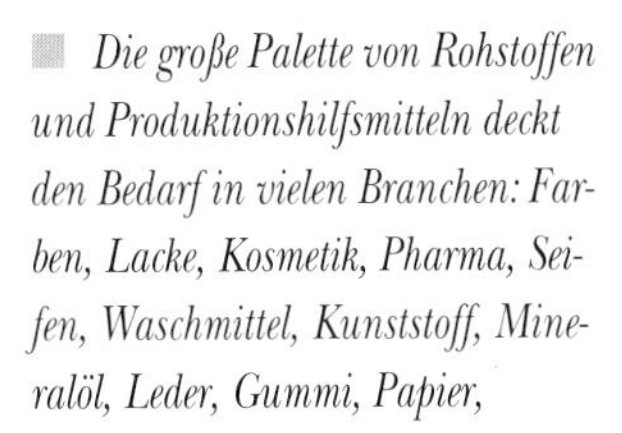

The wide range of raw materials and production aids covers the requirements of many sectors: paints and varnishes, cosmetics, pharmaceuticals, soaps and detergents, plastics, petroleum, leather, rubber, paper, the machine construction and electrical industries. The range is supplemented with natural energy agents such as for animal feed, almonds and edible oil for the food industry.

Das Vertriebszentrum Fürth ist eines von bundesweit 19 Vertriebszentren der PHOENIX Pharmahandel Aktiengesellschaft & Co. Von hier aus beliefert das Unternehmen mehrmals täglich rund 800 Apotheken in Mittel- und Oberfranken sowie den südlichen Teilen von Thüringen und Sachsen mit mehr als 80 000 Medikamenten und anderen Gesundheitsartikeln.

The distribution centre in Fürth is one of 19 such centres operated throughout Germany by the pharmaceutical wholesaler PHOENIX Pharmahandel Aktiengesellschaft & Co. Several times a day it supplies some 800 pharmacies in Middle and Upper Franconia and in the southern parts of Thuringia and Saxony with any of more than 80,000 drugs and other health articles.

Die PORST AG in Schwabach feierte 1994 ihr 75jähriges Bestehen. PORST ist im Bereich Foto, dem traditionellen Standbein, Marktführer in Deutschland. Das Sortiment beinhaltet zusätzlich noch Audio-, Video- und Elektronikprodukte. Das Vertriebsnetz mit 172 Filialen und 2582 Franchisegeschäften macht die PORST AG zum größten Franchisegeber in Deutschland.

PORST AG in Schwabach celebrated its 75th year in business in 1994. The firm's core sector is in photography in which it is market leader in Germany, but it is also very active in audio, video and electronic products. The sales network with 172 branches and 2,582 franchised dealers make PORST AG the largest franchiser in Germany.

ser Denken und Handeln in einem Ausmaß und mit einer Geschwindigkeit, die auch die progressivsten Marktforscher vor wenigen Jahren noch nicht erkannt haben.
Auslöser für diese Technologiesprünge sind die rasanten Veränderungen der Märkte mit ihrer Internationalisierung und Globalisierung, dem Massentourismus und weltweiten Informationsaustausch. Dem Handel als Mittler zwischen Produktion und Konsum wird in Zukunft mehr Informationsmacht zukommen denn je, denn durch seine Kundennähe gibt er das aktuelle Briefing für die Markenkonzeption der Industrie.
Der „neue Konsument" sieht in Beruf und Arbeit nicht mehr den alleinigen Lebenszweck. Er sucht auch in seiner Freizeit positive Erfahrungsbereiche mit Sinn und Inhalt. Er will sein Leben außerhalb ökonomischer Zwänge aktiv, kommunikativ und kreativ gestalten.
Die wachsende Pluralität der Lebensstile wird überlagert von so gegensätzlichen Grundnormen wie Genußorientierung, Umwelt- und Gesundheitsbewußtsein, Prestigekonsum und sparbezogenem Verhalten. Grundsätzlich aber gilt, daß die Konsumenten zunehmend selbstbewußter, aber auch kritischer werden.
Ein zielgenaues Handelsmarketing wird für die Unternehmen immer wichtiger. Das exakte Abstimmen von Marketing, Vertrieb und Service auf Wünsche und Gewohnheiten der Verbraucher ist für den Handel überlebenswichtig. Dabei kommt den elektronischen Medien besondere Bedeutung zu. Bis zum Jahre 2000 werden fast alle Verbraucher den Bildschirm für sich entdeckt haben, der ihnen als Medium von hoher Flexibilität eine nahezu unbegrenzte Zahl von Produkt- und Service-Informationen ins Haus bringt. Schon heute hat unsere Unternehmensgruppe mit dem Einstieg in das „Interaktive Fernsehen (ITV)" einen dynamisch wachsenden Markt im Visier und vermittelt über einen eigenen Fernsehkanal inzwischen bereits umfassende Produkt- und Dienstleistungsangebote. Dieser zukunftsorientierte Vertriebsweg hat für den Kunden viele Vorteile: Dazu gehören der bequemere Einkauf, die informative Produktpräsentation, der individuelle Service und später einmal die Möglichkeit, mit der Fernbedienung in der Hand einen 24-Stunden-Lieferservice in Anspruch zu nehmen. Neue Infrastrukturen und Logistiksysteme werden diesen Bestellweg organisch ergänzen und optimieren.
Die Region Nürnberg mit ihrer jahrhundertelangen Handelstradition ist offen, auch für diese neuen Wege zum Verbraucher. Be-

The trigger has been the rapid market changes with their internationalization and globalization, mass tourism and worldwide information exchange. As the link between producer and consumer, commerce will gain more power and influence in the information world than ever before, for its closeness to the customer allows it to give the newest briefings to aid industry's brand concepts.
The "new consumer" does not see work as the sole purpose in life, but seeks positive-experience areas having meaning and content. He (or she) wants to fashion life actively and creatively and outside of all economic constraints. The growing plurality of life styles is being superimposed by such conflicting basic norms as pleasure-orientation, environment- and health-consciousness, prestige thinking and savings-oriented behaviour. But the consumer is also becoming more self-aware and more critical.
Exactness in trade marketing will become ever more important for companies. Precise orientation of marketing, sales and service on the wishes and habits of the consumer is vital, and this is where the electronic media is of special importance. By the year 2000 almost all consumers will have discovered the computer screen, which as a medium of high flexibility will bring an almost unlimited range of product and service information into the home. Even now, our group, with entry into the "Interactive Television (ITV)", has a dynamically growing market in view, and by way of its own television channel is now offering diverse products and services. This future-oriented marketing method has many advantages for the customer. They include more convenient shopping, informative product presentation, individual service and, later on, with the remote control in the hand the possibility of a 24-hour delivery service. New infrastructures and logistic systems will complement and optimate this mode of ordering.
The Nürnberg region with its centuries-old commercial tradition is also open to this new route to the consumer. Flexibility always was the secret of success of this important metropolis at a major trade intersection and in the last five years, with the opening of the borders to the East, the region has been re-establishing its position as a crossroads of Europe. Trade, commerce and industry have been quick to adjust to changed consumer trends. The leading wholesale and retail firms, the mail-order houses, the insurance companies and the banks, the media and printing concerns are astute investors and the guarantee of a reliable network between consumer and provider.

Die Gesellschaft für Konsum-, Markt- und Absatzforschung – GfK ist Europas größtes und weltweit drittgrößtes Marktforschungsinstitut. Die Nürnberger Firmenzentrale beschäftigt weltweit rund 2 700 festangestellte Mitarbeiter. Sie forschen mit modernsten Methoden, um Grundlagen für wichtige Marketingentscheide zu schaffen. Marktforschung verlangt nach Sachkompetenz und individuellen Kundenlösungen. Fast 12 000 freiberufliche Interviewer führen jährlich rund eine Million Befragungen europaweit durch. Das internationale Netzwerk der GfK-Gruppe besteht aus über 50 Tochtergesellschaften bzw. Beteiligungen in 28 europäischen und Überseeländern. Das komplexe Feld der Marktforschung wird von der GfK in vier Unternehmensbereiche aufgeteilt: Tracking-Forschung Food, Tracking-Forschung Non-Food, Medienforschung und Ad Hoc Forschung.

The Gesellschaft für Konsum-, Markt- und Absatzforschung – GfK is Europe's largest and the world's third largest market research company. The Nürnberg headquarters employs round about 2,700 staff world-wide. These research with the most modern methods to create important marketing decisions. Market research demands professional know-how and individual solutions for each client. Almost 12,000 freelance interviewing staff conduct round about one million questionnaires Europe-wide per year. The international network of the GfK Group consists of 50 subsidiaries i. e. 28 participations in Europe and overseas. At GfK, the complex field of market research is divided into four business units: Tracking Food, Tracking Non Food, Ad Hoc Research, Media.

weglichkeit und Flexibilität waren seit je schon das Erfolgsgeheimnis der führenden Metropole im Schnittpunkt internationaler Handelsstraßen. Gerade in den letzten fünf Jahren, nach Öffnung der Grenzen im Osten, ist die Region wieder dabei, ihre angestammte Rolle als Drehscheibe Europas zurückzugewinnen. Handel, Gewerbe und Industrie haben sich schnell auf die veränderten Konsumentenströme eingestellt. Die führenden Unternehmen des Groß- und Einzelhandels, der Versandhandel, Versicherungen und Banken, Medien- und Druckkonzerne sind verläßliche Investoren und bilden die Garantie für ein überzeugendes Netzwerk zwischen dem Konsumenten und dem Anbieter.

Ost und West treffen sich im Städtedreieck Nürnberg-Fürth-Erlangen, eine multimediale und multikulturelle Gesellschaft bestimmt neue Visionen im Handel und in der Kultur. Die Region hofft nicht zu Unrecht auf einen kräftigen Aufschwung im „Herzen Europas". Nach der Wiedervereinigung Deutschlands und dem Zusammenbruch des Kommunismus in den früheren Ostblockländern hat Nordbayern an regionaler Attraktivität gewonnen. Der Großraum Nürnberg-Fürth-Erlangen verfügt über zusätzliche kräftige Wachstumspotentiale.

Für diesen Raum sprechen seine verkehrsgünstige Lage, die gute Infrastruktur mit der neuen ICE-Trasse München–Nürnberg–Berlin, der Anbindung an ein gut strukturiertes Autobahnnetz, der Rhein-Main-Donau-Kanal und nicht zuletzt der internationale Flughafen. Universität und Fachhochschule arbeiten eng mit Industrie- und Handelsunternehmen zusammen und bilden praxisorientierte Fachkräfte aus, die das moderne Management nach neuesten wissenschaftlichen und betriebswirtschaftlichen Erkenntnissen gestalten.

Die rasch wachsende Internationalisierung bringt schnelle strukturelle Veränderungen mit sich und stellt Unternehmen und Mitarbeiter vor enorme Herausforderungen. Der Wettbewerbsdruck erfordert immer neue Investitionen in Sortimente und Service, um den Kunden zu überzeugen. Wer im Handel hohe Produktivität mit entsprechenden finanziellen Ergebnissen erreichen will, der muß bei aller Technisierung und Rationalisierung auch in Zukunft vor allem seine Mitarbeiter als wichtigstes Kapital behandeln. Denn Dienstleistungen werden auch nach dem Jahr 2000 weitgehend von Menschen erbracht. Diese Menschen sind Partner, die genügend Freiraum brauchen für persönliche Initiative innerhalb einer Unternehmenskultur, die Menschen auf allen Ebenen der

East and West meet in a triangle formed by Nürnberg, Fürth and Erlangen; a multimedia and multicultural society determines new aspects in commerce and culture. The region rightly expects a strong recovery in the heart of Europe. Following German reunification and the collapse of Communism in the former East Bloc countries, northern Bavaria has become more attractive, and the Nürnberg-Fürth-Erlangen region now has strong growth potential. Points in its favour are its good transport links and its good infrastructure, including the new high-speed ICE rail link Munich–Nürnberg–Berlin, a well laid out motorway network, the Rhine-Main-Danube canal and not least the international airport. University and technical college cooperate closely with trade and industry and produce a wide range of practice-oriented specialists that are then in a position to organize management in accordance with the newest findings in scientific and business studies.

Rapid internationalization brings rapid structural changes in its train and presents a great challenge to companies and their staffs. Competitive pressure demands constantly new investment in sales lines and service if the customer is to be won over. A company that aims for high productivity and corresponding financial results must treat its employees as its main resource irrespective of all technology and rationalization, for services will largely be provided by people even after the year 2000. These people are partners who need sufficient freedom for personal initiative within a management culture that takes seriously and motivates the people at all levels of the company hierarchy. Motivated staff with an innovative consciousness work with enthusiasm on rapid structural change.

To sum up, seven main trends crystallize out of the foregoing, and they will determine the sector's character in the next several years:

1. Concentration and internationalization will again grow substantially.
2. Commerce will become increasingly specialized.
3. Demarcation between commerce and industry will become increasingly indistinct. Manufacturers in a strong market position will seek to do their own marketing.
4. A wide range of services offered will be decisive for the success of the trading concern.
5. Speed in the product cycle and in service will be increasingly important for success in international competition.
6. Only trading concerns with a strong sociopolitical commitment to protection of the environment will be successful.

Die Geschäftsstelle Nürnberg des TÜV Bayern Sachsen. Rund 300 Mitarbeiter stehen den Kunden in Mittelfranken mit ihrem Wissen und ihrer Erfahrung zur Verfügung. Die Schwerpunkte liegen in den Bereichen Fahrzeug- und Verkehrstechnik, Anlagen- und Umwelttechnik, Zertifizierung und Qualitätsmanagement, Bau- und Betriebstechnik, medizinisch-psychologische Begutachtung sowie Schulung und Weiterbildung durch die TÜV-Akademie.

The Nürnberg offices of the technical supervisory association TÜV Bavaria Saxony, where the staff of some 300 are ready and willing to put their expertise and experience at the disposal of the customers in Middle Franconia. The emphasis is on sectors such as vehicles and transport technology, plant engineering and environment technology, certification and quality management, construction and operating technology, medical-psychological expert opinions, also training and further training through the TÜV Academy.

Firmenhierarchie ernst nimmt und motiviert. Motivierte Mitarbeiter mit einem innovativen Bewußtsein arbeiten mit Begeisterung mit am schnellen Strukturwandel unserer Zeit.

Zusammenfassend kristallisieren sich sieben wesentliche Trends heraus, die in den nächsten Jahren die Branche verändern und bestimmen werden:

1. Konzentration und Internationalisierung im Handel nehmen nochmals deutlich zu.
2. Der Handel wird sich fortschreitend spezialisieren.
3. Die Abgrenzung zwischen Industrie und Handel wird immer unschärfer. Marktstarke Hersteller werden versuchen, ihren Vertrieb selbst in die Hand zu nehmen.
4. Ein breites Spektrum von Dienstleistungen wird für die Zukunft der Handelsunternehmen erfolgsbestimmend sein.
5. Schnelligkeit im Produktzyklus und beim Service werden immer wichtiger, um im internationalen Wettbewerb bestehen zu können.
6. Nur Handelsunternehmen mit einer starken gesellschaftspolitischen Verpflichtung zum Umweltschutz werden sich durchsetzen.
7. Der Handel wird technologieintensiver und medienorientierter. Warenpräsentation und Dienstleistungsangebote auf CD-ROMs und im interaktiven Fernsehen werden bald zum normalen Verbraucheralltag gehören.

Der schnelle Wandel wird kennzeichnend sein für die Entwicklung des Handels und der Dienstleistungen am Ende dieses Jahrhunderts. Produzenten, Groß- und Einzelhändler, Importeure, Versender und Einkaufsverbände müssen eng und flexibel miteinander kooperieren. Die einstigen Barrieren etwa zwischen Fachhandel und Warenhauskonzernen, zwischen Einkaufsverbänden und Großhandel, zwischen Genossenschaften und Aktiengesellschaften sind gefallen. Kooperationen und strategische Partnerschaften sind notwendig. Mit dieser Grundhaltung wird es Händlern und Dienstleistern gelingen, die gegenwärtige Zeit des Umbruchs gut zu bestehen.

Die Region Nürnberg mit ihrer historisch gewachsenen Bedeutung bietet hervorragende Möglichkeiten für den Ausbau gewachsener Strukturen und damit auch für neue Arbeitsplätze im modernen Dienstleistungsbereich. Zupackender Optimismus ist angesagt. So werden wir unsere Zukunft meistern! ■

7. Commerce will become more technology-intensive and media-oriented. The presentation of goods and offering of services on CD-ROMs and in interactive television will soon be part of the everyday consumer scene.

Rapid change will be a feature of developments in trade and services at the close of the century. Producers, wholesalers and retailers, importers, forwarders and purchasing groups must work closely and flexibly with each other. The former barriers have fallen between specialized dealers and department stores, between purchasing associations and wholesalers, between cooperatives and joint-stock companies. Cooperation and strategic partnerships are required. With this approach it will be possible for traders and providers of services to come through the present period of radical change.

With its long commercial traditions, the Nürnberg region provides excellent possibilities for the onward development of old-established structures and hence for new jobs in a modern service sector. The need is for optimism with a firm grip. That way the future can be mastered. ■

Unternehmer, Steuerberater und DATEV bilden heute eine strategische Allianz, in der jeder das tut, was seiner Kernkompetenz entspricht, und in der jeder gleichzeitig über alle steuerlich-betriebswirtschaftlichen Daten verfügt, die für seine effiziente betriebliche Ablauforganisation nötig sind.

Today, entrepreneurs and tax advisers and DATEV comprise a strategic alliance in which each does what accords with his or her core competence, and in which each has at the same time all the taxation and business data that are necessary for the efficient handling of organizational arrangements.

PROFESSOR DR. WOLFGANG GERKE

GELD-, KREDIT- UND VERSICHERUNGSWESEN

Zunächst als freie Reichsstadt und heute als mittelfränkische Metropole übt Nürnberg über viele Jahrhunderte hinweg Sogwirkungen auf Handwerk, Handel, Industrie und Dienstleistungsunternehmen aus. Die Nürnberger Kreditwirtschaft ist entsprechend den Bedürfnissen ihrer Kunden weltweit aktiv, und die Nürnberger Versicherungswirtschaft verbreitet mit ihrer einprägsamen Werbung und ihrer erfolgreichen Markterschließung bundesweit den Namen der Stadt. In Nürnberg werden zahlreiche versicherungsstrategische Entscheidungen vorbereitet und deren geschäftspolitische Umsetzung gesteuert und kontrolliert.

Nürnberg kann auf eine sehr bewegte und lange Geschichte geldwirtschaftlicher Aktivitäten zurückblicken. Die Stadt, die heute Sitz einer Hauptstelle der Landeszentralbank in Bayern ist, besaß von 1209 bis 1806 das Recht zur Emission eigenen Geldes. In diesem Recht zur Geldemission spiegelte sich die wirtschaftliche Stärke und allgemeine Anerkennung der freien Reichsstadt Nürnberg wider. Wenn heute über die Netze der Bundesbank, der Sparkassen, der Genossenschaftsbanken, der großen bayerischen Aktienbanken, der Großbanken sowie der Regional- und Spezialbanken aus dem Raum Nürnberg ein gewaltiges Volumen an Zahlungsverkehr und Spargeschäft abgewickelt wird, dann denken die Handelnden kaum an die aus geldhistorischer Sicht vorausdenkende Gründung einer Banco Publico im Jahr 1621 durch die Nürnberger Stadtväter. Diese öffentliche Girobank stellte ihre Geschäfte erst nach zwei Jahrhunderten ein.

Entsprechend ihrer wirtschaftlichen Bedeutung beherbergt die Stadt die gesamte Palette geldwirtschaftlicher Dienstleistungen. Analog zu Städten wie Berlin, Hamburg oder Stuttgart mußte aber auch Nürnberg hinnehmen, daß zahlreiche Großbanken ihre Entscheidungszentren in die Bankenmetropole Frankfurt und nach München verlagerten. Die Geldgeschichte der Stadt ist zwar geprägt durch unternehmerisch handelnde Privatbankiers, die den Aufschwung von Nürnberg maßgeblich gefördert haben, doch auch Privatbankiers unterhalten keine Hauptfirmensitze mehr in Nürnberg. Dennoch stellt es eine Spezialität Nürnbergs dar, daß besonders innovative fränkische Privatbankiers den Bankenwettbewerb im mittelfränkischen Raum beleben und dabei aktiv flächendeckendes Kundengeschäft betreiben.

Fortsetzung Seite 168

Initially as free imperial town and up to the present day as administrative centre of Middle Franconia, Nürnberg has exercised a strong influence on the crafts, trades, industry and services. Reflecting the needs of its customers, Nürnberg's credit economy is active worldwide, while the city's insurance sector propagates the name of Nürnberg with its easy-to-remember publicity and successful marketing. Many strategic decisions in respect of insurance are initiated and controlled from Nürnberg.

Nürnberg can look back on a long and eventful history in the monetary sphere. The city, which is today the seat of a main branch of Bavaria's Central State Bank, had authority to issue its own money in the years between 1209 and 1806, a fact that reflected the economic strength and generally high standing of the free imperial town. When today, by way of the Bundesbank, the savings and cooperative banks, the large Bavarian joint-stock banks, the big German banks and the regional and specialist banks, a giant volume of business is transacted from the Nürnberg region, no-one thinks of the far-seeing act of Nürnberg's city fathers when in 1621 they set up the Banco Publico. This public deposit bank only ceased business two centuries later.

In accordance with its economic importance, Nürnberg transacts every type of service in the monetary sphere, but like cities such as Berlin, Hamburg and Stuttgart it has had to accept that numerous big banks moved their decision centres to Frankfurt and Munich. The city's financial history is full of entrepreneurial private bankers who did much to build up its reputation, but even private banks no longer have headquarters in Nürnberg. It is nevertheless a fact that specially innovative private bankers in Franconia enliven banking competition in the region and operate a lively banking business throughout the territory.

Most of Nürnberg's credit institutes and insurance companies have their headquarter buildings in the city centre, but in contrast to other comparable cities, these do not disfigure or destroy the historical townscape. Their staff is drawn from the city and its wider surroundings, and these credit institutes, insurance companies and other providers of financial services make available very highly qualified jobs and invest heavily in the further training of their employees. An important locational advantage for the region is the

Continued on page 168

FINANCE, CREDIT AND INSURANCE BUSINESS

Die Commerzbank ist in Mittelfranken seit 1918 vertreten. Die Filiale Nürnberg fungiert als Gebietsstelle aller nordbayerischen Filialen. Im Stadtgebiet Nürnberg gibt es weitere acht Filialen.

Commerzbank has been in Middle Franconia since 1918. The Nürnberg branch is area headquarters for all branches in northern Bavaria. Nürnberg itself has eight other branches.

Highlight für die kulturelle Szene: Die Rock Symphony in der Frankenhalle schlägt Brücken zwischen Liebhabern klassischer und moderner Musik.

A highlight of the cultural scene: The Rock Symphony in the Frankenhalle forges a link between the enthusiasts of classical and modern music.

Für die 13 mittelfränkischen Sparkassen, größte Kreditinstitutsgruppe in der Region, steht der persönliche Kontakt zum Kunden im Vordergrund. Dies bleibt auch so im Zeitalter elektronischer Bankverbindungen via Home-Computer oder SB-Terminal. Auch auf der Consumenta suchen die Berater den direkten Draht zum Kunden und informieren über aktuelle Leistungen.

Personal contact with the customer is at the centre of things for Middle Franconia's 13 savings banks, the region's largest group of credit institutes. This is still so in the age of electronic banking via the home computer or the self-service terminal. At the Consumenta also, advisers seek a direct line to the customer and give fullest information on the services offered.

Die Nürnberger Hypothekenbank, eine von privaten und gewerblichen Immobilienkunden bevorzugte Adresse, wenn es um maßgeschneiderte Finanzierungen geht.

The Nürnberger Hypothekenbank, highly regarded by private and industrial purchasers of real estate when tailor-made mortgage schemes are required.

Die UNIVERSA Versicherungen, Nürnberg, – zur Gruppe gehört Deutschlands älteste Krankenversicherung – garantieren schon seit über 150 Jahren bedarfsgerechten Versicherungsschutz. Hierfür stehen 4500 Mitarbeiter in 43 Niederlassungen. Als Versicherungsverein auf Gegenseitigkeit ist die UNIVERSA ausschließlich ihren Kunden gegenüber verpflichtet.

The UNIVERSA insurance group in Nürnberg – which includes Germany's oldest health insurance company – has for more than 150 years guaranteed demand-specific insurance protection, which is also the aim of its 4,500 employees in 43 branches. Formed as a mutual benefit society, UNIVERSA is answerable only to its customers.

Die meisten Nürnberger Kreditinstitute und Versicherungen konzentrieren ihre Hauptgebäude auf den Stadtkern. Anders als in zahlreichen vergleichbaren Großstädten dominieren oder zerstören die verschiedenen Institute dankenswerterweise nicht das historische Nürnberger Stadtbild. Sie beschäftigen zahlreiche Mitarbeiter nicht nur aus der Stadt, sondern auch aus dem verkehrsmäßig gut erschlossenen Umland. Die Kreditinstitute, Versicherungen und zahlreichen sonstigen Nürnberger Finanzdienstleister stellen sehr hoch qualifizierte Arbeitsplätze zur Verfügung und investieren in großem Umfang in die institutseigene Weiterbildung ihrer Mitarbeiter. Als wichtiger Standortvorteil erweist sich zusätzlich die hochentwickelte Infrastruktur im Bereich der Ausbildung und Fortbildung. Die Friedrich-Alexander-Universität Erlangen-Nürnberg entläßt jedes Jahr zahlreiche Studenten mit ausgeprägten Kenntnissen im internationalen Finanzwesen. Zwischen dem Lehrstuhl für Bank- und Börsenwesen in Nürnberg und der Nürnberger Finanzwirtschaft bestehen intensive Kontakte und gemeinsame Projekte im Bereich der Grundlagenforschung und der anwendungsorientierten Strategieentwicklung.

Die gute Zusammenarbeit zwischen der Finanzwirtschaft und der übrigen Nürnberger Wirtschaft wird auch dadurch demonstriert, daß der derzeitige Präsident der Industrie- und Handelskammer Vorstandssprecher eines großen Nürnberger Kreditinstitutes ist. Es ist der Nürnberger Kredit- und Versicherungswirtschaft immer gelungen, die lange Geschichte der ehemaligen freien Reichsstadt mitzubestimmen. So ist es nicht verwunderlich, daß diese Institute auch nach dem Fall der Mauer wichtige Aufbauleistungen in den benachbarten neuen Bundesländern und der angrenzenden Tschechischen Republik erbracht haben. Auch in Zukunft werden diese Institute auf dem neuesten Stand der Technik sein und einen wichtigen Beitrag für die Attraktivität des Standortes Nürnberg leisten.

highly developed infrastructure in training and further training. Every year the Friedrich-Alexander University Erlangen-Nürnberg turns out many students with specialized knowledge in international finance. There exist close contacts and joint projects in basic research and application-oriented strategy between the professorship for banking and securities in Nürnberg and the city's financial market.

Good cooperation between the latter and the rest of Nürnberg's economy is shown by the fact that just now the president of the Chamber of Industry and Commerce is spokesman for the board of a large Nürnberg credit institute. The credit and insurance sector has always had an important voice in matters affecting the former free imperial town, so it is not surprising that after the fall of the Berlin Wall it provided important reconstruction assistance in the new states of East Germany and in the neighbouring Czech Republic.

Nürnberg's credit and insurance sector will continue at the forefront of the technology and will further foster the attractiveness of the region.

Die Generaldirektion der NÜRNBERGER VERSICHERUNGSGRUPPE am Rathenauplatz in Nürnberg. 2700 Mitarbeiter sind hier im Dienste von 6 Millionen Kunden tätig, vor allem für Familien, mittelständische Betriebe und berufsständische Versorgungseinrichtungen.

The head office of the NÜRNBERGER VERSICHERUNGSGRUPPE at Nürnberg's Rathenauplatz. A staff of 2,700 is active here in servicing 6 million customers, mostly families and small and medium-sized firms as well as the administration of trade and professional pension funds.

Das HDI-Haus, eine städtebauliche Dominante in Nürnberg, beim Wöhrder See

The HDI building, a dominant feature of Nürnberg's townscape, by the Wöhrder See lake

Sitz des Gerling-Regionalzentrums Nürnberg sind die Villa am Spittlertorgraben aus dem 19. Jahrhundert in Nähe der Burg und das Bürohaus Fürther Straße.

Gerling's regional centre in Nürnberg is the 19th-century villa at Spittlertorgraben near the castle and the office block in Fürther Strasse.

WALTER SCHATZ

MEDIENLANDSCHAFT IM WANDEL

Die Medienbranche trägt erheblich zur Wirtschaftskraft der Region Nürnberg bei. Diese Schlußfolgerung aus einer Studie der Kommunikationswissenschaftler Winfried Schulz und Stefan Hanke (Wirtschafts- und Sozialwissenschaftliche Fakultät der Universität Erlangen-Nürnberg) gilt für Vergangenheit und Gegenwart, soll aber auch für die Zukunft zutreffen.

Nach dem Forschungsergebnis aus dem Jahr 1992 sind 2000 mittelfränkische Firmen im weitesten Sinne der Medienwirtschaft zuzurechnen. Mit ihren 42000 Mitarbeitern erzielten sie zusammen einen Umsatz von 7,5 Mrd. DM und investierten in diesem einen Jahr 650 Mill. DM. Die hohen Werte kommen zustande, weil die Wissenschaftler unter dem Begriff „Medienwirtschaft" alle Betriebe zusammenfaßten, die mit Massenkommunikationsmitteln zu tun haben. Hersteller von Rundfunkgeräten und Unternehmen der Marktforschung zählen dazu ebenso wie Buchhandlungen und Videotheken. Der Glanz ist jedoch seither etwas matter geworden, weil manche Firmen der Unterhaltungselektronik mit großen Schwierigkeiten zu kämpfen haben und Druckhäuser sich der wachsenden Konkurrenz von Betrieben im Osten Deutschlands und Europas erwehren müssen.

Die Stellung der Medienbranche im mittelfränkischen Ballungszentrum kommt nicht von ungefähr, denn Nürnberg kann auf eine lange und stolze Tradition auf diesem Gebiet zurückblicken. Eine christliche Erbauungsschrift ist das älteste in der ehemals freien Reichsstadt gedruckte (und mit dem Erscheinungsjahr versehene) Buch. Der Bibelkommentar des Wiener Theologen Franz von Retz erschien anno 1470; erst 20 Jahre zuvor hatte Johannes Gutenberg den Buchdruck erfunden. Die revolutionäre Technik war von einem Gehilfen des Meisters, Heinrich Kefer, nach Franken gebracht worden. Gemeinsam mit Johann Sensenschmidt betrieb er bald die erste Druckwerkstatt in Nürnberg.

Damit war der Grundstein für eine rasch expandierende Branche gelegt. Ihre Produkte sind in ganz Europa verbreitet worden. So stellte im Jahr 1543 der bekannte Drucker Johann Petrejus das Werk eines gewissen Kopernikus her: „De revolutionibus orbium coelestium" – zu deutsch „Über die Bewegung der Himmelskörper". Das Buch löste eine Revolution aus, veränderte die Welt fast gewaltiger als Luthers Reformation oder später die Russische Oktoberrevolution. Weitere aufsehenerregende Werke sind in den folgenden Jahrzehnten und Jahrhunderten entstanden.

Fortsetzung Seite 178

The media sector contributes substantially to the economic health of the Nürnberg region, as was borne out by a study conducted by the communications scientists Winfried Schulz and Stefan Hanke of the economics and social science faculty at Erlangen-Nürnberg University. The conclusions apply to the past and present, but should also apply to the future.

According to the research findings for 1992, some 2,000 firms in Middle Franconia belong to the media sector in the widest sense. With 42,000 employees they had a turnover of 7.5 billion marks and invested in this single year 650 million marks. These high figures come about because the scientists reckoned all firms that have to do with mass communication under the heading of the media sector. Radio manufacturers and market research firms are included no less than booksellers and videotheques. But the picture has dulled somewhat in the interval because some firms in consumer electronics have to contend with great difficulties while printing houses are having to face growing competition form firms in East Germany and Eastern Europe.

The media sector in Middle Franconia can look back on a long and proud tradition. A Christian devotional tract is the oldest book (showing the year of publication) printed in the former free imperial city of Nürnberg. The Bible commentary by the Viennese theologist Franz von Retz appeared in 1470, only 20 years after Johannes Gutenberg invented printing. The revolutionary technique was brought to Franconia by one of the master's assistants, Heinrich Kefer, and together with Johann Sensenschmidt he was soon operating the first printing workshop in Nürnberg.

Thus was laid the foundation of a rapidly expanding industry and its products were soon to be found all over Europe. In 1543 the well-known printer Johann Petrejus produced the work of a certain Copernicus, "De revolutionibus orbium coelestium" (On the Movement of the Celestial Bodies). His ideas were revolutionary and changed the world almost more radically than Luther's Reformation or later the October Revolution in Russia. Further works of importance followed in the succeeding decades and centuries.

Nürnberg continues to be of importance as a printing centre. The industry in Middle Franconia had some 9,000 employees in 1993. With a sales volume of more than two billion marks it is of greater importance for the region than is the case with the Munich or Stuttgart regions. Two of the largest photogravure printers – U.E.

Continued on page 178

RAPID CHANGES IN THE MEDIA LANDSCAPE

Verlag Nürnberger Presse Druckhaus Nürnberg GmbH & Co.

In der Marienstraße in Nürnberg befindet sich das Zentrum des mittelfränkischen Pressewesens. Die hier erscheinenden Tageszeitungen reichen weit in die Region hinein.

The focal point of the publishing industry in Middle Franconia is the Marienstrasse in Nürnberg. The daily newspapers published here reach many parts of the region.

Hofmann Druck Nürnberg: Eine der modernsten und schnellsten Rollenoffsetmaschinen für die Produktion von Katalogen, Zeitungsbeilagen und Werbedrucken.

Hofmann Druck Nürnberg: One of the most modern and fastest web offset printing machines, for the production of catalogues, newspaper inserts and advertising matter.

Bereits in der Druckvorstufe werden die Kundenwünsche bei der Herstellung durch digitale Kommunikation und Bild-Text-Integration optimiert.

Customers' requirements are optimated with digital communication and photo-text integration already prior to the printing stage.

Moderne Architektur und Technik im Einklang, von Anfang an sympathisch.

Modern architecture and technology in harmony, and pleasing right from the start.

Hauptsitz des Medienunternehmens Sebaldus Druck und Verlag GmbH ist Nürnberg. Die Sebaldus-Gruppe beschäftigt etwa 4000 Mitarbeiter und setzt jährlich nahezu eine Milliarde Mark um.

Nürnberg is the headquarters of Sebaldus Druck und Verlag GmbH. The Sebaldus Group employs about 4,000 people and has annual sales of almost a billion marks.

Redaktionskonferenz des zur Sebaldus-Gruppe zählenden Gong-Verlags. Dort erscheinen bekannte Zeitschriften wie das Funk- und Fernsehmagazin „Gong“, die Frauenzeitschrift „die aktuelle“ oder die Illustrierte und Programmzeitschrift „die 2“ und viele mehr.

Editorial conference at Gong-Verlag, a member of the Sebaldus Group. It publishes such well-known periodicals as the radio and TV magazine "Gong", the women's magazine "die aktuelle", the illustrated and television magazine "die 2" and many others.

Radio Gong gehört zu den bekannten Namen in Süddeutschland. Ein frisches Programm mit Unterhaltung und Informationen hält das vorwiegend junge Publikum rund um die Uhr bei Laune.

Radio Gong is one of the best known names in South Germany. With a fresh and lively programme offering entertainment and information, it keeps the mostly young listeners happy around the clock.

Im Tiefdruckverfahren bedruckte Papierbahn vor dem Einlauf in den Falzapparat. Auf den Rotationsmaschinen bei U. E. Sebald werden Zeitschriften und Kataloge in Millionenauflagen hergestellt.

Paper web printed in photogravure is about to enter the folding machine. Magazines and catalogues in editions of millions are produced on U. E. Sebald's rotary presses.

Noch heute ist Nürnberg eine Druckerstadt von Rang. Die mittelfränkische Druckindustrie mit ihrem Schwerpunkt in der Frankenmetropole beschäftigte 1993 rund 9 000 Mitarbeiter. Gemessen an ihrem Umsatz von mehr als 2 Mrd. DM hat sie in dieser Region eine größere Bedeutung als im Raum München oder Stuttgart. Zwei der größten Tiefdruckunternehmen haben ihren Sitz in Nürnberg: U. E. Sebald und Maul-Belser. Sie drucken monatlich über 50 Millionen Zeitschriften, darunter Titel wie „Der Spiegel" oder „Gong". Im Verlag Nürnberger Presse erscheinen die „Nürnberger Nachrichten" als eine der größten regionalen deutschen Tageszeitungen. Das Unternehmen ist mit dem „Nürnberger Modell" in die Fachliteratur eingegangen: Heimatzeitungsverleger aus mittelfränkischen Städten schlossen sich 1958 mit den NN zu einer Arbeitsgemeinschaft zusammen, die in der Bundesrepublik ihresgleichen sucht. Die Verlage blieben selbständig, unterhalten eigene Lokalredaktionen, bringen ihre Auflage in die NN ein, beziehen dafür den Mantelteil und nehmen am Anzeigenerlös der Gesamtauflage entsprechend ihrem Leserkreis teil.

Mit der Entwicklung der elektronischen Medien hat Nürnberg auch Schritt gehalten. Mit dem Studio Nürnberg des Bayerischen Rundfunks, das Hörfunk- und Fernsehsendungen produziert, besteht in der Stadt seit langem die einzige große Niederlassung des weiß-blauen Senders im Lande. Konkurrenz ist der öffentlich-rechtlichen Anstalt in fünf privaten Rundfunksendern und zwei Fernsehanbietern erwachsen, die in die Region ausstrahlen und um die Gunst eines Millionenpublikums werben. Gegenwärtig richten Stadt und Unternehmer ihren Blick auf die Zukunft, die mit dem Stichwort „Multimediagesellschaft" beschrieben wird: Nürnberg strebt eine Pilotfunktion bei den Feldversuchen für digitales Fernsehen und Online-Kommunikationsnetze an. Dabei werden auch die Zeitungsverlage, die schon den Weg vom Bleisatz zur Datenverarbeitung eindrucksvoll gemeistert haben, elektronische Informationsdienste entwickeln.

Bei allem Wandel in der Medienbranche zweifelt jedoch niemand daran, daß das gedruckte Wort auch im kommenden Jahrtausend seine Bedeutung für die Gesellschaft behalten wird, das gedruckte Wort mit seinem Charakter des Verbindlichen, Zuverlässigen und Geprägten. Die Gesellschaft von morgen, soviel ist sicher, wird sich aus vielen Quellen informieren können. ■

Sebald and Maul-Belser – are located in Nürnberg. Per month they produce more than 50 million copies of such titles as "Der Spiegel" or "Gong". At the publishing house of Nürnberger Presse they produce the "Nürnberger Nachrichten", one of Germany's largest regional dailies. With the "Nürnberger Modell" the firm has gone into specialized literature: Local paper publishers from Middle Franconian towns formed a group with the NN in 1958 that is unique in the Federal Republic. The companies remain independent, maintain their own local editorial offices, put their circulation into the NN, get for this the mantle share and so participate in the advertisement proceeds for the total circulation in proportion to their readership.

Nürnberg has kept pace with the developments in the electronic media. With the Nürnberg studio of the Bavarian broadcasting system, producing radio and television programmes, the city has long been the only large branch of the Bavarian broadcasting system in Middle Franconia. Competition exists in the form of five private radio stations and two television stations. All are now looking to the future in the shape of the "multimedia society", and Nürnberg is seeking to exercise a pilot function in the field tests for digital television and on-line communication networks. The newspaper publishers also, having moved from lead composition to data processing, are developing electronic information services.

In spite of all the changes in the media sector, no-one doubts that the printed word will continue to be of importance for society in the coming millennium, the printed word with its character of commitment, reliability and decisiveness. The society of the future, that much is certain, will obtain its information from many sources. ■

Verlag Hans Müller – Verlagsgebäude und Omnia-Drucke in Nürnberg-Thon

The publishing houses of Hans Müller and Omnia-Drucke in Nürnberg-Thon

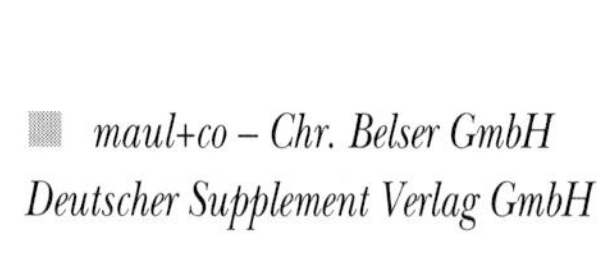

maul+co – Chr. Belser GmbH
Deutscher Supplement Verlag GmbH

Die Großdruckerei maul-belser in Nürnberg-Langwasser nimmt in der europäischen Tiefdruckindustrie eine Spitzenposition ein. Rund 1 400 Mitarbeiter fertigen Versandhauskataloge (von der Gestaltung und Fotografie über den Druck, die Klebebindung, personalisierte Werbung bis zum Postversand) und Zeitschriften. Der Deutsche Supplement Verlag verlegt die auflagenstärkste deutsche Programmzeitschrift „rtv".

maul-belser in Nürnberg-Langwasser is one of the foremost European rotogravure printers. With a workforce of some 1,400, it produces mail-order catalogues (from the creative design and photography through printing, perfect binding and personalization to distribution), as well as periodicals, while the Deutsche Supplement Verlag publishes Germany's largest-circulation TV magazine, the "rtv".

DR. HARTWIG HAUCK

DER MESSEPLATZ NÜRNBERG

Nürnberg besitzt national und international einen ausgezeichneten Ruf als Messe- und Kongreßstadt. Über 16 000 Aussteller und 1,4 Millionen Besucher pro Jahr belegen dies eindrucksvoll und machen Nürnberg so zu einem der zehn wichtigsten Messeplätze Europas.
Der Messeplatz Nürnberg besitzt ein ausgewogenes Programm wichtiger Konsum- und Investitionsgütermessen, die zum Teil weltweit führend sind. Hinzu kommen regional und national ausgelegte Fachausstellungen, bedeutende Einkaufsbörsen und attraktive Verbraucherausstellungen. Das Veranstaltungsprogramm zeichnet sich durch besondere Branchenvielfalt aus. So ist Nürnberg u. a. die Messeheimat für Spielwaren, Jagd- und Sportwaffen und Heimtierbedarf, aber auch für Kälte- und Klimatechnik, die Brau- und Getränkewirtschaft, für Holzbearbeitung, mehrere Bau-Fachbranchen und für zahlreiche hochspezialisierte High-Tech-Themen.

EIN PLUS AN FUNKTIONALITÄT, QUALITÄT UND SERVICE

Das Messezentrum Nürnberg ist eines der modernsten und funktionellsten in Europa. 12 Ausstellungshallen und eine Mehrzweckhalle mit insgesamt 106 000 Quadratmetern Bruttoausstellungsfläche werden durch 75 000 Quadratmeter Freigelände ergänzt. Ebenerdig, kompakt und gut unterteilbar wird das Gelände durch fünf Eingangsbereiche und drei Servicecenter erschlossen. Durch überdachte Expreßwege sind alle Hallen schnell zu erreichen. 10 000 Parkplätze im echten Fußwegbereich, eigene Taxizufahrten und Messe-U-Bahnhof sichern den Anreisekomfort.
Drei moderne Komplexe erfüllen alle Kongreßanforderungen: Frankenhalle, Konferenzcenter und Tagungscenter sind untereinander und mit den angrenzenden Ausstellungshallen und Serviceeinrichtungen eng verbunden. An die 40 Säle und Räume mit Kapazitäten von 15 bis 5 000 Plätzen werden allen Kundenbedürfnissen gerecht. Hinzu kommt als weitere Veranstaltungsstätte die Meistersingerhalle Nürnberg, die mit ihrem eleganten Rahmen das Raumangebot für Kongresse und kulturelle Veranstaltungen abrundet.
Neben den kontinuierlichen Maßnahmen zur Verbesserung von Qualität und Funktionalität entsteht bis 1998 ein neuer doppelgeschossiger Westflügel mit insgesamt 27 000 Quadratmetern Aus-

Nationally and internationally, Nürnberg has an excellent reputation as a fair and congress centre. More than 16,000 exhibitors and 1.4 million visitors attend annually and so make Nürnberg one of Europe's ten most important fair venues.
It has a balanced programme of important consumer and investment goods fairs, some of them being leaders worldwide. There are in addition regional and national specialized exhibitions, important buyers' exchanges and attractive consumer exhibitions. The programme of events indicates a wide-ranging sector diversity. Among other specialities, Nürnberg is home to the toy trade, hunting and sports guns and pet animal supplies, refrigeration and air conditioning, the brewery and drinks trade, woodworking, several specialist building sectors and several highly-specialized high-tech subjects.

OUTSTANDING IN FUNCTIONALITY AND SERVICE

Nürnberg's fair centre is one of the most modern and functional in Europe. Twelve exhibition halls and a multi-purpose hall with a total gross exhibition area of 106,000 square metres are complemented with 75,000 square metres of open-air space. At ground level, compact and readily subdivided, the grounds have five entrance areas and three service centres. All the halls are quickly reached by roofed-over expressways. Convenience is ensured by 10,000 parking spaces easily reached by foot, reserved taxi approaches and the Fair's own U-Bahn rail station.
Three modern complexes meet all congress requirements: The Franken Hall, Conference Centre and Tagungs Centre are closely linked with each other and with the neighbouring exhibition halls and service facilities. The 40 halls and rooms with accommodation for 15 to 5,000 persons meet every customer requirement. A further location for events is the "Meistersinger" Hall which with its elegant atmosphere completes the facilities available for congresses and cultural events.
As well as the continuing measures for improving quality and functionality, a new two-storey west wing with 27,000 square metres exhibition area and generous service and conference facilities will be ready for use by 1998 so that Nürnberg's fair centre will then have a gross exhibition area in halls of 131,000 square metres.
The NürnbergMesse, the proprietor and organizer, stands for the

NÜRNBERG IS A FAIR AND EXHIBITION VENUE

Die Internationale Spielwarenmesse in Nürnberg ist weltweit die größte Veranstaltung der Branche.

The International Toy Fair in Nürnberg is the trade's biggest event worldwide.

stellungsfläche sowie großzügigen Service- und Tagungseinrichtungen. Das Messezentrum Nürnberg verfügt somit ab 1998 über insgesamt 131 000 Quadratmeter Bruttoausstellungsfläche in Hallen.
Die NürnbergMesse, Messeveranstalter und Eigentümer des Messezentrums Nürnberg, steht für Kompetenz in Konzeption, Organisation und Service. Branchenthemen werden umfassend konzeptionell betreut, ständig auf ihre Marktbedürfnisse überprüft und in Abstimmung mit der ausstellenden und besuchenden Wirtschaft den Marktentwicklungen angepaßt. Motivierte Teams qualifizierter Mitarbeiter gehen individuell auf die Anforderungen der Veranstaltungen und die Bedürfnisse von Ausstellern und Besuchern ein. Ein weltweites Netz von Auslandsvertretungen sichert die internationale Entwicklung.

MODERNE MESSESTADT MIT AMBIENTE

Dynamik und Beschaulichkeit, Tradition und technischer Fortschritt – mit unverwechselbarem Flair begrüßt Nürnberg seine Gäste. Nürnberg ist Mittelpunkt eines großen Wirtschaftsraumes mit weltbekannten Unternehmen aus Handel und Industrie. Daneben hat sich eine vielfältige mittelständische Struktur mit historischer Handwerkstradition entwickelt.
Das kulturelle Angebot der Stadt ist nicht alltäglich. Zum klassischen Kulturangebot – Oper, Theater, Kammerspiele, Germanisches Nationalmuseum – kommt eine ausgesprochen bunte Kleinkunstszene mit Dutzenden von Kleinkunstbühnen und Jazzkellern in der historischen Altstadt.
Auf die Gäste warten über 20 000 Hotelbetten für jeden Anspruch. Typisch für Nürnberg ist hierbei das Nebeneinander internationaler Großhotels und einer Vielzahl gutgeführter mittelständischer Familienbetriebe. Traditionell fränkische und internationale Gastronomie werden den unterschiedlichsten Wünschen gerecht.
Und schließlich ist Nürnberg schnell und bequem zu erreichen: Bahnverbindungen zu allen Metropolen im Einstundentakt, beste Autobahnverbindungen in alle Richtungen sowie ein stadtnaher internationaler Verkehrsflughafen mit zur Zeit 23 Nonstopverbindungen zu den wichtigen deutschen und europäischen Zielen. ■

highest standards in fair conception, organization and service. Trade group topics are comprehensively handled, constantly reviewed in respect of market requirements and adapted as required in agreement with exhibitor and visitor representatives and market movements generally. Skilled teams deal with the needs of exhibitors and visitors and the event-specific requirements. A worldwide network of foreign representatives ensures the best international development.

A MODERN EXHIBITION VENUE WITH ATMOSPHERE

Dynamic and leisurely, with tradition and technical progress, thriving Nürnberg welcomes its visitors. It is the focal point of a large economic area with world-renowned firms in commerce and industry, and there has developed a diverse structure with medium-sized firms based on a historic craft tradition.
The city has much to offer culturally: the opera, the theatre and intimate theatre, the German National Museum, added to which there is a very lively and numerous satirical and cabaret scene and jazz cellars in the historical Old Town.
Nürnberg can offer more than 20,000 hotel beds meeting every taste. Typical is the juxtaposition of large international hotels and the many well-run family-owned houses. Between traditional Franconian fare and international cuisine the visitor will find exactly what he or she wishes.
And Nürnberg is quickly and conveniently reached. By railway, there are excellent connections from and to all the main centres with services running at one-hour intervals; by road, there are excellent motorway links in all directions; and there is an international airport close by with 23 nonstop flights at present to and from the most important German and European destinations. ■

URSULA POLLER

STRASSE, SCHIENE, WASSER, LUFT: DIE VERKEHRSINFRASTRUKTUR

Mit der Wiedervereinigung und Öffnung der Grenzen nach Osteuropa hat sich die wirtschaftsgeographische Lage Nürnbergs und der gesamten Region entscheidend verändert. Aus einer Randlage innerhalb der Europäischen Union wurde die Region in das Zentrum des gesamteuropäischen Wirtschaftsraumes gerückt. Wo noch vor wenigen Jahren der „Eiserne Vorhang" traditionelle, historisch gewachsene Handelswege unterbrach, bieten sich heute völlig neu zu entdeckende Märkte im Osten.

Die Region Nürnberg hat sich bislang dieser Herausforderung gewachsen gezeigt: Sie verfügt über ein hervorragendes, engmaschiges Infrastrukturnetz, das allerdings in Teilbereichen an seine Kapazitätsgrenzen stößt.

Straßeninfrastruktur. Wie in einem Spinnennetz liegt die mittelfränkische Metropole im Schnittpunkt europäischer Fernstraßen. Der achtstrahlige Autobahnstern aus A 3 Frankfurt–Nürnberg–Regensburg, A 6 Heilbronn–Nürnberg–Amberg(–Prag), A 9 Berlin–Nürnberg–München und A 73 Nürnberg–Fürth–Erlangen–Bamberg sichert die straßenseitige Verbindung zu den europäischen Zentren. Kapazitätserweiterungen durch sechsstreifigen Ausbau sind im Bundesverkehrswegeplan vorgesehen.

Durch den sternförmigen Zulauf der Autobahnen und Bundesstraßen ist die Verknüpfung des städtischen Ballungsraums mit den weiteren Siedlungszentren der Region gut gewährleistet.

Schienenfernverkehr. Die Schiene hat in Nürnberg Tradition. Vor 160 Jahren – 1835 – wurde die erste deutsche Eisenbahnlinie zwischen Nürnberg und Fürth eröffnet. Heute ist Nürnberg Kreuzungs- und Knotenpunkt für Schienenstrecken von weit überregionaler Bedeutung in/aus allen Himmelsrichtungen. Es ist eingebunden in das europäische EC-Netz, das nationale ICE-/IC-Netz sowie in das gegenwärtige und künftige europäische Hochgeschwindigkeitsnetz der Bahnen.

Die Planungen der EU zu den transeuropäischen Netzen berücksichtigen die Region zum einen mit der Hochgeschwindigkeitsverbindung Nürnberg–Berlin und zum anderen mit der Weiterführung der Südverbindung Nürnberg–Ingolstadt–München nach Italien (sogenannte Brenner-Achse).

Wasserwege. Die Region ist durch den 1992 eröffneten Main-Donau-Kanal (Gesamtlänge 171 Kilometer) per 3 500 Kilometer Wasser-

The geoeconomic situation of Nürnberg and of the whole region has changed decisively since German reunification and the opening to Eastern Europe. A position on the edge of the European Union has become a central location within an enlarged Europe. Where once the Iron Curtain interrupted centuries-old commercial links there are now markets in the East to be discovered anew. The Nürnberg region has so far risen well to the challenge, equipped as it is with an excellent infrastructure, although in certain areas this is reaching the limits of its capacity.

The roadway infrastructure. Nürnberg lies within an efficient European road network, with an eight-fold motorway intersection formed by the A 3 Frankfurt–Nürnberg–Regensburg, the A 6 Heilbronn–Nürnberg–Amberg(–Prague), the A 9 Berlin–Nürnberg–Munich and the A 73 Nürnberg–Fürth–Erlangen–Bamberg ensuring fast travel to the other European centres. The Federal Trafficway Plan provides for six-lane upgrading to give greater capacity. The radial junctioning of motorways and federal highways gives good linkage between the Nürnberg conurbation and the region's other centres.

The railway infrastructure. The railway has a long tradition in Nürnberg, for it was 160 years ago – in 1835 – that Germany's first railway line was opened here, between Nürnberg and Fürth. Nürnberg today is a crossing and junction station for national and international services in all directions. It is a stopping point on Europe's EC network, the national ICE/IC network and on the present and future European high-speed rail network.

European Union planning for the trans-European networks takes account of the Nürnberg region with a high-speed Nürnberg–Berlin link and the continuation of the southern Nürnberg–Ingolstadt–Munich link to Italy (the so-called Brenner axis).

The waterways. With the opening in 1992 of the Main-Danube canal (total length 171 kilometres), the region is connected through 3,500 kilometres waterway with the North Sea and Black Sea. The freight volume forecast in 1992 for the year 2000 was between 8 and 10 million tonnes, but with more than 7 million tonnes carried in 1995 it is clear that the forecast will be exceeded. That will also be profitable for freight handling in Nürnberg.

The addition to the efficient and modern infrastructure at the

RAIL, WATER, ROAD, AIR: THE TRANSPORT INFRASTRUCTURE

straße verbunden mit der Nordsee und dem Schwarzem Meer. Die Prognosen des Eröffnungsjahres 1992 gingen von einem Jahresvolumen zwischen 8 bis 10 Millionen Frachttonnen bis zum Jahr 2000 aus. Die tatsächliche Entwicklung (1995 über 7 Millionen!) macht klar, daß diese Prognosen deutlich überschritten werden. Davon profitiert auch der Güterumschlag im Hafen Nürnberg.
Die Ergänzung der hervorragenden, modernen Hafeninfrastruktur durch einen Umschlagbahnhof Schiene, die Planung eines dritten Hafenbeckens, die Erschließung neuer Ansiedlungsflächen für weitere verkehrsintensive Gewerbebetriebe sowie die gute straßenseitige Anbindung tragen dazu bei, die Bedeutung des Hafens als Schnittstelle zwischen Binnenschiff, Schiene und Straße weiter zu stärken.
All das ergibt ein lebendiges, gewachsenes Güterverkehrszentrum mit hochtechnologischer Logistik, das in seiner Komplexität und Multifunktionalität in der Bundesrepublik Deutschland einzigartig ist.
Mit Fertigstellung der durchgehenden Wasserstraße entdeckten immer mehr Anbieter von Flußkreuzfahrten die Reize des neuen Verkehrsweges für ihre Kunden und bringen neue Impulse für den Fremdenverkehr der Region und den Städtetourismus. Besonders positiv verläuft die Entwicklung in der Neuen Fränkischen Seenlandschaft, die ihre Entstehung mit dem Bau des Kanals verdankt. Der Große Brombachsee wird nach seiner vollendeten Stauung mit 1270 Hektar eine größere Wasserfläche haben als der Tegernsee. Durch die Seenplatte entsteht ein wunderbares Freizeitparadies, das auf Wasserratten aus dem Ballungsraum ebenso anziehend wirkt wie auf Touristen aus anderen Regionen.
Luftverkehr: Da über den Flughafen Nürnberg und seine Bedeutung in einem gesonderten Beitrag berichtet wird, kann an dieser Stelle auf eine Darstellung verzichtet werden.
Öffentlicher Personennahverkehr: Mit dem Verkehrsverbund Großraum Nürnberg (VGN) steht für die Verknüpfung der Region mit dem Ballungsraum Nürnberg/Fürth/Erlangen ein engmaschiges Netz von ÖPNV-Verbindungen zur Verfügung. Mit mittlerweile über 6000 Quadratkilometern ist der VGN mit einer der größten Verbundräume in Deutschland. Das Rückgrat des öffentlichen Verkehrsnetzes bilden Regionalbahn- und S-Bahn-Strecken sowie die städtischen U-Bahn-Linien. Rund 250000 Menschen sind regelmäßig Nutzer der U-Bahn-Verbindungen, die auf attraktive Art Fürth, die „kleinste" U-Bahn-Stadt der Welt, mit Nürnberg verbinden. Die Nürnberger Altstadt, das Einkaufs-, Geschäfts- und

port of Nürnberg of a railway transshipment facility, the planning of a third harbour basin, the development of further industrial sites for transport-oriented firms and the good road connections will further strengthen the port as interface between inland-waterway, rail and road transport.
All that gives Nürnberg a lively freight centre with high-tech logistics which is unique in Germany in respect of complexity and multifunctionality. Also with completion of the waterway, ever more providers of river cruises have discovered its attractions for tourism in the region. Particularly beneficial has been the creation of the New Franconian Lakeland, which was made possible by the construction of the canal. When it is filled, one of the lakes – the Grosse Brombachsee – will have a water area of 1,270 hectares, which is greater than that of the Tegernsee. With the creation of the lakes the region has a wonderful leisure attraction that appeals to the locals no less than to tourists from other regions.
Air transport: Since this is dealt with in the article on Nürnberg's airport, it will not be discussed here.
Local public transport. With the setting up of the Greater Nürnberg Transport Authority (VGN), Nürnberg was linked up with Fürth and Erlangen by way of a close network of public transport services. Now covering more than 6,000 square kilometres area, the VGN is one of the largest of its kind in Germany. The backbone of the network is the regional and S-Bahn (rapid transit) lines together with the urban U-Bahn (underground) lines. Some 250,000 people regularly use the U-Bahn, which in an attractive way connects Fürth, the world's smallest U-Bahn town, with Nürnberg. Nürnberg's Old Town, the shopping, business and banking centre of northern Bavaria, with its spacious pedestrian precinct, is well served by the U-Bahn. Its further enlargement is proceeding steadily.
The S-Bahn lines to Altdorf and Lauf are proving highly popular, so that a more frequent service will be introduced in 1996. The S-Bahn connection to Schwabach and Roth will be completed in about four years. Construction of the fourth line, to serve Erlangen and Forchheim, is about to commence. This will connect the Mutual Industrial Park of the three cities from the Nürnberg, Fürth and Erlangen directions.
The main activities of the Bavarian Research Association for Innovative Traffic and Transport Systems (known for short in German as FORVERTS) lie in the public transport sector, with a whole series of research projects being directed toward improving public

Bankenzentrum Nordbayerns, mit ihrer großzügigen Fußgängerzone wird durch die U-Bahn in hervorragender Weise bedient. Der weitere Ausbau des U-Bahn-Netzes schreitet stetig voran.
Die S-Bahn-Strecken nach Altdorf und Lauf erfreuen sich großen Zulaufs, so daß 1996 eine weitere Taktverdichtung vorgesehen ist. Die S-Bahn nach Schwabach und Roth wird in etwa vier Jahren fertiggestellt sein. Der Baubeginn für die vierte Linie Richtung Erlangen und Forchheim steht bevor und wird eine hervorragende ÖPNV-Anbindung des Gemeinsamen Gewerbeparks der drei Städte aus Richtung Nürnberg, Fürth und Erlangen sicherstellen.
Im Bereich des ÖPNV liegt die Schwerpunkttätigkeit des Bayerischen Forschungsverbundes Innovative Verkehrs- und Transportsysteme (FORVERTS), der aus einer mittelfränkischen Initiative entstand – ein deutliches Zeugnis für die hohe Verkehrskompetenz der Region. Eine ganze Reihe von Forschungsprojekten dient der Verbesserung der ÖPNV-Abläufe, einer Erhöhung der Flexibilität und des Komforts für die Nutzer sowie einer Optimierung der Ausnutzung des innerstädtischen Straßenraums durch ein perfekt abgestimmtes Miteinander von ÖPNV und motorisiertem Individualverkehr.

---

transport procedures, also increasing flexibility and user convenience as well as making best use of inner-city roads by way of a perfectly matched modus vivendi between public transport and the private car.

Der Kanalhafen ist ein wichtiger Teil der Verkehrsinfrastruktur.

The canal port is an important part of the transport infrastructure.

Das Vertriebsteam der BAHNTRANS GMBH stimmt ein umfassendes Logistikangebot an einen Großkunden ab und bereitet die Präsentation vor.

A BAHNTRANS GMBH sales team checks a comprehensive logistics offer to a major customer and makes ready the presentation.

DR. LUDWIG HOFFMANN

LUFTVERKEHR IM AUFWIND – DER FLUGHAFEN NÜRNBERG

Der weltweite Aufschwung des Luftverkehrs in den vergangenen Jahren gewinnt deutlich an Stärke. Auch die deutschen Flughäfen verzeichnen hohe Zuwachsraten.

Seit der Neugestaltung des Fluggast-Empfangsgebäudes im Jahr 1992 erfreut sich der Flughafen Nürnberg immer größerer Beliebtheit. Bei kurzen Wegen von den Parkplätzen bis zum „Einchecken" ist es besonders angenehm, ab Nürnberg zu fliegen. Für Geschäftsreisende bedeutet das eine enorme Zeitersparnis, Urlaubsreisende fliegen ohne Zeitverlust in die Ferien.

Bei zeitgemäßem Komfort entstanden drei Fluggastbrücken für den wettergeschützten Übergang der Passagiere in die Flugzeuge. Der Vorfahrtsbereich vor dem Empfangsgebäude ist völlig neu gestaltet und großzügig begrünt. Auch die Serviceeinrichtungen sind gut ausgebaut: rund 2000 Parkplätze, Garni-Hotel, drei Restaurants und Konferenzräume, zahlreiche Autovermieter und Reisebüros, Duty-free-Shops, Friseur, Mutter-und-Kind-Einrichtungen usw.

Die Luftfracht ist am Flughafen Nürnberg ein ständig wachsender Bereich. 1987 konnte ein modernes Umschlaggebäude errichtet werden. Besonders in den letzten Jahren etablierten sich einige bedeutende Expreßdienstfirmen, die schnelle Übernachtdienste für die heimische Wirtschaft bereithalten. Der Frachtumschlag 1995 hat 70646 Tonnen erreicht. Im Luftpost-/Nachtpostbereich wurden 1995 insgesamt 12205 Tonnen verladen.

Flugsicherheit wird am Flughafen Nürnberg großgeschrieben. Deshalb gehört der Flughafen mit seiner 2700 Meter langen Startbahn auch in dieser Hinsicht mit zu den Flughäfen der Bundesrepublik mit hohem technischem Standard. Mit großem Investitionsaufwand wurde bereits vor Jahren die sogenannte „Betriebsstufe CAT IIIb" in Betrieb genommen. Sie ermöglicht Landungen bei einer Sichtweite von nur etwa 100 Metern (oder geringer) und aufliegender Wolkendecke. Die Zurollbahnen wurden mit Unterflur-Mittelbefeuerung ausgestattet, so daß der Pilot auch bei schlechtester Sicht gut zu seiner Abstellposition geleitet wird.

Seit Beginn der neunziger Jahre hat die Zahl der Flugmöglichkeiten von und nach Nürnberg wesentlich zugenommen. Im Linien-

The worldwide upturn in air transport in recent years is continuing, and growth rates are also encouraging at Germany's airports. Nürnberg too has been experiencing ever greater popularity since the remodelling of the passenger reception building in 1992. It is specially pleasant to fly from Nürnberg now that it's such a short way from parking the car to checking in. It's a great time saver for the business traveller, and for the holidaymaker it is no less agreeable not to lose time.

The three covered-over passenger bridges get the traveller in comfort to the aircraft whatever the weather. The approach area in front of the reception building has been completely redesigned and also given lots of greenery. Also the service facilities have been greatly improved: There is parking for about 2,000 cars, a bed-and-breakfast hotel, three restaurants, conference rooms, several car hire firms and travel agents, duty-free shops, hairdresser/barber and mother-and-child facilities etc.

Air freight has been growing steadily at Nürnberg since a modern transshipment building went up in 1987. Especially in the last few years a number of well-known express freight firms have set up here, offering fast overnight services also for local trade and business. Freight handled in 1995 amounted to about 70,646 tonnes, while in the airmail/night-mail sector in 1995 the figure was 12,205 tonnes.

Air safety is writ large, and Nürnberg Airport with its 2,700-metre-long runway is also in this respect up to the highest standards of the other German airports. With heavy investment the so-called GAT IIIB operating mode went into service years ago. This permits landing with visibility of about a hundred metres (or less) and cloud cover. The approach ways were equipped with flush centreline lighting so that the pilot can safely reach his parking position even under worst visibility.

The number of connections to and from Nürnberg has much increased since the beginning of the 1990s. In scheduled service there are many convenient domestic links such as nine flights daily to Berlin, while there are nonstop flights to the most important foreign destinations in Europe. In the tourist sector more than 40 of the most important destinations are served, these being deman-

NÜRNBERG AIRPORT BOOSTS AIR TRAVEL IN THE REGION

Generalansicht des Flughafens Nürnberg

General view of Nürnberg Airport

Abflughalle 2 mit gläsernem Aufzug – eine Attraktion vor allem für Kinder! ▷

Departure hall 2 with glass elevator: the latter is a particular attraction for the children!

SANDOZ
Last Minute
LAST MINUTE TOURS

verkehr bestehen effektvolle Inlandsverbindungen, zum Beispiel neunmal täglich nach Berlin. Nonstop-Auslandsverbindungen bestehen zu den wichtigsten europäischen Auslandsmetropolen. Darüber hinaus werden im Touristikverkehr (von Aruba bis Zypern) über 40 Ziele in den wichtigen Urlaubsgebieten angeflogen. Der heimische Markt (Nordbayern und südliches Thüringen) hat diese Flugverbindungen verlangt und angenommen. Ein Abflug von anderen Flughäfen ist damit entbehrlich geworden, ebenso haben Nonstop- und Direktflüge die Umsteigeverbindungen ersetzt.
Es wird notwendig, den Flughafen seiner Bedeutung entsprechend weiter auszubauen. Die geplanten wichtigsten Projekte sind ein neuer Tower für die Flugsicherung, mit dessen Bau Anfang 1996 begonnen wurde, sowie der Bau der U-Bahn direkt zum Flughafen. Nur mit dem erforderlichen Ausbaustandard kann der Flughafen seiner Verkehrsaufgabe gerecht werden.
Der Flughafen Nürnberg von heute ist ein leistungsfähiges Unternehmen mit 3000 Beschäftigten. Mit seinen Flugmöglichkeiten und seinen vorbildlichen Anlagen hat er eine breite Akzeptanz in seinem Einzugsgebiet. Stadt und Region Nürnberg brauchen den eigenen Anschluß an den Luftverkehr.

ded and accepted by the local market, principally northern Bavaria and southern Thuringia. There is therefore no need for a departure from some other airport, while the nonstop and direct flights make transfers unnecessary.
Further construction work will be necessary if the airport is to meet future expectations. The most pressing projects are a new tower for air traffic control, building of which started in early 1996, and the construction of a U-Bahn (underground) line terminating directly at the airport. Flughafen Nürnberg is today an enterprising company with 3,000 employees and one that enjoys wide acceptance in the region.

Im Frachtzentrum am Flughafen ist rund um die Uhr Betrieb.

Things are lively right around the clock at the airport's freight centre.

DR. ALFRED ROITHMEIER

ENERGIEVERSORGUNG – STÜTZE DER WIRTSCHAFT

Im Februar 1994 legte die EU-Kommission eine neue Strategie zur Energiepolitik vor. In diesem Papier unterstreicht die Kommission die Bedeutung der Energiepolitik als Schlüsselfaktor für die Wohlfahrt einer Region. Untersuchungen der EU weisen nach, daß strukturschwache Regionen im europäischen Vergleich einen niedrigen Energieverbrauch pro Einwohner, eine höhere Energieintensität und einen relativ hohen Energieimport aufweisen. Energiepolitik ist deshalb vor allem Strukturpolitik.
Zwar wird sich in der Bundesrepublik Deutschland der seit der zweiten Ölpreiskrise anhaltende Trend der Entkopplung von Wirtschaftswachstum und Energieverbrauch fortsetzen, doch wird eine preiswerte, leistungsfähige und umweltorientierte Energieversorgung eine wichtige standortpolitische Voraussetzung sein, um den Export von Arbeitsplätzen zu begrenzen und neue Technologien anzusiedeln. Die deutschen Energieversorgungsunternehmen (EVU) jedenfalls haben ihre Hausaufgaben gemacht und sind für die Zukunft bestens gerüstet. Als wichtige Stütze der Wirtschaft stellen sie der Volkswirtschaft ein umfangreiches, flexibles und umweltorientiertes Dienstleistungsangebot zu wettbewerbsfähigen Preisen zur Verfügung.

EINE PLURALISTISCHE UNTERNEHMENSSTRUKTUR SORGT FÜR WETTBEWERBSFÄHIGE PREISE

Im Zuge der Schaffung eines europäischen Binnenmarktes werden Überlegungen angestellt, die gewachsenen Strukturen aufzubrechen und durch eine Öffnung der Märkte die Stromversorgung weiter zu verbessern. Betrachtet man jedoch die Unternehmensstruktur in der Stromversorgung in Europa, so fällt sofort auf, daß sich die deutsche Elektrizitätswirtschaft im Vergleich zum Beispiel zu Italien, Spanien oder Frankreich durch eine sehr pluralistische, unternehmensorientierte und damit wettbewerbsnahe Struktur auszeichnet. Zur deutschen Elektrizitätswirtschaft gehörten 1994 rund 1 000 Stromversorger, mehr als 300 industrielle Stromproduzenten und über 8 000 kleine, vor allem private Erzeuger. Auch sind die Unternehmen nicht, wie überwiegend im europäischen Ausland, in der Hand des Staates, sondern stellen

In February of 1994 the European Commission presented a new strategy in energy policy in which the Commission underlined its relevance as a key factor in the prosperity of a region. Investigations by the EU showed that, in a European context, regions with a weak economic structure have a low energy consumption per person, a higher energy intensity and relatively high energy imports. Hence energy policy is above all structural policy.
In Germany, the trend since the second oil-price crisis to a decoupling of economic growth and energy consumption will continue, but a cheap, efficient and environment-oriented supply of energy will be an important factor in limiting the export of jobs and attracting new technologies. At any rate, Germany's association of electricity supply undertakings (EVU) has done its homework and is well equipped for the future. As a main support of the economy, the association's members provide a flexible and environment-oriented service at competitive prices.

PLURALISTIC COMPANY STRUCTURE ENSURES KEEN PRICES

In creating a single European market the considerations are as to how existing structures can be broken up and further improved by opening up the power supply markets. But when considering the company structure in Europe's power supply industry, it at once becomes obvious that the German electricity industry has a very pluralistic, entrepreneur-oriented and hence near competitive structure compared with, say, Italy, Spain or France. In 1994 the German electricity industry consisted of about 1,000 utilities, more than 300 industrial producers and more than 8,000 small and mostly private producers. They are not, as is mostly the case elsewhere in Europe, state-owned, but are a mixture of public, semipublic and private utilities. This also applies in Middle Franconia, where there are more than fifty energy supply companies. The many companies and their various size in itself ensures a near competitive element in energy supply, with a corresponding influence on pricing. So in spite of the greater expense of distribution in rural areas, electricity costs the same throughout the region irrespective of whether it is an isolated farmstead or somewhere in a densely populated urban area.

ENERGY SUPPLY: INDISPENSABLE AID TO INDUSTRY

eine Mischung aus gemeinwirtschaftlichen, gemischtwirtschaftlichen, aber auch rein privatwirtschaftlichen Unternehmen dar.
Auch in Mittelfranken spiegelt sich diese pluralistische Struktur wider. Im Regierungsbezirk Mittelfranken gibt es mehr als 50 Energieversorgungsunternehmen. Allein die Vielzahl der Unternehmen und ihre unterschiedlichen Größenordnungen verdeutlichen, daß wettbewerbsnahe Elemente in der Energieversorgung vorhanden sind, die sich auf die Preisgestaltung auswirken. So wird trotz des weitaus höheren Verteilaufwands auf dem flachen Land die lebensnotwendige Energie in der gesamten Region zu gleichen Preisen angeboten, egal ob Einödhof oder dichtbesiedeltes Stadtgebiet.

ÖKOLOGISCHE ASPEKTE IN DER ENERGIEVERSORGUNG

Eine sichere und zuverlässige Stromversorgung ist heute in Deutschland selbstverständlich geworden. Auch hat seit Jahren der ökologische Aspekt Eingang in die Unternehmensphilosophie der EVU gefunden. So sind zum Beispiel alle großen Kraftwerke Mittelfrankens mit modernsten Rauchgasreinigungsanlagen ausgestattet.

Aber nicht nur bei der Stromproduktion mit herkömmlicher Kraftwerkstechnik wird in Mittelfranken kräftig in die Zukunft investiert, auch bei der Förderung erneuerbarer Energiequellen haben mittelfränkische EVU die Nase vorne. Bereits 1988 erfolgte an den Landwirtschaftlichen Lehranstalten Triesdorf der Start zu einem Pilotprojekt zur Erprobung der Photovoltaik- und Wasserstofftechnologie in der Landwirtschaft. Durch dieses erfolgreiche Engagement gelangten umfangreiches Wissen und reiche Erfahrung in die Region. Wichtige Impulse für die Anwendung dieser umweltschonenden Technologie bei Handel, Handwerk und Bevölkerung gingen und gehen von diesem wegweisenden Projekt aus.

ELEKTRIZITÄTSWIRTSCHAFT INTEGRALER BESTANDTEIL DER HEIMISCHEN WIRTSCHAFT

Die Elektrizitätswirtschaft schafft durch ihr qualifiziertes Dienstleistungsangebot nicht nur die Voraussetzungen für eine sichere und umweltverträgliche Produktion, sondern stellt selbst einen bedeutenden Wirtschaftszweig für die Region dar. Die großen mittelfränkischen EVU erwirtschafteten 1994 einen Umsatz von rund 2,6 Mrd. DM und sind mit mehr als 4700 qualifizierten Arbeitsplätzen ein wichtiger Arbeitgeber.
Die kapitalintensiven und langfristigen Versorgungseinrichtungen der Stromwirtschaft bedingen, daß die Elektrizitätswirtschaft zu den Branchen mit den höchsten Investitionsquoten zählt. 1994 investierte die deutsche Stromwirtschaft nach Angaben des Verbandes der Deutschen Elektrizitätswerke (VDEW) mehr als 16 Mrd. DM in ihre Versorgungsanlagen. Davon entfielen auf die großen mittelfränkischen Versorger über 200 Mill. DM. Damit leisteten diese einen weiteren wichtigen Beitrag zur Erhaltung vieler Arbeitsplätze in der Region Mittelfranken. ■

ECOLOGICAL ASPECTS IN ENERGY SUPPLY

Safe and reliable energy supply is now taken as a matter of course in Germany, and for several years now the ecological aspect has been an integral part of the philosophy of the EVU's members. One expression of this is that all of Middle Franconia's large power stations are equipped with the most modern flue-gas cleaning (scrubber) plants.
But Middle Franconia is not only investing heavily in electricity production with conventional power-station technology; it is also well to the fore in the advancement of renewable energy sources. Already in 1988 at the Triesdorf agricultural teaching facilities there was the start of a pilot project for testing photovoltaic and hydrogen technology in agriculture. This brought extensive expertise and experience to the region, and the project has created a stimulus for the application of this environment-friendly technology in the crafts, commerce and the population generally.

ELECTRICAL INDUSTRY AS PART OF THE LOCAL ECONOMY

With its service, the electrical industry not only creates the conditions for reliable and environmentally safe production, but is itself an important factor in the region's economy. In 1994 the members of the EVU in Middle Franconia had a turnover of about 2.6 billion DM, and with a skilled workforce of more than 4,700 they were also an important source of employment.
The industry's capital-intensive equipment and facilities means that it is one of the sectors with the highest investment rates. According to the Association of German Power Stations (VDEW), the industry in 1994 invested more than 16 billion DM in its supply equipment, and more than 200 million DM of this was accounted for by the large Middle Franconia suppliers, which means a further important contribution to safeguarding jobs in the region. ■

Der Einsatz von Photovoltaik an Fassaden- oder in Lichtdachkonstruktionen ist gestalterisch sehr attraktiv. Bei der Erlanger Stadtwerke AG erfolgt die architektonische Anbindung des Solargenerators in Form eines Sonnenschutzes für Laborräume. Die 3,7-Kilowatt-Anlage deckt an manchen Tagen den Energiebedarf des Beratungszentrums.

The installation of photo-voltaic equipment on façades or into transparent roof coverings can be aesthetically very attractive. At Erlanger Stadtwerke AG the architectural solution is to use the solar generator as sun protectors for the laboratory. On some days the 3.7-kilowatt plant meets the energy requirements of the consulting centre.

Die Fränkisches Überlandwerk AG (FÜW) versorgt mehr als eine Million Einwohner in der Region mit elektrischer Energie. Im Infozentrum Ansbach-Eyb zeigt FÜW innovative Haustechnik zum praktischen Einsatz von erneuerbaren Energiequellen, um die Kunden zum rationellen Umgang mit Energie zu motivieren.

The public utility Fränkisches Überlandwerk AG (FÜW) supplies more than a million people in the region with electricity. At the information centre in Ansbach-Eyb the FÜW shows innovative domestic services for the practical application of renewable energy sources with the target of encouraging rational use of energy among customers.

Kombinierte Strom- und Fernwärmeerzeugung im Heizkraftwerk Sandreuth der EWAG Energie- und Wasserversorgung AG mit integrierter Entschwefelungs- und Entstickungsanlage. Das Kraftwerk leistet einen wesentlichen Beitrag zur Erhaltung und Verbesserung der Luftqualität in Nürnberg. Der hohe technologische Stand dieser Anlage genießt internationales Ansehen.

The Sandreuth heat-and-power station operated by EWAG Energie- und Wasserversorgung AG has an integrated flue-gas desulphurization and denitrification plant and supplies electricity and district heating in the Nürnberg region. It thus makes a substantial contribution to improving air quality throughout the city and its environs. The station's high technological standard has won it an international name.

LEXIKON DER FIRMEN, VERWALTUNGEN UND VERBÄNDE

Das Fertigungsprogramm der ALL-PLASTIC MAYER GMBH+CO. KG, Gunzenhausen, umfaßt Flachfolien, Schlauchfolien, Beutel aller Art, Tragetaschen, Tiefkühlbeutel-Packungen, Mülleimerbeutel-Packungen, Müllsäcke und Feinschrumpffolien aus Polyethylen, Polypropylen, Niederdruck-Polyethylen und Linear-Polyethylen. Alle diese Produkte können in der modernen Druckerei mit bis zu sechs Farben bedruckt werden. (Bildbeitrag Seite 100)

Die BAHNTRANS GMBH, vertreten durch die Niederlassung Nürnberg, ist ein Unternehmen der Thyssen Haniel Logistic GmbH und der Deutsche Bahn AG, in dem die beiden Gesellschaften ihre Stückgutbereiche zusammengeführt haben. In Deutschland steht mit über 70 Niederlassungen eine flächendeckende Organisation zur Verfügung. Um den Kundenwünschen noch besser gerecht zu werden, hat BAHNTRANS mit dem Aufbau von rund 40 Frachtzentren begonnen. Europaweit verfügt das Unternehmen über 84 Niederlassungen. Darüber hinaus ist BAHNTRANS Mitglied der strategischen Europa-Allianz TEAM, so daß ein gleich hohes Leistungsniveau für ganz Europa garantiert ist. Das Dienstleistungsangebot umfaßt neben den Standardprodukten Stückgut, Partiegut, Expreßdienste und IC-Kurierdienst auch Sonderdienstleistungen wie Beschaffungs-, Entsorgungs-, Verpackungs- und Branchenlogistik. Angestrebtes Ziel ist die Verlagerung des Verkehrs von der Straße auf die Schiene. Die Vorteile der Transportabwicklung mit BAHNTRANS sind hohe Umweltverträglichkeit durch Nutzung des Verkehrsträgers Schiene, fahrplanmäßige Pünktlichkeit und Zuverlässigkeit, bundesweiter 24- bis 48-Stunden-Service sowie wirtschaftliche Transportabwicklung durch Direktverbindung der Frachtzentren und das internationale Transportnetz. (Bildbeitrag Seite 188)

Die MARTIN BAUER GMBH & CO. KG, Vestenbergsgreuth, ist der weltweit größte Verarbeiter von Kräutern und Früchten zu Teeprodukten. Hergestellt werden Kräuter-, Früchte- und Arzneitees sowie Arzneiteemischungen. Der in der dritten Generation geführte Familienbetrieb ist Zulieferer für die weiterverarbeitende Industrie (Teeabpacker). Am Standort Vestenbergsgreuth bildet das Unternehmen einen Firmenverbund mit der 1980 gegründeten Firma Plantextrakt (Hersteller von Extrakten, Aromen, Instanttees sowie entkoffeinierten Schwarztees) sowie dem Unternehmen PhytoLab, das 1993 gegründet wurde und sich als eigenständige Laborgesellschaft mit Forschung und Entwicklung, Analytik und Zulassung pflanzlicher Produkte befaßt. (Bildbeitrag Seite 103)

Die Gründung der RICHARD BERGNER GMBH + CO, Schwabach, geht auf das Jahr 1911 zurück. Heute fertigt das Familienunternehmen in verschiedenen Werken – in Schwabach, Nürnberg und Radebeul bei Dresden – Spezialschrauben, Niete und Kaltformteile, Technische Federn sowie Elektroarmaturen. Rund 1500 qualifizierte Mitarbeiter sind bei RIBE beschäftigt. Qualität ist der oberste Grundsatz des Unternehmens, laufende Investitionen in Forschung, Entwicklung, Produktion und Qualitätssicherung sind Garant für die hochwertigen Produkte und eine erfolgreiche Geschäftsentwicklung. (Bildbeitrag Seite 133)

Die BOSCH-GRUPPE ist in Nürnberg seit fast 40 Jahren vertreten. An zwei Standorten in unmittelbarer Nähe des Fernmeldeturms sind rund 2500 Mitarbeiter beschäftigt (Stand März 1996). Das Produktionsprogramm auf dem 115000 Quadratmeter großen Grundstück an der Zweibrückener Straße umfaßt insbesondere Komponenten für elektronische Getriebesteuerungen und ABS/ASR-Systeme sowie Druckluftbremsen für Nutzfahrzeuge, Drehzahlfühler und Drehratensensoren. – 101000 Quadratmeter beansprucht das Werkgelände an der Dieselstraße. Dort werden für die Bosch-Einspritztechnik die Magnetventile, die Zentralen Einspritzeinheiten, Warmlaufregler, Drosselvorrichtungen und Kraftstoffzuteiler gefertigt. Ferner werden Saugmodule produziert sowie Zahnrad- und Radialkolbenpumpen. – Bosch ist in Nürnberg außerdem durch Vertriebs- bzw. Kundendienststellen der Geschäftsbereiche Junkers, Hausgeräte und Blaupunkt vertreten. Zudem nimmt die Vertriebsniederlassung der Bosch Telecom GmbH in Nürnberg Verkaufs-, Montage- und Serviceaufgaben für Kommunikations- und Sicherheitssysteme wahr. (Bildbeitrag Seite 114)

Die BUNDESANSTALT FÜR ARBEIT, Nürnberg, ist eine Körperschaft des öffentlichen Rechts mit Selbstverwaltung, die 1952 gegründet wurde. Ihre Arbeitsfelder sind: Berufsberatung, Arbeitsvermittlung, Förderung der beruflichen Bildung, Gewährung von berufsfördernden Leistungen zur Rehabilitation, Gewährung von Leistungen zur Erhaltung und Schaffung von Arbeitsplätzen, Gewährung von Arbeitslosengeld, Konkursausfallgeld und Arbeitslosenhilfe (im Auftrag des Bundes), Arbeitsmarkt- und Berufsforschung. Für die Erfüllung dieser Aufgaben stehen bundesweit 11 Landesarbeitsämter, 184 Arbeitsämter und weitere 646 regionale Dienststellen zur Verfügung. (Bildbeitrag Seite 34, 35)

Die im Jahre 1947 gegründete Firma BUSCH & CO. HANNS SEIFERT GMBH & CO., Ansbach, ist mit ihrer breitgefächerten Produktpalette ein kompetenter Partner für den Bau- und Ausbaubereich. Bereits seit 1978 vertreibt Busch seine unter dem Begriff DUROFLEX vielfach bewährten und geprüften Wärmedämm-Verbundsysteme; die Produktion der hochwertigen und vielseitigen Cobra-Farben erfolgt an zwei Standorten. Dazu kommt der Großhandel mit Farben, Bodenbelägen, Tapeten und Handwerkerbedarf. Mit acht Niederlassungen beliefert Busch in erster Linie das Fachhandwerk sowie den Fachhandel im süddeutschen Raum und den neuen Bundesländern, nimmt aber auch vermehrt Exportaufgaben wahr. Wichtige Aktivitäten werden auf dem Umweltschutzsektor durchgeführt; nicht nur der verantwortungsvolle Umgang mit umweltfreundlichen Produkten, sondern u. a. durch Abfüllung von Farben in Containern sowie das Bereitstellen anderer Produkte in Großgebinden. Im Hause Busch ist man ständig aufs neue bemüht, den Erfordernissen und Ansprüchen des Marktes gerecht zu werden, um im Markt auch in Zukunft die erste Adresse zu bleiben – als Partner von Industrie, Handel und Handwerk. (Bildbeitrag Seite 85)

■ Die COATES SCREEN INKS GMBH, Nürnberg, gehört zur starken Gruppe des weltweit tätigen Siebdruckfarbenherstellers Coates Screen. Die englische Coates-Gruppe, ein Bestandteil des französischen TOTAL-Konzerns, ist weltweit nach den Japanern die Nummer zwei im Druckfarbenbereich. In Nürnberg entstehen Spezialfarben (Sieb- und Tampondruck) sowohl für den technischen Bereich als auch für werbliche Zwecke. 11 Vertriebs- und Servicefirmen in Deutschland sowie 25 im Ausland sorgen für eine reibungslose Betreuung und Belieferung der Kunden. (Bildbeitrag Seite 97)

■ Die COMMERZBANK, eine moderne Großbank mit 125jähriger Tradition, nimmt als Universalbank Aufgaben sowohl im Einlagen- und Kreditgeschäft als auch im Wertpapierbereich wahr. Dank einer entsprechenden Organisation und modernster technischer Ausstattung bietet sie umfassenden Service „aus einer Hand". Der Firmenkundschaft steht sie in allen Finanzfragen zur Verfügung. Das Kreditangebot reicht von allen klassischen Finanzierungen bis zu einer Vielzahl maßgeschneiderter Kreditmöglichkeiten im In- und Ausland. – Als Partner des Mittelstandes bietet die Commerzbank eine Reihe spezieller Finanzierungsprogramme. Für den privaten Kunden steht eine breite Palette an Dienstleistungsangeboten bereit. Die Commerzbank – ein weltweit aktives Institut – ist mit ihren internationalen Stützpunkten in allen Finanz- und Wirtschaftszentren der Welt vertreten. Im Wirtschaftsraum Mittelfranken ist die Commerzbank seit 1918 vertreten. Die Filiale Nürnberg, mit acht Filialen im Stadtgebiet, fungiert als Gebietsstelle der mittelfränkischen Filialen Erlangen, Fürth, Lauf, Schwabach und Zirndorf sowie weiterer Filialen im gesamten nordbayerischen Raum. (Bildbeitrag Seite 163)

■ Die DAIMLER-BENZ AG, Stuttgart, vereinigt als integrierter Technologiekonzern Know-how und Technologie verschiedener Unternehmensbereiche und ist seit 1911 auch in Nürnberg vertreten. Zu der Ursprungszelle in der Fürther Straße kamen vier weitere Betriebe, so daß MERCEDES-BENZ heute an fünf Standorten in Nürnberg das gesamte Pkw- und Nutzfahrzeugprogramm anbieten kann, selbstverständlich auch den entsprechenden Service und ein umfangreiches Angebot an Teilen und Zubehör. In Fürth besteht seit 1989 am Hafen das regionale Versorgungslager. Von hier aus werden sieben Niederlassungen und 275 Vertragspartner, in ganz Bayern, Sachsen und Thüringen, mit Teilen und Zubehör beliefert. Die Mercedes-Benz AG, Niederlassung Nürnberg, liefert jährlich mehr als 12000 Fahrzeuge aus und beschäftigt heute insgesamt rund 850 Mitarbeiter.
Die Betriebsstätte Nürnberg der ADTRANZ (DEUTSCHLAND) GMBH blickt auf eine lange Firmengeschichte zurück, die 1841 mit der Gründung der Klett'schen Maschinenfabrik begann. Bereits 1851 wurden Güterwagen in Serie gefertigt. 1873 firmierte das Unternehmen um auf Maschinenbau-Aktiengesellschaft, Nürnberg. Durch Zusammenschluß mit der Maschinenfabrik Augsburg entstand 1893 die MAN. Die Schienenfahrzeugbereiche von MAN und MBB (Donauwörth) wurden 1990 in das Geschäftsfeld Bahnsysteme der AEG Daimler-Benz Industrie eingegliedert. Bedeutende Lieferungen aus dem Werk Nürnberg aus jüngerer Zeit sind mehrteilige Dieseltriebwagen für die Türkische Staatsbahn und elektrische Triebwagen für ISAP, Athen, Maschinenwagen für TEE-Diesel-Triebzüge der Deutschen Bundesbahn, Ausrüstung von Schienenbussen mit Luftfederung, diesel-hydraulische Regional-Triebwagen für die Deutsche Bundesbahn, Neuentwicklung von S-Bahn-Triebwagen ET 420, U-Bahn-Züge mit Wagenkästen aus Aluminium, Schnelltriebwagen ET 403, neu entwickelte Wagenkästen für den ICE, ICE-Mittelwagen, 100-Prozent-Niederflur-Straßenbahnen und Triebwagen mit aktiver Neigetechnik für die Deutsche Bundesbahn. An den Standorten Nürnberg und Donauwörth sind zur Zeit rund 900 Mitarbeiter beschäftigt.
Die TEMIC TELEFUNKEN microelectronic, Heilbronn, gehört ebenfalls zum Daimler-Benz-Konzern. Sie ist ein innovativer, global arbeitender Partner für anwendungsspezifische, kundenorientierte Produkte und Systeme in den Bereichen Halbleiter, Mikrosysteme, Kfz-Elektronik und Airbag-Gasgeneratoren. Beliefert werden die Märkte Automobil, Compu-

ter, Kommunikationselektronik, Industrie- und Unterhaltungselektronik. Leistungsfähige Entwicklungs-, Fertigungs- und Vertriebsstandorte befinden sich in Europa, Amerika und Asien. In der fränkischen Metropole Nürnberg bietet TEMIC mit ihren Geschäftsbereichen Mikrosysteme und Kfz-Elektronik auf rund 5000 Quadratmetern Betriebsfläche rund 1000 Mitarbeitern einen anspruchsvollen Arbeitsplatz.
(Bildbeiträge Seite 128 – 131)

Die DATEV eG, Nürnberg, ist die berufsständische EDV-Dienstleistungsorganisation für den steuerberatenden Beruf in Form einer Genossenschaft. Sie stellt ein integriertes System aus Datenverarbeitung, Service und Software für nahezu jede steuerlich-betriebswirtschaftliche Beratungsaufgabe des Steuerberaters und seine Mandanten bereit. U. a. ist die DATEV Pionier in der praktischen Anwendung der Telekommunikation (seit 1974 eigenes Datennetz) und der Verbindung von EDV-Systemen (seit 1984 DATEV-Verbundsystem zur Interaktion von Personalcomputern und Großrechnern). (Bildbeitrag Seite 161)

DIEHL GMBH & CO, NÜRNBERG: In über neun Jahrzehnten hat sich aus der 1902 von Heinrich Diehl gegründeten Kunstgießerei in Nürnberg eine international tätige Firmengruppe entwickelt. Das auch heute noch voll im Familienbesitz befindliche Unternehmen erzielt einen Jahresumsatzwert von über 3 Mrd. DM, beschäftigt mehr als 13 000 Mitarbeiter und zählt zu den 100 größten Industriefirmen Deutschlands. In den Geschäftsbereichen Metall, Uhren, Controls, Geräte, Munition und Luftfahrt werden industrielle Weiterverarbeiter, Endverbraucher und öffentliche Auftraggeber mit einer weitgespannten Produktpalette beliefert. Aus den Diehl-Fabriken kommen unter anderem Synchronringe für Schaltgetriebe, elektronische Steuerungen für die Hausgeräteindustrie, Sonderfahrzeuge für Paketdienste ebenso wie Panzerketten für den Leopard II, hochsensible Lenkflugkörpersysteme und klassische Munition. Vorzeigeprodukt technologischer Hochleistung auf dem Konsumsektor ist die Funkuhr der Tochter Junghans.
(Bildbeitrag Seite 86, 87)

Hochwertige Damenoberbekleidung in Strick und Gewebe ist das Markenzeichen der DINOVALIANO MODEN GMBH, Pappenheim. Das 1979 gegründete Unternehmen liefert seine Erzeugnisse in 39 Länder der Erde. Der Exportanteil beträgt 65 Prozent. DINOVALIANO ist berühmt für außergewöhnliche Strickkreationen und Qualitäten.
(Bildbeitrag Seite 99)

Die EBERLE CONTROLS GMBH, Nürnberg, wurde 1932 gegründet und ist seit 1993 ein Tochterunternehmen der Siebe-Gruppe. Das Produktionsprogramm umfaßt Automationssysteme/SPS, Raumtemperaturregler/Schaltgeräte sowie Relais und Komponenten. Eberle wurde als eines der ersten Spezialunternehmen für Industrierelais in Europa gegründet und hat sich zum Marktführer für Raumtemperaturregler entwickelt. Rund 90 Prozent der Produktion werden in EU-Ländern, der Rest weltweit abgesetzt. (Bildbeitrag Seite 115)

Die ECKART-WERKE, Fürth, sind ein Unternehmen mit langer Tradition. Seit der Gründung im Jahre 1876 entwickelte es sich kontinuierlich weiter und ist heute weltweit mit Erfolg tätig. Das Fertigungsprogramm umfaßt NE-Metallpulver, -pasten und -granulate, die zu 55 Prozent exportiert werden. Wesentlich für den Erfolg der Eckart-Werke ist die Kombination von Know-how und Erfahrung in den Bereichen Metallurgie, Chemie und Verfahrenstechnik. Eckart-Produkte finden in vielen Branchen Verwendung, zum Beispiel als Pigmente in der Druckindustrie und der Lackindustrie; für vielfältige High-Tech-Anwendungen; als Pulver und Pasten für das Baugewerbe; als Aluminiumgrieß im industriellen Einsatz. (Bildbeitrag Seite 88, 89)

Das Unternehmensziel der ERLANGER STADTWERKE AG (ESTW) besteht darin, das Stadtgebiet Erlangen und Eingemeindungen flächendeckend in den Bereichen Energieversorgung, Wasser und Stadtverkehr zu versorgen. Außerdem unterhalten die ESTW ein mit Sonnenwiese, Dampfbad und Sauna ausgestattetes Hallenbad und sind seit 1992 für ein Energieberatungszentrum (EBZ) zuständig. Hier können sich interessierte Bürgerinnen und Bürger u. a. über Energie- und Wassereinsparung informieren. – Der Umweltschutz hat bei den Stadtwerken einen hohen Stellenwert. So ist das Heizkraftwerk bereits 1987 als eine der ersten Anlagen dieser Art in der Bundesrepublik mit einer Rauchgasentschwefelungsanlage ausgestattet worden. Die Stadtverkehrsbusse sind versehen mit lärmgedämmten Motoren, die einen besonders niedrigen Schadstoffausstoß haben. Die ESTW unterstützen die Entwicklung und auch den Erhalt der Stromgewinnung mit Hilfe regenerativer Energien. Eine Photovoltaikanlage auf dem Dach des EBZ liefert Strom für eine Elektrotankstelle, und das Wasserkraftwerk „Werker“, das bereits seit 1921 in Betrieb ist, könnte mit seiner Energieleistung die Straßenbeleuchtung des halben Stadtgebietes übernehmen.
(Bildbeitrag Seite 195)

■ Das 1913 gegründete Nürnberger Familienunternehmen ESCHENBACH OPTIK GMBH + CO zählt mehr als 20 000 augenoptische Betriebe in ganz Europa zu seinen Kunden. Im Bereich „Sehen und Vergrößern" ist Eschenbach Optik weltweit führend. Neben eigenen Vertriebsniederlassungen in einer Reihe europäischer Länder bestehen Auslandsvertretungen in über 60 Ländern der Erde. Zum Produktionsprogramm gehören Lupen, Lesegläser, Mikroskope, Ferngläser, Produkte für Orientierung, Brillenfassungen sowie Sonnenbrillen.

(Bildbeitrag Seite 81)

■ E-T-A ELEKTROTECHNISCHE APPARATE GMBH, mit Hauptsitz in Altdorf bei Nürnberg, ist ein international tätiges Unternehmen mit Niederlassungen und Vertretungen in 50 Ländern der Welt. E-T-A beschäftigt rund 900 Mitarbeiter. Das Produktspektrum umfaßt elektromechanische Geräteschutzschalter sowie elektronische Strömungs- und Niveauwächter in Verbindung mit den entsprechenden Sensoren aus eigener Entwicklung. Einsatzgebiete sind der Anlagen- und Maschinenbau, die Medizin-, Verkehrs- und Hausgerätetechnik sowie die Telekommunikation. (Bildbeitrag Seite 107)

■ Das EVANGELISCHE SIEDLUNGSWERK IN BAYERN, GEMEINNÜTZIGE BAU- UND SIEDLUNGSGESELLSCHAFT MBH, Nürnberg, arbeitet nach dem Motto: „Wohnraum zum Leben – Lebensräume zum Wohnen". Die Tätigkeitsschwerpunkte umfassen Mietwohnungen, Eigentumswohnungen, Eigenheime, Altenheime, Seniorenzentren sowie die Verwaltung von Wohneigentum und Aufgaben der Stadterneuerung. Beispielhaft sind u. a. Modellprojekte im sozialen Wohnungsbau, im ökologisch orientierten Bau sowie umweltfreundliche Energieversorgung von Wohnanlagen. Aktionsräume sind die Bundesländer Bayern und Mecklenburg-Vorpommern. (Bildbeitrag Seite 29)

■ Der FLUGHAFEN NÜRNBERG wurde am 6. April 1955 an dem heutigen Standort eröffnet. Das Einzugsgebiet ist das gesamte Nordbayern, aber auch die neuen Bundesländer Thüringen und Sachsen. Mit über 30 Linien- und über 40 Urlaubszielen werden fast alle wichtigen Zentren Europas und Urlaubsgebiete rund um das Mittelmeer angeflogen. In den letzten Jahren stieg besonders der Bereich Luftfracht. Für die nordbayerische Wirtschaftsregion ist der Flughafen Nürnberg zu einem sehr wichtigen Standortfaktor geworden. (Bildbeitrag Seite 190, 191)

■ Die FRÄNKISCHES ÜBERLANDWERK AG (FÜW) mit Sitz in Nürnberg ist das für Mittelfranken zuständige regionale Stromversorgungsunternehmen. Gegründet im Jahre 1913, umfaßt ihr Versorgungsgebiet im wesentlichen den Regierungsbezirk Mittelfranken (ohne die Städte Nürnberg, Fürth, Erlangen), einen Teil von Unterfranken und Oberbayern sowie Randgebiete von Oberfranken, Schwaben und der Oberpfalz. Auf einer Fläche von rund 8000 Quadratkilometern werden knapp eine Million Menschen mit Strom versorgt. Gegenstand des Unternehmens sind alle mit der leitungsgebundenen Versorgung und mit der Entsorgung zusammenhängenden Tätigkeiten, insbesondere Erzeugung und Verteilung von elektrischer Energie, Gas, Fernwärme und Wasser. – 1994 wurde die 100prozentige Tochtergesellschaft Mittelfränkische Erdgas GmbH (MEG) gegründet, um die Region mit Erdgas zu versorgen. 1992 gründete das FÜW mit einer 70prozentigen Beteiligung die Umwelt-Technik-Mittelfranken GmbH (UTM). Sie hat es sich zur Aufgabe gemacht, im Versorgungsgebiet des FÜW umwelttechnische Anlagen zu planen, zu errichten, zu finanzieren und zu betreiben.

(Bildbeitrag Seite 196)

■ Die FRANKEN BRUNNEN GMBH & CO. KG, Neustadt (Aisch), geht auf das Gründungsjahr 1924 zurück und befindet sich noch heute in Familienbesitz. An fünf Standorten, in Neustadt (Aisch), Bad Windsheim, Eilenburg, Pechbrunn und Bad Kissingen, produziert Franken Brunnen Mineralwasser, Heilwasser und Brunnensüßgetränke mit einem Umsatzvolumen von rund 520 Millionen Füllungen im Jahr. 720 qualifizierte Mitarbeiter stehen im Dienste der Kunden und sind Garantie für die ständige Aufwärtsentwicklung der Marke Franken Brunnen. Die Aktivitäten des Unternehmens gehen weit über den deutschen Markt hinaus: Seit vier Jahren ist Franken Brunnen Eigentümer eines Mineralwasser- und Erfrischungsgetränke-Abfüllbetriebes in Ungarn; 1995 wurde ein weiterer Produktionsstandort in Griechenland übernommen.

(Bildbeitrag Seite 92, 93)

■ Der GERLING-KONZERN, eine führende Unternehmensgruppe für Versicherung, Risikoconsulting und Vorsorgemanagement, kann in Nürnberg auf eine über 70jährige erfolgreiche Versicherungstradition zurückblicken. Auf die vielschichtigen Risikoprobleme seiner Kunden antwortet Gerling kompetent und umfassend mit branchenspezifischen Risikoanalysen, maßgeschneiderten oder modularen Versicherungskonzepten, professionellem Schadenmanagement und ganzheitlicher Risikoforschung. Vor drei Jahren wurde die Nürnberger Niederlassung zum

Regionalzentrum ausgebaut und damit zur Kopfstelle der Region und der Vertriebsgesellschaft Dresden. Dies gewährleistet die unmittelbare Kundennähe mit den Vorteilen einer schnellen Entscheidungsfindung und Regulierungsfreiheit. (Bildbeitrag Seite 171)

Die GfK, 1934 von Professor Wilhelm Vershofen in Nürnberg gegründet, ging aus dem 1925 ins Leben gerufenen Institut für Wirtschaftsbeobachtungen der deutschen Fertigwaren hervor. Die Gesellschaft für Konsum-, Markt- und Absatzforschung ist das weltweit drittgrößte Institut für Marktforschung und beschäftigt rund um den Globus fast 2700 Mitarbeiter. Deutschlands Marktführer hat europaweit fast 12000 freiberufliche Interviewer, die jährlich mehr als eine Million Befragungen durchführen. Marktforschung schafft Grundlagen für wichtige Marketingentscheidungen und bietet der Wirtschaft individuelle Lösungen an. (Bildbeitrag Seite 157)

Das Handelshaus ALFRED GRAF, Import und Export, kann auf eine über hundertjährige Firmentradition zurückblicken. Mit gut ausgebildetem Fachpersonal, zweckmäßigen und modernen betrieblichen Einrichtungen und nicht zuletzt kundenorientiertem Handeln und einem partnerschaftlichen Verhältnis zu den Lieferanten hat sich das Unternehmen international einen guten Namen gemacht. Gehandelt wird mit tierischen und pflanzlichen Ölen und Fetten sowie Fettsäuren, mit chemisch-technischen Rohstoffen, Mineralölprodukten und Lebensmitteln. Graf ist u. a. einer der größten und bedeutendsten Mandelimporteure Europas. Mit seinen beiden Häusern in Nürnberg und Hamburg vermarktet Graf als Produktionsverbindungs- und Verteilerhandel Erzeugnisse namhafter in- und ausländischer Produzenten. (Bildbeitrag Seite 152, 153)

Mit dem „Heinzelmann", dem Baukastenradio der Nachkriegszeit, begann die beispielhafte Erfolgsgeschichte der GRUNDIG AG, Fürth. Heute besteht das Unternehmen 50 Jahre und ist seinem Erfolgsprinzip treu geblieben: neue Erfindungen kurzfristig in großen Stückzahlen kostengünstig herzustellen. Damit wurde Grundig zum Schrittmacher bei vielen Entwicklungen und hält beispielsweise 16 von 23 maßgeblichen Patenten an der PALplus-Technik. Dank Grundig wird das digitale Radio bald jedem zugänglich sein. Doch nicht nur in der Elektronik ist Grundig Vorreiter, auch im Umwelt- und Ressourcenschutz setzt das Unternehmen Maßstäbe, zum Beispiel mit der entsorgungsfreundlichen Versandverpackung oder der Recycling-Garantie für Grundig-Fernseher. Die 50 Jahre Firmengeschichte sind gleichbedeutend mit 50 Jahren Innovation. In der europäischen Unterhaltungselektronik nimmt das Unternehmen zur Zeit den vierten Platz ein. Mit fünf Produktionsstätten in Deutschland, sieben im Ausland (Indonesien, Malaysia, Niederlande, Österreich, Polen, Portugal, Schweiz) sowie seinen zahlreichen Vertriebsstätten im In- und Ausland ist Grundig auf der ganzen Welt zu Hause. (Bildbeitrag Seite 110, 111)

Seit 1972 ist die GYPROC GMBH, BAUSTOFFPRODUKTION & CO. KG, in Steinsfeld ansässig. Hier entstehen Gipsbaustoffe und Trockenbausysteme für Wand, Decke und Boden, Gipskartonplatten und daraus gefertigte Weiterverarbeitungsprodukte. Dabei steht der Name „Gyproc" für Umweltverträglichkeit, Produkt-, Anwender- und Verarbeitungssicherheit durch strenge interne Qualitätsvorgaben. Lieferungen von Standardprodukten an den Baustoffhandel erfolgen innerhalb von 48 Stunden. (Bildbeitrag Seite 143)

Die HANDWERKSKAMMER FÜR MITTELFRANKEN, Nürnberg, vertritt über 17100 Betriebe, die mit rund 133000 Beschäftigten einen Jahresumsatz von rund 23 Mrd. DM erwirtschaften. Sie unterhält drei Berufsbildungs- und Technologiezentren in Nürnberg und in Ansbach. Sie beschäftigt etwa 160 Mitarbeiterinnen und Mitarbeiter, die zum überwiegenden Teil in der beruflichen Bildung sowie in der Beratung und Betreuung der Mitgliedsbetriebe tätig sind. Dienstleistungen sind ein Schwerpunkt der Kammertätigkeiten: Die Kammer berät die Mitgliedsbetriebe bei betriebswirtschaftlichen, rechtlichen, technischen und Umweltschutzproblemen. Weiter ist von zentraler Bedeutung die politische Interessenvertretung des Handwerks: Hierzu gehört neben der Mitwirkung bei Gesetzesentwürfen und Verwaltungsanordnungen auch die Mitarbeit in den verschiedensten Gremien und Organisationen sowie die Kontaktpflege mit Behörden und Parlamenten auf allen Ebenen. (Bildbeitrag Seite 145)

Der HDI HAFTPFLICHTVERBAND DER DEUTSCHEN INDUSTRIE V.A.G., Hannover, ist eine Versicherungsgruppe, die im Erstversicherungsgeschäft, in der Industrie- und in der Privatkundenversicherung, im Rückversicherungsgeschäft und im Bereich sicherheitstechnischer Dienstleistungen zu den Marktführern in Deutschland gehört. Er wurde 1903 als Selbsthilfeeinrichtung von der deutschen Industrie mit dem satzungsgemäßen Auftrag gegründet, seinen Mitgliedern Versicherungsschutz und schadenvorbeugende Beratungsleistungen zur Verfügung zu stellen. Sichtbarer Erfolg dieser Gründungsidee: Über 90 Prozent der deutschen Großunternehmen sind heute Mitglieder des HDI. – Das Vertrauen, das der HDI in der Industrie genießt, war auch der Anlaß für viele Privatkunden, zum HDI zu kommen. Denn eine Gesellschaft, die die Versicherungsprofis aus der Industrie überzeugt, kann für den Privatkunden nicht die falsche sein. – Seit 1953 versichert der HDI Unternehmen und Privatpersonen in Nordbayern von Nürnberg aus. Zur Nürnberger Niederlassung mit 139 Mitarbeitern gehören Zweigstellen in Würzburg und Regensburg. Mit 186000 Verträgen erzielte der HDI Nürnberg Beitragseinnahmen in Höhe von 156 Mill. DM. Traditionsgemäß in Bayern stark im Industriegeschäft vertreten, versichert die Niederlassung insgesamt mehr als 5000 Unternehmen. In den letzten Jahren ist auch der Anteil der privaten Mitglieder stark gewachsen, zur Zeit werden über 90000 private Mitglieder betreut. Heute stammen 45 Prozent der Beitragseinnahmen aus dem Industrie- und 55 Prozent aus dem Privatgeschäft. (Bildbeitrag Seite 170)

■ Die AUGUST & JEAN HILPERT GMBH & CO., Nürnberg, hat sich von dem 1856 gegründeten Familienbetrieb bis heute zu einem mittelständischen Unternehmen mit rund 300 Mitarbeitern entwickelt. In den Bereichen Rohrleitungsbau, Klärwerkstechnik, Deponiegastechnik und Sanitärinstallation zählt Hilpert zu den führenden Unternehmen in Franken. Tradition und Leistung sowie Qualität, Beständigkeit und Zuverlässigkeit sind die Garanten für diesen Erfolg. (Bildbeitrag Seite 91)

■ 1898 gründete Andreas Hinterleitner in Nürnberg ein Großhandelsunternehmen, aus dem sich die heutige Firmengruppe entwickelte. Neben dem Stammhaus ANDREAS HINTERLEITNER GMBH & CO. KG in Wendelstein gehören dazu Lebensmittel- und Obstgroßhandel, attracta-Verbrauchermärkte, Oertel Feinkost und Fleischwaren sowie Immobilien. Das in der dritten Generation geführte Familienunternehmen bietet im Bereich Feinkost und Fleischwaren u. a. fränkische und thüringische Wurstwaren sowie Gänse- und Schinkenspezialitäten. Beliefert werden Abnehmer in ganz Deutschland; etwa 10 Prozent der Oertel-Produkte werden exportiert. (Bildbeitrag Seite 151)

■ Im Jahr 1919 gründete Franz Hoffmann die Firma HOFFMANN QUALITÄTSWERKZEUGE, die sich bis heute zu einem kompetenten Anbieter von Zerspanungswerkzeugen, Meßmitteln, Handwerkszeugen und Betriebseinrichtungen entwickelt hat. Knapp 400 Mitarbeiter sind an den beiden Standorten München und Nürnberg tätig. Ein weltweites Einkaufsmarketing sowie hohe Lagerkapazitäten und nicht zuletzt qualifizierte technische und logistische Beratung sind die Leistungsmerkmale des Unternehmens. Schon seit 1994 ist das gleichbleibend hohe Qualitätsniveau in allen Bereichen nach DIN ISO 9001 zertifiziert. Ein breiter Kundenstamm in Nordbayern, Thüringen und Sachsen weiß diese zuverlässige Kompetenz zu schätzen. (Bildbeitrag Seite 124, 125)

■ Mit modernster technischer Ausstattung und einem Fullservice von der Vorstufe bis zum Versand setzt HOFMANN DRUCK NÜRNBERG Zeichen für die Zukunft. Die Druckvorstufe ist 100 Prozent digitalisiert, der Druck erfolgt sowohl im Bogen- als auch Rollenoffset. Für die Weiterverarbeitung stehen Sammelheftanlagen und Falzmaschinen zur Verfügung. Zum Unternehmen gehört der Hofmann Verlag, einer der wesentlichen Verlage Nürnbergs und Frankens für Literatur und Bildbände. (Bildbeitrag Seite 174, 175)

■ Die Anfänge der HYDROMETER GMBH, Ansbach, gehen bis in das Jahr 1862 zurück. Heute fertigt das Unternehmen mit seinen drei Werken in Ansbach, Ansbach-Eyb sowie Apolda (Thüringen) hochwertige Meßgeräte für alle Anwendungen. Neben dem hohen technischen Standard der Hydrometer-Produkte steht ein umfassendes Dienstleistungsangebot. U. a. ist das Unternehmen „Staatlich anerkannte Prüfstelle“ für Meßgeräte für Wasser und Wärme. Hydrometer entwickelte das erste von der Physikalisch-technischen Bundesanstalt zugelassene elektronische Zählmodul für Wasserzähler. (Bildbeitrag Seite 113)

■ Das IGZ INNOVATIONS- UND GRÜNDERZENTRUM NÜRNBERG-FÜRTH-ERLANGEN bietet seit 1985 Existenzgründern und jungen, technologieorientierten Unternehmen aus dem High-Tech-Bereich attraktive Start- und Entwicklungsmöglichkeiten. Für die Region wirkt es darüber hinaus als Drehscheibe für Technologietransfer und Kontaktvermittlung. – Einer der Partner im IGZ ist das BAYERISCHE FORSCHUNGSZENTRUM FÜR WISSENSBASIERTE SYSTEME (FORWISS), das sich als kompetenter Vermittler von Innovationen bei Software- und Systemtechnologien ausgewiesen hat, mit Schwerpunkten bei Anwendungen in der Betriebswirtschaft, der Prozeßsteuerung und der automatischen Qualitätsprüfung, der Medizin- und Verkehrstechnik sowie bei multimedialen Informationssystemen. (Bildbeitrag Seite 75)

■ Das Unternehmen LEISTRITZ wurde 1905 von Paul Leistritz in Nürnberg gegründet und hat sich seitdem als Partner für moderne

Technik der Industrie entwickelt. Heute beschäftigt die Leistritz Aktiengesellschaft über 1100 Mitarbeiter. Zum Gesamtunternehmen gehören die Werke Nürnberg mit der Zentrale, Bochum und Pleystein in der Oberpfalz. Mehr als 80 Niederlassungen und Vertretungen im In- und Ausland beraten und betreuen den weltweiten Kundenkreis. In den USA sind als Vertriebs- und Serviceorganisationen für die Leistritz-Produkte zwei Tochtergesellschaften tätig. Fünf produkt- und marktorientierte Geschäftsbereiche sind die Basis für den wirtschaftlichen Erfolg des Unternehmens: Schaufeln und Profile für Gas- und Dampfturbinen sowie Axialverdichter, Schaufeln und Integralrotoren für Flugzeugtriebwerke; Schraubenspindelpumpen mit Innen- und Außenlagerung für ein breites Förderprogramm; Hydrauliksysteme für Aufzüge; Extruder und komplette Extrusionsanlagen zur Aufbereitung und Modifizierung von polymeren und nichtpolymeren Rohstoffen, für Laborextrusion und Recycling; Werkzeugmaschinen, Werkzeuge, Fertigungstechnik.

(Bildbeitrag Seite 127)

Die Firmengeschichte der LEISTRITZ AG & CO ABGASTECHNIK in Fürth begann mit der Gründung der Maschinenfabrik Paul Leistritz 1905 in Nürnberg. Seit 1925 wurden Schalldämpfer und Rohre hergestellt. Heute entstehen komplette Abgasanlagen nach modernsten Gesichtspunkten besonders für die Fahrzeugindustrie. Hierbei werden die heutigen und zukünftigen Anforderungen auch aus Sicht der Umwelt, zum Beispiel bei der Katalysator-Entwicklung, berücksichtigt. Leistritz ist Mitglied der französischen ECIA-Gruppe. Diese Gruppe insgesamt ist eine der stärksten Anbieter von Abgasanlagen in Europa. Weltweite Kooperationen und Joint-venture sind für die Gruppe selbstverständlich. Der Einsatz innovativer Technik sowie ein anspruchsvolles Qualitätssicherungssystem gewährleisten die bekannt hochwertigen Produkte.

(Bildbeitrag Seite 117)

Der Ursprung der LEONISCHE DRAHTWERKE AG, Nürnberg, geht auf das Jahr 1569 zurück. Bereits 1917 wurde das Unternehmen in eine Aktiengesellschaft umgewandelt. Das heutige Produktionsprogramm umfaßt Drähte und Litzen für die Kabelherstellung, leonische Waren, Kabel und Leitungen für die Elektrotechnik und Elektronik, Kabelkonfektion sowie Kabelsätze. Das Unternehmen hat sich seit seiner Gründung nicht nur erfolgreich am Markt behauptet und entwickelt, sondern durch richtungweisende Innovationen, zum Beispiel in der Mehrdraht-Ziehtechnik, die technische Entwicklung maßgeblich beeinflußt.

(Bildbeitrag Seite 104)

Seit über 40 Jahren ist die Decken-Warmlufterzeuger-Marke „Rheinland" eng mit der LK METALLWAREN GMBH, Schwabach, und der Vorgängerfirma, Leonhard Kolb GmbH, Nürnberg, verbunden; die tragende Säule des Unternehmens, gezielt für wirtschaftliche Hallenbeheizung entwickelt. Mit dem Aufbau des Bereiches LK-Abwassertechnik gelang 1982 ein entscheidender Diversifikationsschritt. Rund um den patentierten Leichtflüssigkeitsabscheider „SYSTEM H" wurde in kurzer Zeit, mit stationären und mobilen Einheiten aus Edelstahl, eine vielbeachtete Position im Umweltmarkt geschaffen. Das dritte Standbein, LK-Schallschutztechnik, vor allem hochentwickelte Kabinen, rundet die LK-Produktpalette ab. Mit einem modernen Maschinenpark ausgestattet – Laser, Nibbler, Abkantpressen, Schweißroboter –, gilt LK außerdem seit Jahren als zuverlässiger Lieferant von Halbfertigteilen und Kleinserien an regionale Unternehmen. Eine Niederlassung in Sachsen-Anhalt ergänzt seit 1991 das Unternehmen. (Bildbeitrag Seite 132)

Die NÜRNBERGER HYPOTHEKENBANK, vor 125 Jahren von Nürnberger Industriellen unter der Führung des Bleistiftfabrikanten Lothar von Faber gegründet, gibt es in allen bedeutenden deutschen Wirtschaftszentren. Mit dem Hauptsitz in Nürnberg und den Regionalbüros in Berlin, Dresden, Düsseldorf, Erfurt, Frankfurt, Hamburg, Leipzig, München, Nürnberg und Stuttgart. Mit einem Darlehnsvolumen von rund 23 Mrd. DM. Mit knapp kalkulierten Konditionen, einem umfassenden Service, direktem Kundenkontakt und schnellen Entscheidungen. Die NürnbergHyp – ein Spezialist rund um die Immobilie.

(Bildbeitrag Seite 166)

NÜRNBERGER LEBKUCHEN- UND DAUERBACKWARENFABRIK IFRI SCHUHMANN GMBH & CO. KG, Nürnberg. Das 1938 von Siegfried Schuhmann gegründete Unternehmen zählt zu den bedeutendsten Nürnberger Lebküchnern und hat sich mit seinen Qualitätsprodukten bundesweit einen Namen gemacht. Hergestellt werden Nürnberger Oblatenlebkuchen, feinste Elisen-Lebkuchen sowie Braune Lebkuchen. 1973 wurde die Firma Josef Wendler übernommen und der Vertrieb feinster Nougatspezialitäten bundesweit ausgedehnt.

(Bildbeitrag Seite 137)

Die NÜRNBERGER VERSICHERUNGSGRUPPE, Nürnberg, gehört zur Spitzengruppe der deutschen Assekuranz. Sie ist leistungsfähiger Partner, wenn es um finanzielle Lebensplanung, Gesundheit, Besitz und Mobilität geht. Ob für Familien, für Handel, Handwerk und Gewerbe oder den öffentlichen Dienst: Sie bietet finanzielle Sicherheit und ertragreiche Möglichkeiten, mehr aus Geld zu machen. Bei der Fondsgebundenen Lebensversicherung ist die NÜRNBERGER ebenso führend wie in der computergestützten Kundenberatung. Mobile Kleincomputer, Datenkommunikationsnetze und ausgefeilte Programme liefern präzise Informationen und sorgen in kurzer Zeit für genau an individuellen Wünschen ausgerichtete Angebote zum günstigsten Tarif. Mehr als 6 Millionen Kunden vertrauen auf Schutz und Sicherheit im Zeichen der Burg. Die NÜRNBERGER versteht sich als deutsches Finanzunternehmen mit europäischen Verbindungen. Über Kooperationen begleitet sie ihre Kunden mit Versicherungsschutz ins Ausland.

(Bildbeitrag Seite 169)

■ MATTHIAS OECHSLER & SOHN, Ansbach, Weißenburg und Großhabersdorf. Seit fünf Generationen befindet sich das 1864 gegründete Unternehmen in Familienbesitz. In drei Werken sind 550 hochqualifizierte Mitarbeiter auf dem Gebiet der Kunststoffverarbeitung und Baugruppenfertigung in Entwicklung, Konstruktion, Werkzeugbau sowie Spritzerei und Extrusion tätig. In Verbindung mit modernster Ausstattung, einschließlich speziell zugeschnittener Hard- und Software und einer hochentwickelten Qualitätssicherungsorganisation, gewährleisten sie, daß auch schwierige Lösungen – oft an der Grenze des Machbaren – in bekannte Oechsler-Präzision umgesetzt werden.

(Bildbeitrag Seite 101)

■ Das Vertriebszentrum Fürth der PHOENIX Pharmahandel Aktiengesellschaft & Co gibt es unter diesem Namen erst seit dem 1. Oktober 1995. Hervorgegangen ist es aus der 1919 gegründeten Otto Stumpf AG, die sich Anfang 1994 mit vier anderen pharmazeutischen Großhandlungen zu PHOENIX zusammengeschlossen hatte. Von Fürth aus beliefert das Unternehmen mehrmals täglich rund 800 Apotheken in Mittel- und Oberfranken sowie den südlichen Teilen von Thüringen und Sachsen mit mehr als 80 000 Medikamenten und anderen Gesundheitsartikeln. Im Vertriebszentrum Fürth sind rund 300 Mitarbeiterinnen und Mitarbeiter beschäftigt, darunter 15 Auszubildende. Mit einem Jahresumsatz von rund 7 Mrd. DM, einem Marktanteil von etwa 30 Prozent und bundesweit 19 Vertriebszentren ist PHOENIX das größte pharmazeutische Großhandelsunternehmen in Deutschland. (Bildbeitrag Seite 154)

■ Kurt Gustav Pommereit studierte an der renommierten Ingenieurschule der Hansestadt Hamburg und war in leitenden Positionen in Produktion, Konstruktion, Forschung und Geschäftsleitung in der Elastomer-Industrie tätig. Die Firmengeschichte der POMMEREIT GMBH und der POMMEREIT ENGINEERING, Altdorf bei Nürnberg, geht auf das Gründungsjahr 1967 zurück. Zum Programm gehören die Projektierung und Lieferung von technologischen Anlagen turn key, Produktplanung, Consulting und Licensing sowie die Konstruktion und Lieferung von Maschinen- und Fahrzeugelementen aus elastomeren, duromeren und plastomeren Werkstoffen, aus Gummimetall und Cellpolyurethane. Weltweit werden 621 Entwicklungs- bzw. Erfindungsprodukte in 43 Länder geliefert. Von Pommereit wurden der erste Nockenwellenantrieb weltweit mit Zahnriemen für Kfz- und Flugmotoren sowie die ersten Zellelastomerfedern für Pkw-Stoßdämpfer entwickelt und in mehr als 500 Millionen Pkws montiert. (Bildbeitrag Seite 105)

■ Die Firmengeschichte der PORST AG, Schwabach, beginnt mit der Gründung 1919 durch Konsul Hanns Porst. Heute ist Porst im Fotobereich Marktführer in Deutschland und darüber hinaus in den Bereichen Audio- und Videoprodukte sowie Telekommunikation tätig. Beliefert werden Kunden in Deutschland und Osteuropa.

(Bildbeitrag Seite 155)

■ Am 1. September 1995 wurde der traditionsreiche Fahrradbereich der Marke Hercules an die holländische ATAG-Holding verkauft. Der Bereich Motorisierte Zweiräder und Motoren firmiert seitdem unter dem Namen SACHS FAHRZEUG- UND MOTORENTECHNIK GMBH, Nürnberg. Das Produktionsprogramm umfaßt Leichtmofas, Mofas, Mokicks und Motorroller unter den Marken Sachs und Hercules. Dazu kommt die Produktpalette des Vertriebspartners Peugeot Motocycles. Damit bietet das Unternehmen eine große Auswahl von leistungsfähigen Zweirädern für Transport und Vergnügen. (Bildbeitrag Seite 121)

■ Die SANDOZ AG Nürnberg ist die deutsche Tochtergesellschaft der SANDOZ AG Basel. Sie ist ein Teil eines rasch wachsenden, international orientierten Konzerns, der zu den großen forschenden Arzneimittelfirmen gehört. In Nürnberg ist das Unternehmen seit 1926 ansässig. Produziert und vertrieben werden Arzneimittel für den deutschen Markt.

(Bildbeitrag Seite 82, 83)

■ Die ARNO SCHILL GMBH & CO. KG, Nürnberg, kann auf eine bewegte Firmengeschichte zurückblicken. 1896 gegründet, entwickelte sich das Unternehmen kontinuierlich zu einem anerkannten Hersteller von

Lacken und Farben. Im Zweiten Weltkrieg durch Bomben total zerstört, erfolgte der Wiederaufbau durch Herrn Georg M. Volz. Die Gebäude und Anlagen wurden laufend erweitert. Die Umstellung von Industrie- und Malerlacken auf Produkte für den Heimwerkermarkt ab Mitte der sechziger Jahre sorgte für eine weitere positive Entwicklung des Familienunternehmens. 1984 wurde die Herstellung von Wandfarben im Werk II in Großweismannsdorf aufgenommen. Heute umfaßt das Produktionsprogramm eine große Palette an Wand- und Fassadenfarben sowie eine Vielfalt von Kunstharzlacken, Acryllacken, Holzschutzmitteln, Lasuren, Klebern, Verdünnungen und ähnlichen Produkten. Schill befindet sich heute in dritter Generation im Besitz der Familie Volz.

(Bildbeitrag Seite 94, 95)

Der Name SCHÖLLER steht für Eis, Lebkuchen und Nürnberger Tradition. Bereits 1937 erkannte Konsul Senator eh. Theo Schöller die Zeichen der Zeit und gründete gemeinsam mit seinem Bruder Karl die erste Eisfabrikation. Heute ist die SCHÖLLER LEBENSMITTEL GMBH & CO KG die Nummer zwei auf dem deutschen Eiskremmarkt und Konsul Senator eh. Theo Schöller Vorsitzender des Aufsichtsrates. Berühmt ist das international tätige Unternehmen auch für die Herstellung der „Echten Nürnberger Oblaten-Lebkuchen". Im Bereich der Gastronomie ist Schöller – neben Eis – ein bedeutender Lieferant von Tiefkühlkost und Tiefkühlbackwaren. Unternehmen und Unternehmensgründer sind dem Motto „Qualität, Innovation, Tradition" treu geblieben. Dies drückt sich vor allem auch im großen sozialen Engagement von Konsul Senator eh. Theo Schöller aus.

(Bildbeitrag Seite 139)

Die SEBALDUS DRUCK UND VERLAG GMBH, Nürnberg, geht auf das Gründungsjahr 1658 zurück. Heute gehören Verlage, drucktechnische Betriebe und elektronische Medien zur Sebaldus-Gruppe, die mit etwa 4000 Mitarbeitern nahezu eine Milliarde Mark Umsatz erzielt. Die bekanntesten Titel sind das Funk- und Fernsehmagazin „Gong", die Frauenzeitschrift „die aktuelle" und die Illustrierte und Programmzeitschrift „die 2". Daneben erscheinen Tierzeitschriften wie „Ein Herz für Tiere", „Geliebte Katze" und „Partner Hund", Schülerzeitschriften (zum Beispiel Stafette, Bimbo, Tierfreund), Computerzeitschriften (zum Beispiel PC-Games, PCE World of Entertainment), die Baufachzeitschrift „Detail", das Ratgebermagazin „Guter Rat!" und viele andere. Zu den technischen Betrieben gehören neben dem Tiefdruckunternehmen U. E. Sebald mehrere Offsetdruckereien (Heckel, Sebald Sachsendruck, Wagner), die Buchbinderei Hollmann S. A. in Frankreich, das Direktwerbeunternehmen Meiller, der Kartenhersteller Meiller ComCard sowie der Faltschachtelhersteller U. E. Sebald Verpackungen. Das Hörfunkengagement ist unter dem Namen Radio Gong weithin bekannt.

(Bildbeitrag Seite 176, 177)

1847 ist das Gründungsjahr der SIEMENS AG, Berlin und München, die in der Region Nürnberg gleich mehrfach vertreten ist. Die hier hergestellten elektronischen und elektrotechnischen Erzeugnisse werden zu etwa 42 Prozent im Inland, zu 26 Prozent in Europa und zu 32 Prozent im sonstigen Ausland abgesetzt. Siemens beschäftigt weltweit 382 000 Mitarbeiter, davon 222 000 in Deutschland.

(Bildbeitrag Seite 108, 109)

Die SPARKASSEN stehen an der Spitze der mittelfränkischen Kreditinstitute. Vor dem Hintergrund ihres öffentlichen Auftrags sind sie den 1,6 Millionen Einwohnern der Region in besonderer Weise verbunden. Die über 400 Geschäftsstellen der 13 Einzelsparkassen bieten optimale Voraussetzungen für eine individuelle und aktive Kundenbetreuung. Allein 1994 wurden 4,4 Mrd. DM als Darlehen neu vergeben, so daß die Ausleihungen an Kunden eine Gesamthöhe von über 24 Mrd. DM erreichten. Das Kreditengagement verteilt sich zu etwa gleichen Teilen überwiegend auf private bzw. auf gewerbliche Kunden. Auf der anderen Seite der Bilanz erreichten die Kundeneinlagen eine Höhe von 29 Mrd. DM. Bei dem vielfältigen Allfinanzangebot stehen nach wie vor Sparmöglichkeiten rund um das Sparkassenbuch im Vordergrund. Für Kunden wie Nichtkunden stellen die mittelfränkischen Sparkassen auch ein äußerst dichtes Geldautomatennetz zur Verfügung. Rund um die Uhr kann an über 260 Selbstbedienungsgeräten über das eigene Konto verfügt werden. Die Rolle der Sparkassen in der Region geht über die zentralen Aufgaben von Kreditinstituten weit hinaus. Sie stehen in einem vielfältigen Beziehungsgeflecht zu diesem Wirtschafts- und Lebensraum. So bieten sie nicht nur rund 5 600 Arbeits- und 700 Ausbildungsplätze, sondern sind auch bedeutende Auftraggeber für zahlreiche regional ansässige Betriebe. Viel für Mittelfranken leisten die Sparkassen im sozialen und kulturellen Bereich. Mit der Förderung von sozialen Einrichtungen, wie Altenheimen oder Kindergärten, von Künstlern, Musikern und Museen tragen sie auf unterschiedlichste Art und Weise zur Lebensqualität, zur Vielfalt und Erhaltung von Traditionen in der Region Mittelfranken bei.

(Bildbeitrag Seite 164, 165)

SPECK-PUMPEN VERKAUFSGESELLSCHAFT KARL SPECK GMBH & CO., Lauf. Seit dem Gründungsjahr 1909 festigte Speck auf dem Gebiet der Flüssigkeits- und später auch der Gasförderung über die Entwicklung von Kolben- und Kreiselpumpen seinen Ruf als Lieferant hochwertiger Produkte. Als Handelsgesellschaft mit Firmen in den USA, Australien, Spanien und Südafrika vertreibt die Verkaufsgesellschaft Karl Speck für die Speck-Unternehmen in Geretsried, Hilpoltstein und Roth diese Erzeugnisse. Daneben entwickelte sie die weltweit erste korrosionsbeständige Schwimmbad-Umwälzpumpe und setzte damit neue Maßstäbe. Rund 700 Mitarbeiter sind heute in der Speck-Unternehmensgruppe tätig; Produktionsstätten, Niederlassungen und Vertretungen befinden sich auf der ganzen Welt. (Bildbeitrag Seite 118, 119)

Die Halbmillionenstadt Nürnberg ist Zentrum des mittelfränkischen Wirtschaftsraumes mit mehr als einer Million Einwohnern und bedeutender Verkehrsknotenpunkt zu Lande, zu Wasser und in der Luft. Die STÄDTISCHE WERKE NÜRNBERG GMBH mit ihren Tochtergesellschaften EWAG Energie- und Wasserversorgung AG und VAG Verkehr-Aktiengesellschaft sind die kommunalen Versorgungs- und Verkehrsunternehmen der Stadt Nürnberg mit regionaler Bedeutung. Die EWAG liefert als Querverbundunternehmen an Industrie, Handel, Gewerbe und Haushalte Strom, Erdgas, Fernwärme und Trinkwasser sicher, preiswert und umweltfreundlich. Sie bietet damit elementare Voraussetzungen für Leben, Wohnen und Wirtschaften in Nürnberg und im mittelfränkischen Wirtschaftsraum. Ein umfangreiches Angebot für die Kunden an Zusatzdienstleistungen und Beratungen rundet das Bild als modernes Dienstleistungsunternehmen ab. – Die VAG betreibt den öffentlichen Personennahverkehr mit U-Bahnen, Straßenbahnen und Bussen im Stadtgebiet Nürnberg und als Betriebsführer in den Nachbarstädten Fürth, Erlangen sowie in anderen Nachbargemeinden. Sie ist leistungsstarker Partner im Verkehrsverbund Großraum Nürnberg (VGN). Die VAG sichert mit ihrem bedarfsorientierten Verkehrsangebot die Mobilität und verbessert die Lebensbedingungen. Vorrangiges Ziel ist es dabei, ein ausgewogenes Verhältnis von motorisiertem Individualverkehr und öffentlichem Personennahverkehr in Stadt und Region zu erreichen. (Bildbeitrag Seite 197)

Die TRIX SCHUCO GMBH & CO., Nürnberg, im Jahr 1992 durch Zusammenschluß der Firmen TRIX GAMA und Schuco entstanden, kann auf eine über 100jährige erfolgreiche Tradition als Hersteller von Spielwaren verweisen. Das heutige Produktionsprogramm umfaßt Modelleisenbahnen Spur HO und N, Schuco-Automodelle (Repliken) sowie die Herstellung von Industrieteilen. Mit der Einführung der digitalen Mehrzugsteuerung „Selectrix“ beschritt das Unternehmen neue Wege. Rund 30 Prozent der Erzeugnisse werden exportiert. Nach wie vor steht der Name TRIX Schuco für funktionierendes, wegweisendes Spielzeug.
(Bildbeitrag Seite 135)

In 125 Jahren entwickelte sich die TÜV BAYERN HOLDING AG vom Bayerischen Dampfkessel-Revisions-Verein über den TÜV Bayern und TÜV Bayern Sachsen zu der heute weltweit tätigen Unternehmensgruppe mit mehr als 70 Arbeitsgebieten, 5400 Mitarbeitern und über 800 Mill. DM Umsatz. 200 Niederlassungen im Inland und 40 Stützpunkte in Europa, Amerika und Asien bilden die Basis für die kundennahe Betreuung. Die TÜV Bayern Holding AG gliedert sich in neun Geschäftsbereiche: Anlagen- und Umwelttechnik, Energietechnik, Qualitätsmanagement, Bau- und Betriebstechnik, Verkehr und Fahrzeug, Institut für Fahrzeugtechnik sowie Medizinisch-Psychologisches Institut. Die TÜV Product Service GmbH sowie die TÜV Akademie GmbH sind Gemeinschaftsgründungen mit kooperierenden TÜVs.
(Bildbeitrag Seite 159)

Die UNIVERSA Lebensversicherung a. G., die UNIVERSA Krankenversicherung a. G. sowie die UNIVERSA Allgemeine Versicherung AG, Nürnberg, gehen auf das Gründungsjahr 1843 zurück. Sie bieten bundesweit ein breitgefächertes Leistungspaket: Lebens-, Kranken-, Unfall-, Sach-, Haftpflicht-, Kraftfahrt- sowie Rechtsschutzversicherungen, Baudarlehen, Bausparen und Vermögensanlagen. Dabei wird besonderer Wert auf eine fundierte Beratung und Betreuung gelegt. Die UNIVERSA Krankenversicherung a. G. ist die älteste noch existierende Krankenversicherung Deutschlands. (Bildbeitrag Seite 167)

UVEX WINTER HOLDING GmbH & Co. KG, Fürth. Die uvex-Grundidee „Schutz des Menschen“ ist immer noch maßgebend für die erfolgreiche Entwicklung des 1926 gegründeten Unternehmens. Die Produktpalette des Bereiches „Arbeitsschutz“ umfaßt Schutzbrillen, -schuhe, -helme und Arbeitskleidung. Der Unternehmensbereich „Sport“ produziert und vertreibt u. a. Ski- und Sportbrillen, Motorrad- und Radhelme sowie die dafür benötigte Bekleidung. uvex ist weltweit führend bei Arbeitsschutz- und Skibrillen, u. a. aufgrund von Pionierleistungen bei der Entwicklung von konkurrenzlosen Lacksystemen für die

Oberflächenbehandlung von bruchsicheren Scheiben aus organischen Kunststoffen. Rund 30 Prozent der Erzeugnisse werden exportiert. (Bildbeitrag Seite 102)

Der VERLAG HANS MÜLLER, Nürnberg, wurde als Fernsprechbuch-Verlag im Jahre 1950 gegründet. Zusammen mit De-Te-Medien verlegt das Unternehmen in Ober-, Unter- und Mittelfranken, der Oberpfalz und in Teilen Niederbayerns Telefonbücher, Örtliche Telefonbücher, Gelbe Seiten und Gelbe Seiten Regional. Zur Produktpalette gehören seit neuestem außerdem der telefonische Branchen-Infodienst „Gelbe Seiten Direkt" und ein multimediales Touristen- und Stadtinformationssystem. (Bildbeitrag Seite 179)

VERLAG NÜRNBERGER PRESSE DRUCKHAUS NÜRNBERG GMBH & CO. In der Marienstraße in Nürnberg sind unter dem Dach einer Unternehmensgruppe Verlage und Gesellschaften des Pressewesens angesiedelt. Von hier kommen die beiden großen Abozeitungen dieser Region, die „Nürnberger Nachrichten" und die „Nürnberger Zeitung", aber auch „kicker-sportmagazin", Deutschlands größte Sportzeitung, und die Fachzeitschriften „Berge", „Alpin" und „Unterwasser". (Bildbeitrag Seite 173)

Im Jahre 1918 erfolgte die Gründung der WBG WOHNUNGSBAUGESELLSCHAFT DER STADT NÜRNBERG MBH. Kerngeschäft ist die Errichtung und Bewirtschaftung von Wohnungen und Gewerberäumen. Darüber hinaus werden alle notwendigen und gewünschten Immobiliendienstleistungen angeboten. Der Tätigkeitsschwerpunkt liegt in der Stadt Nürnberg. Langjährige Tradition ist die Förderung von Eigentumsbildung durch die Errichtung und den Verkauf von Immobilien. Die herausragendste Aufgabe war die Übernahme und die Abwicklung der Planungsträgerschaft für den Stadtteil Nürnberg-Langwasser. (Bildbeitrag Seite 141)

Seit nahezu 60 Jahren steht die WEILER WERKZEUGMASCHINEN GMBH & CO. KG, Emskirchen, für höchste Präzision, Qualität und Wirtschaftlichkeit im Drehmaschinenbau. Über 100 000 ausgelieferte Drehmaschinen dokumentieren die Akzeptanz der WEILER-Produkte bei den Anwendern im Bereich der Produktion, der Instandhaltung, des Werkzeug- und Formenbaus, der Aus- und Weiterbildung und der Lehre und Forschung. Das heutige Drehmaschinenprogramm von WEILER, das auch erfolgreiche Produkte und das Know-how der Häuser Voest-Alpine und Weipert beinhaltet, bietet die jeweils richtige Maschine für die Einzelteil- und Kleinserienfertigung und mit Automatisierungssystemen für die Mittel- und Großserienfertigung. WEILER, ein typisch mittelständisches Unternehmen, das auf veränderte Marktbedingungen schnell und flexibel reagiert, hat den Drehmaschinenmarkt mit seinen Produkten aktiv mitbestimmt. WEILER verfügt über ein kompaktes, modernes Werk und über qualifizierte und motivierte Mitarbeiter. Dank kostengünstiger und schlanker Strukturen und richtungweisender Innovationen stellt sich WEILER selbstbewußt dem internationalen Wettbewerb. (Bildbeitrag Seite 122, 123)

Seit 1879 besteht die WERNER & PFLEIDERER LEBENSMITTELTECHNIK GMBH, Dinkelsbühl. Hier entstehen Einrichtungen für handwerkliche Bäckereien sowie Anlagen für die Frischbackwaren- und die Dauerbackwarenindustrie, die weltweit vertrieben werden. Bis heute hat sich das Unternehmen zum Marktführer in der Welt entwickelt – nicht zuletzt durch die hohe Produktqualität, ein über 100jähriges Know-how und große Investitionen in Forschung und Entwicklung. So wird zum Beispiel im Fertigungsbereich mit Robotern gearbeitet. Werner & Pfleiderer entwickelte u. a. die leistungsfähigen Etagenöfen sowie das bekannte Zyklothermsystem. (Bildbeitrag Seite 98)

LIST OF COMPANIES, ADMINISTRATIONS AND ASSOCIATIONS

The production programme at ALL-PLASTIC MAYER GMBH + CO. KG in Gunzenhausen covers flat and tubular film, plastic bags of all kinds, carrier bags, deep-freeze bag packs, waste-bin bag packs, refuse bags and shrink-film in polyethylene, polypropylene, low-pressure polyethylene and linear polyethylene. All these products can be printed in up to six colours in the modern printing plant.
(Illustrated contribution page 100)

BAHNTRANS GMBH, represented here by the Nürnberg office, is jointly owned and operated by Thyssen Haniel Logistic GmbH and Deutsche Bahn AG, with both companies having contributed their mixed freight sectors. More than 70 branches throughout Germany ensure an organization covering the whole of the federal territory. With the aim of better serving customers' wishes, BAHNTRANS has started with the setting up of about 40 freight centres. It also has more than 84 branches throughout Europe and is a member of the strategic European alliance TEAM, which means that an equally high level of service is ensured for all of Europe. In addition to the standard products such as general cargo, parcel goods, express services and IC courier service, there are such special services as procurement, disposal, packaging and branch logistics. The objective is to shift transport from the road to the railway. The advantages of entrusting transport to BAHNTRANS are environmental friendliness by using the railway, timetable punctuality and reliability, a 24- to 48-hour service all over Germany and economical transport handling thanks to direct connections between the freight centres and the international transport network.
(Illustrated contribution page 188)

MARTIN BAUER GMBH & CO. KG, Vestenbergsgreuth, is the world's largest producer of tea products made from herbs and fruits. Production covers herbal, fruit and medicinal teas as well as medicinal tea blends. The family-owned company – now in the third generation – is supplier to the end-processing industry (the tea packagers). At its location in Vestenbergsgreuth the firm has formed a combine with Plantextrakt, founded in 1980 (producer of extracts, aromas, instant teas and decaffeinated black tea) and PhytoLab, founded in 1993 and as independent laboratory firm concerning itself with research and development, analysis and approval of plant and vegetable products.
(Illustrated contribution page 103)

The family enterprise of RICHARD BERGNER GMBH + CO, founded in Schwabach in 1911, turns out special-purpose bolts and screws, rivets and cold-formed parts, industrial springs and electrical fittings. It has a skilled workforce of about 1,500. Quality is the top principle in the company philosophy. The continuous investment in research, development, production and quality assurance is the guarantee of quality products and business success.
(Illustrated contribution page 133)

The BOSCH GROUP has been in Nürnberg for almost forty years. As of March 1996 there were some 2,500 employees working at two plants close to the telecommunications tower. The production programme at the 115,000-square-metre site at Zweibrückener Strasse consists mainly of components for electronic transmission controls and ABS/ASR systems as well as pneumatic brakes for commercial vehicles, engine speed sensors and speed rate sensors. The plant at Dieselstrasse, covering 101,000 square metres, produces the solenoid valves, central injection units, heat-up controllers, chokes and fuel distributors for Bosch injection systems. Also produced here are intake modules, gear and radial piston pumps. Bosch is also represented in Nürnberg by the sales and customer service offices of the Junker, household appliance and Blaupunkt divisions. In addition, the Nürnberg branch of Bosch Telecom GmbH attends to the assembly and service work for communication and security systems.
(Illustrated contribution page 114)

The BUNDESANSTALT FÜR ARBEIT (Federal Institute for Employment) in Nürnberg, founded in 1952, is an independent body incorporated under public law with self government. Its fields of activity cover job counselling, serving as employment agency, promoting vocational training, granting of job-promoting facilities for rehabilitation and for job saving and job creation, granting of unemployment money, compensation for job loss through bankruptcy and unemployment benefits (on behalf of the central government), labour market and vocational research. To perform these tasks there exist throughout Germany 11 regional employment offices, 184 local employment offices and further 646 branch offices.
(Illustrated contribution page 34, 35)

With its wide range of products, BUSCH & CO. HANNS SEIFERT GMBH & CO. in Ansbach, founded in 1947, is a valued partner in the building construction and interior work sectors. Under the name of DUROFLEX the company has been marketing its widely proven and tested exterior full heat insulation systems since 1978. There are also two locations devoted to the production of the company's high-quality and versatile Cobra paints. There is in addition a wholesaling organization for paints, floor coverings, wallpaper and craftsman's supplies. The company's eight branches supply mainly to the crafts and specialist trades in southern Germany and to the new states in what was Eastern Germany, but exports are steadily increasing. Of growing importance also is the environmental protection sector. This features not only the responsible handling of environment-friendly products but also the filling of paints into special containers and the providing of other products in large packages. At Busch & Co. the constant effort to meet the demands and requirements of the market will ensure the company's leading position as partner of industry, trade and the crafts.

(Illustrated contribution page 85)

The CHAMBER OF CRAFTS FOR MIDDLE FRANCONIA in Nürnberg represents more than 17,100 firms employing some 133,000 people and achieving an annual turnover of about 23 billion DM. The chamber operates three vocational training and technology centres in Nürnberg and Ansbach. It has a staff of about 160, most of these being instructors or acting as advisers to the member companies. Services are a main feature of the chamber's activities and it advises members in works, legal, technical and environmental questions. Representing the crafts' politico-economic interests is of central importance. This includes having a say in proposed legislation and administrative arrangements, likewise representation in the various committees and organizations and day-to-day contact with authorities and parliamentarians at all levels.

(Illustrated contribution page 145)

COATES SCREEN INKS GMBH, Nürnberg, is part of the globally-active Coates Screen, a manufacturer of screen printing inks. The english Coates Group, as a member of the french TOTAL Group, is second only to Japan in the printing ink sector. At Nuremberg they produce special-purpose inks (screen and pad printing inks), for both industrial and advertising purposes. 11 sales and service companies in Germany and 25 others worldwide attend to every requirement of the customer.

(Illustrated contribution page 97)

COMMERZBANK, a modern big bank with a 125-years tradition and today an all-purpose commercial bank, deals both in deposit and credit business as well as in securities transactions. With the appropriate organization and the most modern technical facilities, Commerzbank offers a full range of sophisticated banking services "from a single source", and is available to its customers in all questions of finance. Credit facilities range from all classical financing forms to a diversity of tailored-to-suit credit arrangements in Germany and abroad. As partner to small and medium-sized firms, Commerzbank offers a range of special financing programmes, while a wide choice of services is available to the private customer. Commerzbank – active worldwide – is represented in all the world's financial and business centres. It has been present in Middle Franconia since 1918. The Nürnberg branch (with eight sub-branches) functions as area headquarters for the Middle Franconian branches at Erlangen, Fürth, Lauf, Schwabach and Zirndorf and other offices in all of northern Bavaria.

(Illustrated contribution page 163)

As integrated technology concern, DAIMLER-BENZ AG, Stuttgart, combines the know-how and technologies of various entrepreneurial sectors. The company has been in Nürnberg since 1911, after which the original works in Fürther Strasse were augmented with four further plants. So with five locations in the city today, MERCEDES-BENZ in Nürnberg can offer the entire private car and commercial vehicle programme, naturally with the appropriate service and an extensive range of parts and accessories. A regional supply depot has existed at the port area in Fürth since 1989, from where parts and accessories are supplied to seven branches and 275 authorized dealers throughout Bavaria, Saxony and Thuringia. Mercedes-Benz AG in Nürnberg delivers more than 12,000 vehicles annually and has a workforce of about 850 employees.
The Nürnberg works of ADTRANZ (DEUTSCHLAND) GMBH can look back on a long history beginning with the setting up of Klett'schen Maschinenfabrik in 1841, with railway goods wagons already being produced in series in 1851. The company was renamed Maschinenbau-Aktiengesellschaft, Nürnberg, in 1873, and amalgamation with Maschinenfabrik Augsburg in 1893 resulted in the formation of MAN. The rail vehicle divisions of MAN and MBB (Donauwörth) were incorporated into the rail systems division of AEG Daimler-Benz in 1990. Recent important deliveries from the Nürnberg plant include multiple-unit diesel railcars for Turkish State Railways and electric railcars for ISAP, Athens, power cars for TEE diesel railcars for the Deutsche Bundesbahn, equip-

ping of rail buses with air suspension, diesel-hydraulic regional railcars for the Deutsche Bundesbahn, development of the ET 420 S-Bahn (rapid transit) railcar, U-Bahn (underground) trains with aluminium bodywork, the ET 403 express railcar, newly developed bodies for the ICE, ICE centre trailers, 100-percent low-floor tramcars and railcars with active coach tilting technology for the Deutsche Bundesbahn. About 900 people are at present employed at the Nürnberg and Donauwörth plants.
Also belonging to the Daimler-Benz concern is TEMIC TELEFUNKEN microelectronic in Heilbronn. This is an innovative, globally active company for user-specific and customer-oriented products and systems in such sectors as semiconductors, microsystems, vehicular electronics and airbag gas generators. The company supplies to the automobile, computer, communications electronics, industrial and consumer electronics markets. There are development, manufacturing and sales organizations in Europe, America and Asia. With its microsystems and vehicular electronics activities covering a plant area of about 5,000 square metres, and with a workforce of about 1,000, in the Franconian metropolis of Nürnberg, TEMIC offers high-quality job opportunities.

(Illustrated contributions page 128–131)

DATEV eG, Nürnberg, is the data processing service organization for the tax consultancy profession, and takes the form of a cooperative. It provides an integrated system comprising data processing, service and software for almost every tax and business administration consultancy task devolving on the tax adviser and his client. Among other things, DATEV is a pioneer in the practical use of telecommunications (with its own data network since 1974), and the linkage of data processing systems (with the DATEV coupled system for the interaction of PCs and mainframes since 1984). (Illustrated contribution page 161)

DIEHL GMBH & CO., NÜRNBERG: in the course of more than 90 years the art foundry established by Heinrich Diehl in Nürnberg in 1902 has developed into a group of companies operating at the international level. Still a family business, the enterprise achieves annual sales to the value of over 3 thousand million DM, employs more than 13,000 people and is one of the 100 biggest industrial firms in Germany. Industrial finishing companies, private consumers and customers in the public sector are supplied with a wide range of products from the fields of metals, clocks and watches, controls, equipment, ammunition and aerospace. The products leaving the Diehl factories include synchronizer rings for manual transmissions, electronic controls for household appliances, special vehicles for parcel services, tank-tracks for Leopard II, highly sensitive guided missile systems and conventional ammunition. The flagship of technological achievement in the consumer goods sector is the radio-controlled clock made by the subsidiary Junghans.

(Illustrated contribution page 86, 87)

High-quality ladies' outerwear in woven and knitted fabrics is the speciality of DINOVALIANO MODEN GMBH in Pappenheim. The company, founded in 1979, supplies its articles to 39 countries, with exports accounting for some 65 percent of production. DINOVALIANO is well-known for its unusual knitted creations and qualities.

(Illustrated contribution page 99)

EBERLE CONTROLS GMBH, Nürnberg, was founded in 1932 and has been a member of the Siebe Group since 1993. The production range covers automation systems/SPS, room temperature controllers, switchgear, relays and components. When founded, Eberle was one of Europe's first specialists for industrial relays and has in the meantime become a market leader for room temperature controllers. Some 90 percent of production is sold in the European Union, with the remainder being exported worldwide. (Illustrated contribution page 115)

A company with a long tradition is ECKART-WERKE of Fürth, which was founded in 1876 and has progressed steadily to achieve its present world standing. The production programme comprises non-ferrous powders, pastes and granulates, with up to about 55 percent being exported. An important factor in the company's success has been the combination of know-how and experience in the sectors metallurgy, chemicals and process engineering. Products from Eckart are used in many fields, such as pigments in the printing and paint industries; for diverse high-tech applications; as powders and pastes for the building industry and as aluminium grit in industrial applications.

(Illustrated contribution page 88, 89)

The utility company ERLANGER STADTWERKE AG (ESTW) provides the town of Erlangen and the municipalities with energy, water and urban transport. It also operates an indoor swimming pool complete with sun lawn, steam baths and sauna. Since 1992 it has also been responsible for an energy consulting centre where citizens can seek advice on ways of saving water and electricity. The company also attaches great importance to environmental protection. As soon as 1987 its heat-and-power station was equipped with a flue-gas desulphurization plant, which was one of the first of its kind in the Federal Republic. In urban transport, the bus service employs busses with noise-suppressed engines which also have specially low pollutant emissions. ESTW supports and encourages the development of electricity generation by the use of regenerative energy. A photo-voltaic plant on the roof of the energy consulting centre supplies electricity for an electric filling station, and the "Werker" hydroelectric power station – in service since 1921 – is able to provide enough electricity to run the street lighting of half the urban area. (Illustrated contribution page 195)

■ More than 20,000 ophthalmic opticians throughout Europe are clients of the family-owned company of ESCHENBACH OPTIK GMBH + CO of Nürnberg, founded in 1913. Eschenbach Optik is a world leader in the "seeing and enlarging" sector. In addition to its own branches in various European countries, the company has foreign representatives in more than 60 countries worldwide. The production programme covers magnifying glasses, reading glasses, microscopes, binoculars and field glasses, orientation products, spectacle frames and sunglasses.

(Illustrated contribution page 81)

■ E-T-A ELEKTROTECHNISCHE APPARATE GMBH, with headquarters in Altdorf near Nuremberg, Germany, is a truly international company with approximately 50 offices strategically placed around the globe. Currently around 900 persons are employed. The product range covers circuit breakers for equipment, electronic flow monitors and level sensors. Typical applications include process control, machine tool control, medical equipment, transportation, domestic appliances, and telecommunications. (Illustrated contribution page 107)

■ The EVANGELISCHE SIEDLUNGSWERK IN BAYERN, GEMEINNÜTZIGE BAU- UND SIEDLUNGSGESELLSCHAFT MBH, Nürnberg, operates in accordance with the maxim: "Dwellings for living – Living space for dwelling". Its activities cover rented and owner-occupied flats, own homes, old peoples' homes, centres for the aged, also the management of residential property and work associated with urban renewal. Examples include model projects in publicly financed housing construction, in ecologically oriented building and environment-friendly energy supply for housing estates. Activities are concentrated on Bavaria and Mecklenburg-Wester Pomerania. (Illustrated contribution page 29)

■ FRÄNKISCHES ÜBERLANDWERK AG (FÜW) in Nürnberg is the regional power supply company for Middle Franconia. Founded in 1913, it supplies in the main the Middle Franconia administrative district (excluding Nürnberg, Fürth and Erlangen), a part of Lower Franconia and Upper Franconia, Swabia and Upper Palatinate. Electricity is supplied to almost a million people in an area of about 8,000 square kilometres. The objects of the company are all activities associated with piped supply and disposal, especially the production and distribution of electricity, gas, district heating and water. The wholly-owned subsidiary Mittelfränkische Erdgas GmbH (MEG) was set up in 1994 to supply the region with natural gas. In 1992 the FÜW took a 70-percent holding in Umwelt-Technik-Mittelfranken GmbH (UTM), the aims of which are the financing, planning, construction and operation of environmental facilities within the FÜW's service area. (Illustrated contribution page 196)

■ FRANKEN BRUNNEN GMBH & CO. KG in Neustadt (Aisch) was founded in 1924 and is still a family-owned company. It produces mineral water, medicinal waters and mineral-water soft drinks to a volume of about 520 million bottle fillings annually at its five locations in Neustadt (Aisch), Bad Windsheim, Eilenburg, Pechbrunn and Bad Kissingen. A skilled workforce of some 720 employees is at the customer's service and ensures the steadily growing popularity of the Franken Brunnen brand. The company's activities are not confined to the German market: Franken Brunnen assumed ownership four years ago of a mineral-water and refreshment drinks bottler in Hungary, while a further production facility in Greece was taken over in 1995.

(Illustrated contribution page 92, 93)

■ GERLING-KONZERN, a leading group in insurance, risk consulting and provident management, can look back on 70 years of success in Nürnberg. Gerling responds with full professionality to the diverse risk problems of its customers, with sector-specific risk analysis, tailor-made or modular insurance concepts, professional loss management and comprehensive risk research. Three years ago the Nürnberg branch became a regional centre and hence the principal office for the region and the

Dresden marketing organization. This ensures closeness to the customer with the advantages of quick decision-making and settlement.
(Illustrated contribution page 171)

GfK, founded in 1934 by Professor Wilhelm Vershofen in Nürnberg, emerged from the Institut für Wirtschaftsbeobachtungen der deutschen Fertigwaren founded in 1925. The Gesellschaft für Konsum-, Markt- und Absatzforschung is the world's third largest company for market research and employs some 2,700 staff around the globe. Germany's market leader gives work to almost 12,000 freelance interviewers Europe-wide, which conduct more than one million questionnaires per year. Market research creates a foundation for important marketing decisions and offers individual solutions to the economy.
(Illustrated contribution page 157)

The trading firm of ALFRED GRAF, Import and Export, can look back on more than a century in business. With a well-trained specialist staff, the most up-to-date facilities, close customer orientation and good partnership with suppliers, it has an excellent name internationally. The company deals in animal and vegetable oils and fats, fatty acids, technochemical raw materials, petroleum products and foodstuffs. Graf is, for example, one of Europe's largest and most important almond importers. With its facilities in Nürnberg and Hamburg, Graf, as production-linked and distributive trading house, markets the products of leading German and foreign firms. (Illustrated contribution page 152, 153)

The remarkable success story of GRUNDIG AG in Fürth began with the so-called "Heinzelmann" (something of a good fairy), the assembly-kit radio of Germany's post-war period. The company, now in existence for 50 years, has remained true to its strategy: new inventions quickly and economically marketed in large numbers. Grundig thus became a pacesetter in many developments and the firm holds, for example, 16 of 23 relevant patents on PALplus technology. The digital radio will soon be available to everyone, thanks to Grundig. But the firm is not only a leader in electronics. It also sets standards in environment and resource protection, for example with its disposal-friendly shipping packages and its recycling guarantee in respect of Grundig televisions. The company's 50-year history is 50 years of commitment to innovation, and at the present time it occupies fourth place in Europe's consumer electronics sector. With five production plants in Germany, seven abroad (Austria, Indonesia, Malaysia, the Netherlands, Poland, Portugal, Switzerland) and its many outlets in Germany and abroad, Grundig is at home throughout the world. (Illustrated contribution page 110, 111)

GYPROC GMBH, BAUSTOFFPRODUKTION & CO. KG, in Steinsfeld since 1972, produces gypsum building materials and dry lining systems for walls, ceilings and floors, also sandwich-type gypsum plasterboard and other products derived therefrom. The "Gyproc" name stands for environment friendliness and product, user and processing safety thanks to strict internal quality rules. Standard products are supplied to building material dealers within 48 hours.
(Illustrated contribution page 143)

HDI HAFTPFLICHTVERBAND DER DEUTSCHEN INDUSTRIE V.A.G., Hannover, is an insurance group that is one of Germany's market leaders in direct insurance, in industrial and private insurance, in reinsurance and in the field of security services. It was set up by German industry in 1903 as a self-help organization with the statutory requirement that it offers its members insurance cover and loss-prevention advisory services. The result of this concept is that more than 90 percent of the larger German companies are today members of the HDI. The trust that the HDI enjoys in industrial circles also prompted many private customers to join, their argument being that a company that convinces the insurance professionals in industry cannot be the wrong choice for private customers. HDI insures firms and private persons in northern Bavaria from its Nürnberg office since 1953. The Nürnberg section, with 139 employees, also has branches in Würzburg and Regensburg and handles 186,000 contracts yielding a premium income of 156 million DM. Traditionally well represented in Bavaria's industrial business, the Nürnberg operation insures more than 5,000 firms. In recent years the number of private members has largely increased and is now in excess of 90,000. At the present time, 45 percent of contribution income stems from industry, and 55 percent comes from the private sector.
(Illustrated contribution page 170)

From its origins as a family concern in 1856, AUGUST & JEAN HILPERT GMBH & CO., Nürnberg, has grown to become a medium-sized firm with about 300 employees. Hilpert is one of the leading companies in Franconia in the pipeline construction, waste-water purification, waste-dump gas technology and sanitary installation sectors. Tradition and performance linked with quality and reliability are the motors of this success. (Illustrated contribution page 91)

A wholesaling business founded by Andreas Hinterleitner in 1898 is today a group of companies. In addition to the parent company of ANDREAS HINTERLEITNER GMBH & CO. KG in Wendelstein there are operations in food and fruit wholesaling, "attracta" consumer markets, Oertel delicatessen and meat produce and real estate. In delicatessen and meat produce, the family-owned company – now in the third generation – offers among other things Franconian and Thuringian sausage and goose and ham specialties. The firm's products are supplied everywhere in Germany, while about 10 percent of the Oertel specialties are exported. (Illustrated contribution page 151)

HOFFMANN QUALITÄTSWERKZEUGE was founded by Franz Hoffmann in 1919 and the company has since developed to become a highly regarded supplier of cutting tools, measuring aids, hand tools and works equipment. The two premises in Munich and Nürnberg employ almost 400 people. The company operates a worldwide purchasing organization, has a large warehousing capacity and offers logistic counselling. The uniformly high quality level in all sectors has been certified since 1994 in accordance with DIN ISO 9001. A large body of regular customers in northern Bavaria, Thuringia and Saxony is highly appreciative of the service offered. (Illustrated contribution page 124, 125)

With the most modern technical equipment and a full service extending right from the initial stage to final shipping, HOFMANN DRUCK NÜRNBERG sets the scene for the future. The initial printing stage is digitalized a 100 percent, printing is done both in sheet-fed and web offset. Gatherer-stitcher plants and folding machines are available for the converting. The Hofmann Group also includes the Hofmann Verlag, one of Nürnberg's and Franconia's leading publishers in literature and illustrated books. (Illustrated contribution page 174, 175)

The origins of HYDROMETER GMBH, Ansbach, go back to 1862. The company today has plants in Ansbach, Ansbach-Eyb and Apolda (Thuringia) where it manufactures high-quality measuring instruments for every possible requirement. The high technical standard of Hydrometer products is matched by a skilled and comprehensive service. The company has also been named a "state-approved test station" for water and heat measuring instruments. Hydrometer also developed the first electronic metering module for water meters to be approved by the Physikalisch-technische Bundesanstalt (Physical-technical Federal Institute). (Illustrated contribution page 113)

Since 1985 the IGZ CENTRE FOR INNOVATION AND BUSINESS ESTABLISHMENT NÜRNBERG-FÜRTH-ERLANGEN has offered those about to launch a business and young, technology-oriented companies in the high-tech sector attractive opportunities for getting started or continuing their development. In addition it acts as a turntable for technology transfer and arranges contacts throughout the region. – One of the institutions within the IGZ is the BAVARIAN RESEARCH CENTRE FOR KNOWLEDGE-BASED SYSTEMS (FORWISS) that has shown itself to be a competent go-between for innovations in the field of software and system technologies. Its emphasis is on applications in business administration, process control and automatic quality testing, medical and transport engineering and multi-media information systems.
(Illustrated contribution page 75)

The firm of LEISTRITZ was founded by Paul Leistritz in Nürnberg in 1905 and has grown to be a partner in modern technology. Leistritz AG today has a workforce of more than 1,100. In addition to the headquarters and works in Nürnberg there are facilities in Bochum and Pleystein in Upper Palatinate. The worldwide clientele is assisted and advised by more than 80 branches and representatives in Germany and abroad. Two subsidiaries are active in the U.S.A. as marketing and service organizations for Leistritz products. Five product and market-oriented divisions are the basis of the company's success: blades and profiles for gas and steam turbines and axial compressors, blades and integral rotors for aero engines; screw pumps with internal and external bearing for a wide range of duties; hydraulic systems for elevators; extruders and complete extrusion lines for the processing of polymer and non-polymer materials, for laboratory extrusion and recycling; machine tools, tooling and production engineering. (Illustrated contribution page 127)

The history of LEISTRITZ AG & CO ABGASTECHNIK in Fürth began with the founding of Maschinenfabrik Paul Leistritz in Nürnberg in 1905. The company started producing various types of silencers and piping in 1925, while today they build complete exhaust systems according to the most modern demands and wishes, particularly for the automotive industry. Account is taken of present-day and future requirements, also from the environmental point of view, e. g. in catalytic converter developments. Leistritz belongs to the French ECIA Group, which is one of the leading suppliers of exhaust systems in Europe. The group is open to worldwide cooperation and joint ventures. High-quality production is assured by innovative technologies and an ambitious quality assurance system. (Illustrated contribution page 117)

■ The origins of LEONISCHE DRAHTWERKE AG, Nürnberg, go back to the year 1569, and it was already in 1917 that it became a joint stock company. Today's production programme covers wires and stranded conductors for cable manufacture, Leonic goods, cables for electrical engineering and electronics, cable assemblies and harnesses. Since its founding, the company has not only developed successfully but has strongly influenced technical development with direction-pointing innovations, such as in multi-wire drawing technology.
(Illustrated contribution page 104)

■ The "Rheinland"-brand ceiling air-heater has been closely linked for more than 40 years with LK METALLWAREN GMBH, Schwabach, and its forerunner, Leonhard Kolb GmbH, Nürnberg. It is the company's principle product, having been expressly developed for the economical heating of hall-type structures. A major step toward diversification was taken in 1982 with the building up of the LK waste-water technology sector, and within a short time an important position was achieved in the environmental market with the patented "SYSTEM H" light-liquid-separator, with stationary and mobile units in stainless steel. The company's third main activity is in sound-protection technology, particularly with highly developed cabin structures. With its modern plant and machinery facilities – including lasers, nibblers, folding presses and robot welders – LK also has a long-standing reputation in the region as a reliable supplier of semi-finished products and articles in small-series production. A branch works was opened in Saxony-Anhalt in 1991.
(Illustrated contribution page 132)

■ NÜRNBERG AIRPORT was opened at its present site on April 6, 1955. Its catchment area is the whole of northern Bavaria and the new federal states of Thuringia and Saxony. With more than 30 scheduled and over 40 holiday destinations, it is departure point for all important European centres and holiday regions around the Mediterranean. Air freight has expanded greatly in recent years. Nürnberg Airport has become an important factor in northern Bavaria's economic expansion.
(Illustrated contribution page 190, 191)

■ The NÜRNBERGER HYPOTHEKENBANK, established 125 years ago by Nürnberg industrialists under the chairmanship of the pencil manufacturer Lothar von Faber, is now represented in all the major industrial centres of Germany. With its headquarters in Nürnberg and regional offices in Berlin, Dresden, Düsseldorf, Erfurt, Frankfurt, Hamburg, Leipzig, Munich, Nürnberg and Stuttgart. With loans totalling 23 thousand million DM. With highly competitive terms, comprehensive service, direct contact with clients and rapid decisions. NürnbergHyp – a specialist in all aspects of real estate. (Illustrated contribution page 166)

■ NÜRNBERGER LEBKUCHEN- UND DAUERBACKWARENFABRIK IFRI SCHUHMANN GMBH & CO. KG, Nürnberg. The company founded by Siegfried Schuhmann in 1938 is a leading producer of Nürnberg gingerbread specialties and has made a name worldwide with its quality products. Production includes Nürnberg wafer gingerbread, finest Elisen gingerbread and brown gingerbread. The Josef Wendler company was taken over in 1973 and the sale of finest nougat specialties was expanded to cover the whole of Germany. (Illustrated contribution page 137)

■ NÜRNBERGER VERSICHERUNGSGRUPPE, Nürnberg, is one of the leaders among Germany's insurance companies; a reliable partner in matters of financial planning, health, property and mobility. For families, commerce, the professions and trades, as well as for public service employees it offers financial security and superior opportunities for the enhancement of your finances. The NÜRNBERGER is as much a leader in unit-linked life assurance as it is in computer-assisted customer advice technology. Mobile computers, data communication networks and sophisticated programmes provide exact information and quickly arrive at attractive offers based on customers' individual wishes and at favourable rates. More than 6 million customers rely on the protection and security provided "under the sign of the castle". The NÜRNBERGER views itself as a German financial enterprise with European links. By way of cooperation arrangements it accompanies its customers with insurance cover abroad. (Illustrated contribution page 169)

■ MATTHIAS OECHSLER & SOHN in Ansbach, Weissenburg and Grosshabersdorf. The family-owned company, founded in 1864, is today in the hands of the fifth generation. At its three locations there is a highly skilled workforce of some 550 engaged in development, design, die and mould construction, injection and extrusion for plastics processing and assembly. Using the most modern equipment, including specially evolved hardware and software, and a highly-developed quality assurance organization, it is ensured that even the most difficult tasks – often at the limits of the possible – are solved with the precision for which Oechsler is well known. (Illustrated contribution page 101)

■ The Fürth distribution centre of PHOENIX Pharmahandel Aktiengesellschaft & Co has existed under this name only since 1st October 1995. Hitherto the firm was Otto Stumpf AG, founded in 1919, which in early 1994 joined with four other pharmaceutical wholesalers to become the PHOENIX company. From the Fürth centre the company supplies several times a day about 800 pharmacies in Middle and Upper Franconia as well as in the southern regions of Thuringia and Saxony with more than 80,000 drugs and other health articles. The Fürth distribution centre has a staff of about 300, including 15 apprentices. With annual sales of about 7 billion DM, a market share of about 30 percent and 19 such centres located throughout Germany, PHOENIX is the country's largest pharmaceuticals wholesaler. (Illustrated contribution page 154)

■ Kurt Gustav Pommereit studied at the renowned engineering college in Hamburg and occupied leading positions in production, design, research and management in the elastomer industry. The history of POMMEREIT GMBH and POMMEREIT ENGINEERING, Altdorf near Nürnberg, goes back to the year of flotation 1967. The programme covers design, construction and supply of turnkey plants, product planning, consulting and licensing as well as construction and supply of machine and vehicle components in elastomeric, duromeric and plastomeric materials, in rubber-metal and cellpolyurethane. 621 development and invention products are being supplied to 43 countries. Pommereit developed the first camshaft drive worldwide with toothed belt for vehicle and aircraft engines as well as the first cellelastomer springs for car shock-absorbers and fitted them in more than 500 million cars. (Illustrated contribution page 105)

■ PORST AG of Schwabach was founded in 1919 by Consul Hanns Porst. Today it is market leader in the photography sector in Germany, while it is also active in audio and video products and in telecommunications. Customers are mainly in Germany and Eastern Europe. (Illustrated contribution page 155)

■ The traditional Hercules bicycle business was sold on September 1, 1995, to the ATAG Holding in the Netherlands, and since then the motor-assisted bicycles and motor sector has been carried on under the style of SACHS FAHRZEUG- UND MOTORENTECHNIK GMBH, Nürnberg. The production programme covers Sachs and Hercules brand mopeds, light motor cycles and motor scooters, added to which is the product range of Peugeot Motocycles as sales partner. The company can thus offer a wide range of high-quality bicycles for transport and pleasure. (Illustrated contribution page 121)

■ SANDOZ AG in Nürnberg is the German affiliated company of SANDOZ AG in Basel. It is part of a rapidly growing international parent company that is a leader in pharmaceutical research. It has been in Nürnberg since 1926 and produces drugs for the German market. (Illustrated contribution page 82, 83)

■ The SAVINGS BANKS are at the forefront of Middle Franconia's credit sector, and against the background of their public brief they are linked in special fashion with the region's 1.6 million inhabitants. The more than 400 branches of the 13 individual savings banks provide optimal conditions for an individual and active service to customers. Some 4.4 billion DM were granted in new loans in 1994, so that lending to customers reached a total of more than 24 billion DM. The commitments were spread to about equal degree between private and commercial customers. On the other side of the balance-sheet customer deposits reached 29 billion DM. In spite of the diversity of "Allfinanz" offers, savings opportunities around the passbook continue to enjoy pride of place. For both customers and non-customers the Middle Franconian savings banks maintain a very close network of cash dispensers. Access to one's own account is possible 24 hours a day by way of more than 260 self-service points. But the role of the savings banks in the region goes far beyond the credit institutes' core business and is expressed in a diversity of activities. Thus the savings banks not only provide some 5,000 jobs and 700 training places, but are also important sources of work for firms in the region. And they also do much for Middle Franconia in the social and cultural spheres. By supporting social institutions and facilities such as old people's homes and kindergartens, promoting artists and musicians and giving encouragement to museums they contribute in diverse ways to enhancing the quality of life and to maintaining traditions and customs in the region. (Illustrated contribution page 164, 165)

ARNO SCHILL GMBH & CO. KG, Nürnberg, looks back on an eventful history. Established in 1896, the company steadily developed into an acknowledged manufacturer of paints and varnishes. The factory was totally destroyed by bombs in the Second World War and subsequently rebuilt by Georg M. Volz. The buildings and plant have constantly been enlarged. The transition from industrial and professional paints to products for the DIY market that took place from the mid 1960s ensured that the family business was able to continue its positive development. In 1984 the production of wall paints started at Plant II in Grossweismannsdorf. The production programme now includes a wide range of wall and house paints and a multitude of synthetic enamels, acrylic paints, wood preservatives, varnishes, adhesives, thinners and similar products. Schill has now been owned by the Volz family for three generations. (Illustrated contribution page 94, 95)

The name SCHÖLLER stands for ice-cream, Nürnberg gingerbread and Nürnberg tradition. As early as in 1937 Consul Senator hon. Theo Schöller read the signs of the times and set up the country's first ice-cream factory together with his brother Karl. SCHÖLLER LEBENSMITTEL GMBH & CO KG is today number 2 on the German ice-cream market and Theo Schöller is chairman of its supervisory board. The globally active company is also renowned for the manufacture of "Echten Nürnberger Oblaten-Lebkuchen" (Genuine Nürnberg Wafer Gingerbread). In the food and catering sector, Schöller is – apart from ice-cream – an important supplier of frozen food and pastries. The company and its founders have stayed true to the motto "Quality, Innovation, Tradition", and this is expressed among other things in the great social commitment of Consul Senator hon. Theo Schöller.

(Illustrated contribution page 139)

The year 1658 saw the founding in Nürnberg of SEBALDUS DRUCK UND VERLAG GMBH. Today the Sebaldus Group is publisher, printer and electronic media concern with a workforce of some 4,000 and annual sales of almost a billion marks. The best known titles are the radio and TV magazine "Gong", the women's magazine "die aktuelle" and the illustrated and television magazine "die 2". Other publications include the animal magazines "Ein Herz für Tiere", "Geliebte Katze" and "Partner Hund", schoolchildren's titles such as Stafette, Bimbo and Tierfreund, computer magazines such as PC-Games and PCE World of Entertainment, the building trades journal "Detail", the general advice magazine "Guter Rat!" and many more. On the technical side there are the gravure printer U. E. Sebald, several offset printers (Heckel, Sebald Sachsendruck, Wagner), the bookbinder Hollmann S.A. in France, the direct advertising firm Meiller, the card manufacturer Meiller ComCard and the folding-box maker U. E. Sebald Verpackungen. Among radio listeners the Radio Gong station is widely known.

(Illustrated contribution page 176, 177)

SIEMENS AG, founded in 1847 and headquartered in Berlin and Munich, centers many of its activities in the Nuremberg region. Some 42 percent of the electrical and electronics products and systems manufactured in the area is sold in Germany, 26 percent in other European countries, and 32 percent throughout the rest of the world. Siemens employs 382,000 people worldwide, including 222,000 in Germany. (Illustrated contribution page 108, 109)

SPECK-PUMPEN VERKAUFSGESELLSCHAFT KARL SPECK GMBH & CO. in Lauf. Since it was founded in 1909 the company has steadily won a name as supplier of high-quality products, first in the field of liquid handling and later also gas handling by way of the development of reciprocating and centrifugal pumps. As trading company with firms in the U.S.A., Australia, Spain and South Africa, Verkaufsgesellschaft Karl

Speck markets these products for the Speck companies in Geretsried, Hilpoltstein and Roth. It also set new standards with the development of the world's first corrosion-resistant swimming pool circulating pump. Some 700 people work today for the Speck Group. Its production facilities, branches and representatives are located throughout the world.

(Illustrated contribution page 118, 119)

■ Nürnberg, with a population of about 500,000, is the centre of the Middle Franconian region and is an important hub of road, rail, water and air transport. Its public utility is the STÄDTISCHE WERKE NÜRNBERG GMBH with its subsidiaries EWAG Energie- und Wasserversorgung AG and VAG Verkehr-Aktiengesellschaft. The EWAG supplies electricity, natural gas, district heating and drinking water to industry, trade, the crafts and private households; and does this reliably, economically and environment-friendly – basic requirements for living in Middle Franconia. As a modern service undertaking it also offers corporate and private customers a range of additional advisory services. The VAG subsidiary provides the public transport services comprising underground railway, tramways and buses in Nürnberg, and also operates for the cities of Fürth and Erlangen and nearby communities. The VAG is a major partner in the Greater Nürnberg Transport Authority (VGN), and so improves general mobility and living conditions. Its overall objective is to achieve a reasonable balance between private and public transport throughout the region. (Illustrated contribution page 197)

■ TRIX SCHUCO GMBH & CO., Nürnberg, the outcome of a merger in 1992 between TRIX GAMA and Schuco, can look back on more than a hundred years of producing toys. The product range today covers HO and N gauge model railways, Schuco model cars and the manufacture of industrial parts. The company took a new approach with the introduction of "Selectrix" digital multi-path control. About 30 percent of production is exported, and the name TRIX Schuco continues to stand everywhere for best-functioning, trend-setting toys.

(Illustrated contribution page 135)

■ In the space of 125 years the TÜV BAYERN HOLDING AG (technical supervisory association) has developed from being the Bavarian Steam Boiler Inspection Association by way of TÜV Bavaria and TÜV Bavaria Saxony to the present-day globally active group with more than 70 fields of activity, 5,400 employees and an annual turnover exceeding 800 million DM. Some 200 branches in Germany and 40 in Europe, America and Asia provide the framework for a customer-convenient service. TÜV Bayern Holding AG has nine divisions: plant engineering and environment technology, power technology, quality management, construction and operating technology, transport and vehicles, an institute for vehicle technology and a medical-psychological institute. TÜV Product Service GmbH and TÜV Akademie GmbH were jointly set up together with cooperating TÜVs. (Illustrated contribution page 159)

■ UNIVERSA Lebensversicherung a. G., UNIVERSA Krankenversicherung a. G. and UNIVERSA Allgemeine Versicherung AG, all of Nürnberg, originated in 1843 and offer customers throughout Germany a wide range of insurance services: life, health, accident, property, third party, motor vehicle and legal protection insurance; also services in building loans, building society savings and capital investment. Special importance is attached to expert advice to customers. UNIVERSA Krankenversicherung a. G. is the oldest health insurance company still existing in Germany. (Illustrated contribution page 167)

■ UVEX WINTER HOLDING GmbH & Co. KG, Fürth, founded in 1926. The company's basic philosophy was and still is "personal protection" and has been the mainspring of its success. The product range of its industrial safety division covers safety eyewear, safety shoes, safety helmets as well as protective clothing. The sports division produces and sells ski goggles and sportglasses, motorcycle and bikestyle helmets and the clothing to go with it. The company is a worldwide leader in safety spectacles and ski goggles, thanks to its pioneering work in the development of unique coating technology for the surface treatment of high impact resistant lens material made from organic plastics. About 30 percent of its production is exported. (Illustrated contribution page 102)

■ VERLAG HANS MÜLLER, Nürnberg, was founded as publisher of telephone directories in 1950. Together with De-Te-Medien, today it publishes telephone directories, local telephone directories, Yellow Pages and Yellow Pages Regional in Upper, Middle and Lower Franconia, Upper Palatinate and in parts of Lower Bavaria. It also recently added the telephone branch information service "Yellow Pages Direct" and a multimedia tourist and urban information system.

(Illustrated contribution page 179)

VERLAG NÜRNBERGER PRESSE DRUCKHAUS NÜRNBERG GMBH & CO. Various publishers and press companies are accommodated under the roof of an entrepreneurial group at Nürnberg's Marienstrasse. Here are published the region's two large firm-order newspapers, the "Nürnberger Nachrichten" and the "Nürnberger Zeitung", as well as the "kicker-sportmagazine", Germany's largest sports newspaper and the technical journals "Berge", "Alpin" and "Unterwasser".

(Illustrated contribution page 173)

WBG WOHNUNGSBAUGESELLSCHAFT DER STADT NÜRNBERG MBH was founded in 1918 and its core business today is the construction and servicing of homes and business premises, with all necessary and requested real estate services also being offered. Most of WBG's activities are in and around Nürnberg, where encouraging the creation of private property by way of building and the sale of real estate has a long tradition. An outstanding task was the takeover and handling of the planning for the Nürnberg-Langwasser district. (Illustrated contribution page 141)

For almost 60 years, WEILER WERKZEUGMASCHINEN GMBH & CO. KG, Emskirchen, has been the epitome of precision, quality and economic efficiency in lathe construction. Over 100,000 delivered lathes document the acceptance of WEILER products among users in production, maintenance, toolmaking and mould making, training, and theory and research. WEILER's current machine tool programme, which includes the successful products and know-how of Voest-Alpine and Weipert, has the right machines for one-off and small batch production as well as automation systems for medium and large scale production. WEILER, a typical medium-sized enterprise that responds quickly and flexibly to changing market conditions, has actively helped to shape the lathe market with its products. WEILER has a compact, modern plant with qualified and highly motivated staff. Thanks to low-costs allied to a streamlined organisation and ground-breaking innovations, WEILER can confidently face international competition.

(Illustrated contribution page 122, 123)

The food processing equipment firm WERNER & PFLEIDERER LEBENSMITTELTECHNIK GMBH Dinkelsbühl, has been in business since 1879. The company produces equipment for craft bakeries as well as baking plants for the fresh- and durable baking product industry, which are marketed world-wide. The company has developed itself to become the international market leader not least because of its high product quality, more than a century of know-how and large investment in research and development, particularly in the employment of robots in the manufacturing process. Among other things, Werner & Pfleiderer developed the high-capacity multi-deck oven and the well-known Cyclotherm system. (Illustrated contribution page 98)

BILDNACHWEIS/PICTURE REGISTER

VERZEICHNIS DER PR-BILDBEITRÄGE

Die nachstehenden Firmen, Verwaltungen und Verbände haben mit ihren Public-Relations-Beiträgen das Zustandekommen dieses Buches in dankenswerter Weise gefördert.

LIST OF ILLUSTRATED CONTRIBUTIONS

We thank the following companies, administrations and associations which with their public relations contributions have made the production of this book possible.

BILDQUELLEN/PICTURE SOURCES

Jürgen Gaiser, Weißenhorn: S. 34, 35, 85, 92, 93, 97, 99, 111, 114, 115, 117, 118 u., 119 u., 124, 125, 133, 135, 137, 138, 163, 166, 170, 175 o., 179, 188.

Archiv (Werkaufnahmen): S. 29, 81–83, 86, 87 u., 88, 89, 91, 94, 95, 98, 107–110, 118 o., 119 o., 127–132, 139, 153 o. re., 153 u., 155, 159, 161, 164, 167, 176, 177, 180/181; Bavaria Luftbild Verlags GmbH, Eching: S. 104; Bertram-Luftbild, München-Riem: S. 100 (freigeg. Reg. v. Obb. G 4/30.906); Bildarchiv Eric Bach, Grünwald/München: S. 152; Bischof + Broel KG, Nürnberg: S. 87 o., 145, 153 o. li., 157, 171, 173; Professor Gerhard Böhrer, Rückersdorf: S. 190, 191; Fotostudio Kaletsch, Nürnberg: S. 102; Kurt Fuchs, Erlangen: S. 13, 15, 17, 19, 21, 23, 25, 26, 31, 33, 39, 43, 45, 46/47, 52, 53, 57, 64, 65 67, 71, 75, 77, 148, 165, 174/175, 175 u., 183, 192; W. Gradert, Fotodesign, Nürnberg: S. 101; Erich Guttenberger, Nürnberg: S. 149; Thomas Hierl, Nürnberg: S. 154; Industrie-Luftbild, München: S. 121; Dieter Kachelries, Nürnberg: S. 197; Friedrich Mader, Nürnberg: S. 49, 55, 187; Ulricke Peters, Schweinfurt: S. 105; Angelika Ruland, Nürnberg: S. 196; Schwabenflugbild, Lorch: S. 143; Siemens AG: S. 195; Dr. Kurt Söllner, Wendelstein: S. 151; Somieski, Höchstadt: S. 122, 123; Franz Ströer, Nürnberg: Titelfoto, S. 9, 37, 41, 51, 59, 61; Studio Ro, Fürth/Bayern: S. 169; Stuttgarter Luftbild Elsäßer GmbH, Stuttgart: S. 103; Volkmar Walter, München: S. 113; WBG-Gruppe, Alfred Schaller, Nürnberg: S. 141.

Gremiumsbezirke